精神分析引论

[奥]西格蒙德·弗洛伊德 著
周丽 译

武汉出版社
WUHAN PUBLISHING HOUSE

(鄂)新登字 08 号

图书在版编目 (CIP) 数据

精神分析引论 /(奥)弗洛伊德著;周丽译. —武汉:武汉出版社,2014.5(2019.1 重印)
ISBN 978-7-5430-8267-0

Ⅰ.①精… Ⅱ.①弗… ②周… Ⅲ.①精神分析 Ⅳ.① B84-065

中国版本图书馆 CIP 数据核字(2014)第 068509 号

书名:精神分析引论

著　　者:[奥]弗洛伊德 著　周丽 译
特约策划:李异鸣
责任编辑:张葆珺
特约编辑:杨　肖　王亚斌
封面设计:象上品牌设计
出　　版:武汉出版社
社　　址:武汉市江岸区兴业路 136 号　　邮　　编:430014
电　　话:(027)85606403　85600625
http://www.whcbs.com　　E-mail:zbs@whcbs.com
印　　刷:天津文林印务有限公司　　　　经　　销:新华书店
开　　本:787mm×1092mm　1/16
印　　张:18.75　　　　　　　　　字　　数:273 千字
版　　次:2014 年 6 月第 1 版　2019 年 1 月第 2 次印刷
定　　价:69.80 元

版权所有·侵权必究
如有质量问题,由承印厂负责调换。

目录
CONTENTS

精神分析引论

精神分析引论

A general introduction to psychoanalysis

001 第一篇 过失心理学

043 第二篇 梦

147 第三篇 精神病症通论

A general introduction to psychoanalysis
精 神 分 析 引 论

第一篇
过失心理学

第一讲　绪论

诸位，或许你们已经从阅读或传闻中获得了精神分析方面的一些知识，对此我并不了解。既然我的讲题是"精神分析引论"，因此，顾名思义，我就要从最基础讲起，而不得不把诸位视作对该领域一无所知。

不过，我至少可以假定大家已经知道，精神分析是治疗神经错乱症的一种方法。精神分析与其他一般的医疗方法不一样，甚至经常是相反的。通常，医生要使病人接受一种新的医疗方法，总会把它的轻便性进行夸大，这样才能使患者确信治疗的效果。我认为这种方法很正确，并且它还能增强治疗效果。而当我们对精神病患者实施精神分析疗法时，我们的方法就不同了。相反，我们要让患者知道精神分析疗法会有一些困难，需要的时间或许会很长，并且要求他自己做出很多的努力和牺牲。而疗效怎么样，则是无法给予肯定的保证，一切由患者自身的态度、认识、配合和耐性而决定。我们的态度之所以会如此不一样，当然是有理由的，诸位以后自会知晓。

现在，请诸位原谅，我一开始就把你们当成了我的精神病患者那样对待。我奉劝大家下次就不要再来了。诸位，我也只能拿出关于精神分析的一点不完全知识与您共享，而这很难使大家形成关于精神分析的独立判断。你们所受的教育，还有思想习惯，都强迫你们反对精神分析疗法，你们首先要克服个人的许多想法，从而才能压制住来自本能的抵抗。我当然无法预言诸位听我的演讲之后，对精神分析究竟能了解几分，但我可以确定地说，听了我的演讲，你们无法学习到精神分析的研究和诊察，也不可能用精神分析实施治疗。在这之后，如果你们有人不满足于对精神分析的粗略认知，而要把它当做一生的工作，那么我不仅不会鼓励，而且还要予以警告。因为在今天，一旦有人选择了这一职业，其结果就是，他已经没有了在学术上获得成功的可能，甚至，在他走上社会开业行医时，也不能被理解，而是会遭敌视，所有隐藏的罪恶的冲动都被激发而向他发泄。这情景，你可能从欧洲战争的大屠杀中可见一斑，他所要应付的麻烦将会是难以预计的。

可是，一种新知识有足够的力量吸引着一部分人不顾一切。尽管已经被警告却仍然选择继续听课的人，我当然是欢迎之至的。不管怎样，你们有权知道我上面所说的精神分析的困难症结所在。

首要问题就是关于精神分析的教学和指导。在医学课程中，你们看到解剖的标本，化学反应的沉淀物，还有神经受到刺激引起的肌肉收缩，你们已习惯于用眼睛；而后，你们接触到了病人，用感官断定患者的病情，分析病因，推断整个病理过程的作用及结果。对于外科手术，你们既可亲眼看到，也可亲自尝试。即便是某些神经病治疗法，你们也可看到许多的异象，病人反常的言行举止给予你们许多观察的机会，这些现象使你们印象深刻。因此，医学教授的角色就是说明和指导，就像引领着你们浏览博物馆，就这样你们与观察对象有了直接联系，通过亲历确信新事实的存在，升华经验与信念。

然而非常不幸，精神分析却大不一样，这种疗法仅限于医生与病人谈话，而别无其他。通过谈话，病人诉说他过去的经验、现在的印象及苦恼，表达愿望，发泄情绪。医生则是静听，而后对病人加以引导，使其注意某些事，解释给他听，对病人或赞许或反对的反应进行观察。病人的亲朋好友只相信他们眼见的、亲历的，或者电影中看到的那些事情，如今听说医生"谈话治病"当然疑虑重重了。同时，他们又对精神病纯粹来自想象深信不疑，因此他们的怀疑当然是矛盾的，不合逻辑的。最初，谈话和巫术本就没什么不同，如今我们说话既可让人高兴也能使人悲伤。教师用语言传授知识给学生，演讲家用语言感动听众，影响他们的判断力。语言能够引导情绪变化，充当我们互为感应的桥梁。因此，精神病的谈话疗法不应当被轻视。如果能听到精神分析者与患者的谈话，则应该感到满足。

精神分析治疗时不许旁听，治疗过程也不能公开，因此，想听到谈话非常困难。我们在讲授精神病学时，也会介绍神经衰弱或癔症的实例给学生听，患者也只会说说自己的病情和症状，别无其他。实施精神分析治疗，需要病人无所顾忌地畅谈，只在对医生特别信赖时他们才这么做。如果现场出现无关的第三者，他就会保持沉默。精神分析时所谈到的都是他们的秘密思想和感情，所有这些他们自己都不敢触摸，当然更不愿告诉旁人。

因此，你们不能参观任何一起精神分析治疗，如果要学习精神分析，则只有传闻可以借鉴。仅凭这些间接的知识，你们对于精神分析要形成自己的判断非常困难。所以，你们对报告人信赖很重要。

假如现在你们是在听历史教授讲课，而不是精神病学课程；再假设教授是在讲述亚历山大大帝的传略和功勋。那么是什么理由让你们对这些信以为真？从情形来看，亚历山大的事迹比精神病学更不可靠，那些伟大的战事你们的历史教授并不曾亲见；至少，精神分析者能提供他们所曾经参与的那些事实。然而，历史学家们到底有什么证据呢？或者他提供资料给你们，比如与亚历山大同期或稍晚的迪奥多罗斯、普鲁塔克和阿利安等人的记载。他又把保存在庞贝的亚历山大的石像和钱币展示给你们看，还有伊索斯战争的嵌画的照片。严格上讲，所有的证据仅仅说明古人对亚历山大的存在与战功已没什么怀疑的了。但是你们可能会批判这些关于亚历山大的记载不尽可信，因为不是所有细节都有充足的证据。然而，当你们听完讲授以后，我可以说你们就再没有人怀疑亚历山大的存在了。理由何在？首先，本身有疑虑的史实，教授绝不会强迫你们去相信，因为这毫无益处；其次，自古以来史学家记录史实，极少有互相抵触。如果一定要怀疑这些史实，那么有两种测验方法：第一种测验其有无作假动机，第二种就是参考众多记载是否一致。结果不得而知，对亚历山大当然确信无疑，而摩西和尼罗特稍有逊色。那么，以后你们便会明白精神分析的可疑之处在哪里了。

现在，你们可以提出疑问：如果精神分析一无客观证据，二不能公开参观，那么如何相信它的真实性，又怎样进行研究？当然，精神分析的研究工作很不容易，迄今为止研究深入者寥寥无几，然而它终究也是有门路的，研究自我的人格可作为精神分析的入门。这里用"自我研究"一词作描述只因为没有更好的名词，并非完全就是内省。许多常见的心理现象在你们拥有一定的自我分析的知识后，就能被用于这种自我的分析。如此，你们将很清楚尽管精神分析的进步有诸多局限，而它的表述绝非欺人之谈；如果想要更为深入地研究精神分析，则要亲自去聆听精于此道者的教诲，尽可能利用机会观察精神分析者技艺的妙处。当然此法虽好，却因人而异，更不能用于所有人。

要克服的另一个困难，并不是精神分析本身所固有的，而是医学研究的影响所致。长期并且完全置身于医学研究的影响之中，你们的心理态度就会与精神分析的态度相去甚远。医学培训使你们以解剖学为基础，认识人体的机能或失调，用化学和物理学加以说明，再用生物学进行更深入的阐述。毫不关注精神生活，对精神生活乃是复杂有机体的发展一无所知。精神分析对于你们是陌生的、可疑的、没有什么科学价值，研究它的自然就只有诗人、哲学家、玄学家和普通人。正是这一点，阻碍着你们成为好医生。要想治病，首先就需要清楚病人的精神生活，忽略了它，而让你们所轻视的江湖术士和巫师取得疗效，这就是代价。

医学院里没有开设辅助的哲学科目，这个缺陷源自医学教育本身，或者可以原谅。不管是思辨哲学、描述心理学或者实验心理学（研究感官心理学时的一门附带科目），都无法使你们了解到身心的联系，或者精神生活是否康健。尽管也有专讲精神病学的临床书籍，叙述种种精神失调症状，然而那些纯粹的描述性的公式是不是堪称科学，连精神病学者都不确定。因为书中所述的症状产生的原因是什么，由什么组成，有什么联系都无从知道；太多的未知使这些书中所讲的内容或者与精神变化无法关联，或者仅能联系却无法解释。能收到疗效的精神病症都被证明是由于某些官能副作用而引发的。精神分析就是要弥补这一缺憾。精神分析法能为精神病学提供一种心理基础，要找出身体和精神病变的缘由，你们就要抛开世俗的成见，抛开来自解剖学、化学或者是生理学的旧规，用完全的纯粹的心理学的观念去看精神分析。刚开始，你们或许会感到有些不舒服的。还存在着一个障碍，它既不是当前教育所致，也不受心理态度的影响。精神分析必须不受成见左右，那些与解剖学、化学或生理学与精神分析无关的成见，理性的、道德的或美育的成见都要抛开。而所有这些都产自人类的进化，根深蒂固，打破它们，并非易事。

请注意，我们一直习惯于把心理和意识等同起来，精神生活的特征似乎正是通过意识来界定。显而易见，心理学就被认为是以意识作为研究对象的科学，任何与之相冲突的观点都无法立足。但是，精神分析的第一个主张，即潜意识的心理过程是最普遍的，意识的心理过程只是从整个心灵分出来的部分而已。精神分析否定了"心理的即意识的"之说，就不得不与人们的常见相左。精神分析认为，人的心灵拥有感情、思想和欲望的进程等，并认为这些都可以是无意识的。由于这一主张，使得精神分析在初期就被怀疑为荒谬捣鬼的巫术，即便是有科学头脑的人也不同情它。我认为"心理的即意识的"的说法较为偏颇，尽管理解起来较为不易，试想，假如真有潜意识的存在，那么人类发展进化到哪个时期才能否认它，而且这样做的好处在哪里，这些都无法猜测。所以，心理活动与意识是否属同一范畴，或者超出其中的争议就只是文字游戏而无关事实了。然而，我要说的是，肯定潜意识的心理过程存在，是世界和科学走向新方向而迈出的决定性一步。

接下来是精神分析的第二主张，它与第一主张关系之紧密非同小可，它认为无论广义或狭义的性冲动，都是神经病和精神病的重要诱因，第二主张堪称精神分析的又一创见，然而它却长期被忽视。更进一步说，精神分析理论认为性的冲动对人类精神生活贡献非凡，包括最高文化的、艺术的和社会的成就。

在我看来正是由于这个结论，大家才会如此厌恶和敌视精神分析法。现在，诸位肯定对这个结论是怎么得出来的很有兴趣。我们相信，为求生存人类不得不以牺牲原始冲动的满足而创立文明；每个时代每一个体不断地参与其中，一再牺牲本能的快乐而谋取公众利益，文明因此得以发展延续。在所有这些被利用的本能冲动之中，性的本能尤其重要。可以这么认为，性行为抛开了其本能目标被升华了，衍生出其他目标而具有更高的社会意义。然而，由于性的冲动常难以控制，以此建成的组织往往稳定性差；面对性精力的转向，社会文化中的各个人都有遭遇性冲动反叛的危险。性冲动一旦放肆，回归到原始目标上来，将给社会文明带来危机。因此，性与社会发展的关系长期被冰冻，性本能的力量也被否认，性生活被遮掩，性的话题被禁止。关于性的问题完全避而不谈。所以，精神分析论势必受到非难，被看做是邪恶的、丑陋的，甚至是危险的。然而，精神分析的理论都是科学研究的客观成果，想要驳倒它并不容易，这就使得反对者不遗余力寻找借口。喜欢把不合理的事实当成虚幻也是人类的本性之一，接着轻而易举地找出理由来反对它，并带动着社会文明拒绝接受它，失控的情绪夹杂看似合理的理由来诋毁精神分析的理论，固守偏见，与我们对抗。

当然，面对这种反面的理论势力我们绝不退让。我们要肯定我们辛苦研究而来的成果。在科学研究的范围之内，我们认为应该抛弃所有的偏见，不管它们是否有理。

以上所说，是精神分析初学者都将面临的一些难题，对于你们可能已经过多了。这些考验要是能够承受，我们的演讲将继续下去。

第二讲 过失心理学（一）

现在，我们抛开那些事先做好的设定，从事实观察着手。我们要选取常见的又容易被忽略的现象，来达成目标。那些现象无关疾病，一般的健康人身上也有。我所指的是大家经常会出现的失误。比如，有人叙述一件事情时用错了词（即"口误"）；写字时出现了错误（即"笔误"），只是有时会发觉，有时则会忽略；还有读书时也会发生类似的差错（即"读误"）；更有错听别人的谈话，并不是听觉器官有疾病。甚至有一些因为短暂的、非永久的遗忘导致的过失，比如，看到熟人，却怎么也想不起他的名字；突然忘记想要去做什么事，过后又记起来了，不过是暂时的遗忘。另外，还有一些过失并不是因为暂时性忘记，比如把东西放错位置，过后就找不着了；有的失误尽管也是短暂的，也可以归为这一类，比如，有人明知是假，却会在某个时候相信确有其事。形形色色的类似的现象有很多。

在德文中，这些失误的名词词首皆为"ver"，彰显了它们之间的内在关联。以此为首的字大多表示短暂的、普通的、并不怎么重要的动作，而且在生活上意义也不大。就如遗失东西也不是什么大事一般，这些事实都不被关注，当然也使人兴致索然。

这些现象正是我要你们研究的，你们可能会很烦躁地提出反对："大千世界，从宏观到微观有多少待解之谜，精神失常领域也有许多未知值得说明，研究这些无关紧要的过失，既浪费力气又无聊之极。除非你让我们相信：在白天，一个耳聪目明的人能看到或听见本不存在的东西；一个正常人能突然相信最疼爱他的人竟然迫害他；用最巧妙的话题证明连小孩都认为荒唐的幻想，如此，我们将甘愿看重精神分析。相反，如果精神分析只能说明演讲家为何用错了一个字，主妇为何遗失了钥匙等毫无意义的小事，那我们倒不如花时间和精力去研究更有意义的事。"

我要回答的是：诸位少安毋躁！你们的批评失之偏颇，且未中要害。当然，精神分析不能说不去涉及平凡小事，恰恰相反，其他学科常常讥笑它总观察那些琐碎、普通且无甚意义的小事情，有的堪称是"废料"的现象。你们言之所指好像大事件必定都要有轰轰烈烈的外在，然而，在一些条件下，某一特定时刻，大事件也常借着琐碎的小事情来展现。这样的例子很容易找到。例如，在这里听讲的年轻人，你们怎么才知道自己已赢得了女孩子的芳心？是否一定要她给你深情告白或热烈拥抱？其实只要你看见她向你暗送秋波，给你一个手势，或者紧握你的手，在别人毫无感觉时，你便心领神会。再比如，作为侦探的你正在调查一桩谋杀案，别指望你能在犯罪现场发现凶手的姓名、地址和照片，找到一些蛛丝马迹你就兴奋不已了。因此，毫不显眼的现象其价值未必就小，让我们不敢轻视，见其一斑进而可得知全豹。我当然同意你们认为人世间和科学上的大事件能优先引起我们的兴趣，但是，如果你们要终身研究那些大事件，未必都能得到确定的结果。到了第二步从何入手，难免不知所措。对于科学研究来说，眼前如果有一条路可走，就必须向前走。抛开偏见或成见，一直向前，凭借种种事物间的必然联系或者大事小事之间的关联，即使在不那么重要的工作中，也能走上研究大问题的道路。

按照这个观点要求，我希望你们有兴趣对正常人的小过失进行研究。现在，我想请问如果不懂得精神分析，这些现象我们将怎么解释？

他肯定会首先回答："解释这些小事情是没什么价值的。"他到底是什么意思呢？他以为小事情就跟别的事毫无因果关联吗？小事情就能可此可彼吗？不管什么人，无论在哪个地方，如果否认了自然现象自身的因果定律，科学的宇宙观就难免会被抛到九霄云外。即使宗教观也不会荒谬至此，据宗教教义所言，除非上帝愿意，"一只小雀也不会无故落在地上"。这第一个答案，我认为我们的朋友定不会坚持它；他会妥协，他会说若是自己屈尊研究这些现象，定会立即得到相当的解释。这当然是轻微的机能混乱，或者神经失调而导致的错误，这样的情形是可知的。如果一个人说话本来不错，而现在出错了，那么定是因为：一是疲劳或难受，二是激动，三是注意力不在此事。证实这情况很容易。劳累、头痛，或者是周期性的偏头痛病人说错话很常见。在这种情况下也很容易发生遗忘了专用名词的现象，很多人会记不得专用名词，这预示着偏头痛病即将发作。一个人在兴奋时也容易用错字，或做错事；注意力不集中或关注于别的事情，常容易忘记所要做的以及曾经计划的事情。譬如，布拉特剧本里的教授就是。由于他专心考虑第二卷书的内容，把自己的雨伞忘记了却拿起了别人的帽子。根据经验可知，若一个人专注于别的事情，就容易忘记曾经的计划，或者邀约。

好像这些理由不难理解，无可非议，然而可能激不起太大的兴趣，满足不了我们的期望。让我们来更细心地研究这个阐释过失的理论。过失产生的条件，即这些人所说的必要条件并非一类。循环系统的病变和失调致使常态机能错乱，是生理基础；而兴奋、劳累及烦恼则可看做心理因素，由此可构建一套理论。劳累、烦恼和过度的兴奋会导致注意力分散，不能专心于某一行为，使该行为因干扰而不能正确完成。同样的结果也可由神经中枢的血液循环问题或异常导致。总而言之，种种过失皆因机体生理的或心理的异常引发注意力扰乱而产生。

但是，这样的说明对精神分析的研究帮助不大，我们要把它抛开。坦白地讲，在更为深入地研究过这个问题后，就会知道这一"注意力说"与事实有偏颇，至少不能由它推出一切。须知，有许多人一切都正常，并没有疲倦或兴奋之感，但是也会出现此类的过失或者遗忘；有时候这些过失发生了，事后我们把它归因于一种兴奋的状态，不过有过失的人不承认而已。然而，这个问题并非如此简单，因为增强注意力，事情不一定成功；削减注意力，事情也不一定失败。许多纯自觉的动力，不必有注意力也能成功。就像走路，尽管不确定往哪里走，却可以到达目的地而又没走错路。这至少是我们常常见到的。演艺精通的钢琴师无需注意力也能弹奏成曲。当然，他或者也可能会有偶然性的差错，而自动弹钢琴就加大了错误的危险性。钢琴师反复地练习而使弹琴的动作逐渐趋向完全自动，那么他就最容易陷入这个危险之中。但是，常有"有心栽花花不开，无意插柳柳成荫"的现象，许多行为并无特别集中注意力，却非常成功，渴望成就不敢懈怠稍许，反而导致错误。或许你说那是因为兴奋所致，可是兴奋为何不在我们追求的目的之上集中注意力，那是我们不能了解的。因此，有时一个人在很重要的谈话中把自己的意思说反了，如果再用"生理心理说"或"注意力说"就很难解释了。

这种过失还有一些次要的特征，运用这些理论也无法一一解释清楚。例如，一个人因为暂时忘记某个人的名字而烦恼异常，自然地他就会苦苦回忆往事。但是，他尽管很懊恼，却不能促使他想起那个名字使之能呼之欲出，稍有提示就会想到，为什么？再有一例说，有时候很多的过失相互牵连，或者替换。比如忘记了约会的某人，下次他会拼命地记住它却又忘了约会日期或者时刻。再比如某人用各种方法使一个遗忘的字被记起，但在思考时却把作为线索的字完全忘记了。如果他再苦思冥想记起第二字，那么又忘掉了第三个字，诸如此类。排字的错误也是如此。据说某《社会民主报》就出现了这类错误。该报刊载了一次宴会："出席宴会的还有'傻瓜殿下'"，在第二天予以道歉更正说："错句应改为'公鸡殿下'"。再如，一位将军是出了名的怯懦之人。某随军记者访问这位将军，且在通讯中称这位将军临战而惧。第二天他立即道歉，说昨天的话应该是"好酒成瘾的将军"。这类的错误，据说是在排字中有怪物捣乱所致，这一比喻其意义当然就非生理或心理所属了。

某种暗示也是产生口误的原因之一，我在这里讲一则故事来说明这个问题。某位新演员在《奥尔良市的少女》一剧中扮演一个分量很重的角色。剧中他本该向国王禀报说："警察局局长把宝剑送回了。"而在排练时，主角常以此开玩笑，多次对着怯场的新演员，把剧本台词说成"独轮马车把马送回来了"。结果，这个倒霉的新演员虽被多次警告不要说错，或者正是由于被警告而致使其在公演时出错。

关于过失的这一系列的特征，绝不是分心说就可以解释的；但是我们也不必因此而断定，这一学说是错误的，假如再加入一些环节，或许它就会圆满了。但是，也有许多其他的过失可以由另一个角度来考虑。

我们不妨以口误作为最适宜的代表，当然也可以误读、笔误举例。但我们必须牢记曾讨论的仅是在何处以及何种情况下说错了话，而所得到的答案也以此点为限。当然我们也会有别的问题，比如为什么只是这个特殊的错误而不是别的呢？这就要考虑过失的性质了。要知道，尽管生理方面的理论已经提出，只要这个问题仍旧没答案，又无从解释过失的结果，在心理方面，仍然是纯属偶然发生的现象。比如，我说错了一个字，而我说错它的方式可以有无数种，我可以用一千多个别的字来代替那个对的，或许那个对的字有很多变式。而在多种错误之中，单单出现这个特殊的错误，到底有何原因呢？还是纯属偶然呢？关于这个问题究竟有没有合理的解释呢？

语言学家梅林格和精神病学家迈尔于1895年，曾经设法以此角度研究口误的现象。他们广泛地搜罗实例，纯用叙述的观点予以论述。当然这并非解释，却可因此而引出解释。他们将错误分为"倒置"字（音节、字母的倒置）、前移、留置、混合和替代五种。现在一一举例说明。所谓倒置，"黄狗的主人"错为"主人的黄狗"即是；再比如，一个旅馆的茶房去敲主教的门，主教问谁在敲门，茶房因慌张而答"我的奴仆，大人来了"，亦是。而句中字母的混合，比如传教士说："我们的心里常会感觉一些半温的鱼。"（How often do we feel a half–warmed fish within us.）实为"我们心中常常感到一些温暖"（How often do we feel a half–within us）。再有，有人说情不自禁的单相思为被动的单恋，却失误说成了"此番是被恋"，即是前移。说到留置，它是由于将要说出的音节受到已说出音节的干涉而产生，如"各位，请一齐举杯（auzustossen），祝我们的领袖健康"，口误为"各位，请大家打嗝（aufzustossen），祝我们的领袖健康"。

另有一例，某位议员称呼另一位议员时误把"Hull"说成"Hell"，即"中央地狱里的荣誉会员"（honourable member for Central Hell）；又如，一个士兵和朋友谈话时误把"守卫"说成"战败"（for-tified-mortified）就成了"我愿意我们有一千人战败在山上"，此即是留置。

"混合"类失误较常见的例子，例如一个男子问一位女士能否一路"护送"（begleiten）她而说成"送辱"（beleidigen即begleiten护送和beleidigen侮辱混合而成）她。但是一个年轻人如此鲁莽撞，是不会讨得女士欢心的；再如某个可怜的女士说自己得了一种无药可医的怪病（incurable infernal disease）即是把"internal"说成"infernal"（internal disease，即内病）；另有一位夫人说："男士较少知晓女士所有的无用的价值"，即把"affectional"（感情的）误说成"ineffectual qualities"（无用的性质），这些就称为"代替"。

这些实例所作的解释是相当不完满的，梅林格和迈尔都以为一个字的音和音节音值不等时，已发出的较高音值会干涉较低音值的音。显然这一结论是以"留置"和"前置"为依据的，事实是这些例子并非经常出现。其他口误中，尽管存在着不同的音值，却不是问题。口误中最常见的是一个字被另一类似的字所替代，很多人认为这一雷同的特点足以解释这种错误。譬如，一位教授在开场时说道："我不愿（geneigt）评价前任教授的优点"，"不愿"就是"不配"（geeignet）的口误。

把所要说的话说反了是最常见又最能引人注意的口误。这种错误绝不是因字音的类同而混乱所致，所以，有些人认为反义的词之间概念联系强固，因此其在心理上联系也很紧密。这样的实例多得很。例如，某国会议长在一次会议的开始时说道："各位，今天法定人数已足，因此，我宣布散会。"

任何其他联想有时同样也会从中作乱而导致出现不愉快的结果。有一次，赫尔姆霍茨的儿子和工业界领袖、发明家西门子的女儿结婚，请著名生理学家杜布瓦·莱蒙在宴会上发表演讲。当然他的演讲很精彩，结束时举杯庆祝，他说："祝Siemens and Halske百年好合"，而某家旧公司的名称恰好是Siemens and Halske，全柏林人尽皆知，就像伦敦人都知道"Crosse and BlackWel"那般。

因此，必须注意文字间的类同及音值（sound-valuevs，声音的价值），也必须重视文字引发的联想。当然这还不够，因为就某种类型的错误来讲，我们要想圆满地解释它，就必须对之前说过或想过的句子——进行研究，梅林格认为这些都是"前移"的例子，只是起源较远罢了。所以，我不得不承认，我得到的印象是对口误我知之甚少。

但是，在研究上面列举的实例时，我希望我正确，同时我们要注意一种有价值的印象。我们前面讨论过的，是口误产生的一般条件，对口误的结果并不曾加以研究。研究了口误的结果就会明白其本身都很有意义，口误结果本身可视为一个有目的的心路历程，是一种有内容、有意义的表达。曾经，我们只讨论错误或者过失，如今看来，好像这种过失有时也是一种正当的行为，只是它突然闯进来取代了人们本来更期求的行为罢了。

就这些实例来讲，过失的意义似乎显而易见。会议开始时议长就宣布散会，由此我们可以想到一些情形，就能明了过失的意义之所在。他认为本次会议必然没有好结果，就此散会反而痛快；因此这个过失的含义不难揣测。再如一位女士称赞另一女士说："我想这顶漂亮的帽子肯定是你绞成的。" "绣成"误为"绞成"（aufgeputzt误为cufgepatzt），言外之意就是这顶帽子做得很差。又如某夫人出了名的自以为是，她说："我丈夫请医生拟定食谱，医生说他不需要什么特殊食品，他只要吃我所选的食物就可以了。"这个过失的含义也一目了然。

现在，我们假设大部分的口误及一般的过失都有意义，那么，曾经我们从没注意的过失的意义，就必须特别地加以注意；而其他的各点不得不退居次要位置。对于生理及心理的条件我们可以忽略不谈，所有的注意力倾注到有关过失意义在纯粹心理学上的研究成果。现在我们即可用这一观点，进一步讨论关于过失的材料。

然而在讨论之前，你们要注意另外的一个线索，诗人常借用口误或其他过失为文艺表达服务。这也表明他认为过失或口误有意义，因为这显然是他有意而为之。这断不是他的笔误，又让这笔误成为剧中人物的口误。他是借此来表达一种深意，当然我们可以研究它有何用意——不管他是借此表达剧中人的心猿意马，或是过度劳累或头痛难忍。假如诗人的确要用错误表达其意义，我们当然没必要多加注意。事实上或许错误并没有什么深意，只是精神世界里的一次偶发事件，仅有偶然的意义，而诗人却能用文艺技巧赋予其意义，以增强文艺表现力。因此，与其求助语言学家和精神病学家来研究口误，不如求助于诗人来得巧。

德国诗人席勒所著《华伦斯坦》，在第一幕第五场有这样的一个过失实例。前一幕中少年比科洛米尼曾陪伴华伦斯坦的美丽的女儿到营寨，他了解到和平的重要，并因此拥护华伦斯坦公爵力主和平。他离开后，少年的父亲奥克塔维奥与大臣奎斯登贝格惊讶万分。在第五场中有一段对白：

奎斯登贝格：上帝，就这样了吗？朋友，我们就这样让他被欺骗，就这样离开我们吗？不叫他回来，不在此时此地擦亮他的眼睛吗？

奥克塔维奥：（从深思中振作起来）他已经为我擦亮了眼睛，我都看得清清楚楚了。

奎斯登贝格：您看到了什么？

奥斯塔维奥：这旅行真该死！

奎斯登贝格：究竟为什么？你到底指什么呢？

奥斯塔维奥：来吧，我的朋友！我必须立刻沿着这不幸的预兆，并用我自己的眼睛亲自看个究竟——跟我来！

奎斯登贝格：什么？要去哪里呢？

奥斯塔维奥：（匆忙地说）到她那儿去。她本人那里。

奎斯登贝格：到——

奥斯塔维奥：（纠正了自己的话）到公爵那儿去，来吧，跟我来！

奥斯塔维奥本意是"到公爵那儿去"，然而他错说成了"到她那儿去"，寥寥几字，可见他对公爵的女儿不免有所爱恋。

心理学家兰克从莎士比亚的诗剧里，获得了一个令人印象更深的实例。这实例出自《威尼斯商人》，幸运的巴萨尼奥选择三个宝贝箱那一场。现在我最好转述一下兰克的短评：

莎士比亚的名剧《威尼斯商人》中的口误，从其展现的诗的情感和技巧来讲，无疑都是最好的。弗洛伊德在其作品《日常生活心理病理学》中引用的《华伦斯坦》一剧中的口误与这一失误相类似，可见诗人也深知此类过失的玄机和意义，而假设多数观众都能领悟到。受困于父亲愿望束缚的珀霞选择丈夫必须依靠天意，好运气让她摆脱所有她不喜欢的追求者。她倾心的巴萨尼奥也来求婚了，她担心他会选错箱子，想告诉他即便选错了，仍然能赢得她的爱情，但是由于对父亲的承诺而不能说出。莎士比亚剧中的她内心激烈交战中，对巴萨尼奥说了下面的话：

请你稍稍等待一下！待过了一天或者两天，再去冒险！要是你选错了，我就要失去了你的友谊，所以请你等待一下吧！我觉得自己似乎不想失去你（但这不是爱情）……或许我应该告诉你怎么去选，可是我被誓约所束缚，所以无法告诉你；你或许会因此选不到我。可是一想起你可能会选错，我就想打破这誓约。不要注视着我，你的眼睛把我征服了，我被分作两半，一半是你的，另一半也是你的——我想说是我自己的，既然是我的，当然也是你的，所以一切都属于你了。

珀霞想暗中告诉他，在他选箱子之前，她已属于他，对他已经芳心暗许，然而这一深意是不能说出的。在此诗人借用珀霞的口误表现其情感，既能让巴萨尼奥不再彷徨，也能让观众放下心来耐心观看。

注意看，珀霞在谈话要结束时把自己说错的话和更正的话如何进行巧妙调和的，使它们既互不抵触，又掩饰了错误。

"既是我的，当然也是你的，所以一切都是你的了。"

一些非医学界的学者，通过观察揭示了过失的意义，他们似乎可称为这一学说的先驱。大家都知道，利顿伯格是一位机智幽默的讽刺家，歌德曾说过："他要是说笑话，那其中必定就暗藏了一个问题。他有时还会在笑话中暗示解决问题的办法。"某次他讽刺一个人，说："他常把'angenommon'读成'Aga-memnon'，是因为他把荷马读得太熟了。"此话可作误读来解。

在下次演讲中，我们将研讨我们可否肯定诗人对于心理错误的观点。

第三讲　过失心理学（二）

诸位，在前一次演讲中，我们仅对过失本身进行了讨论，并不曾论及它与被干涉的有意行为的关系；我们知道，对某些事例来说，过失似乎存在意义。假如这个结论能够成立，那么研究过失的意义将要比研究引起它的条件要有趣得多。

心理作用的"意义"究竟该如何解释，我们的观点必须首先统一。在我看来，"意义"可说是它借此表达的"意向"或是在心理程序中拥有的地位。根据我们观察过的诸多实事，"意义"几乎都可以用"意向"或"倾向"替代。现在我们认为过失中藏有意向的表达，究竟是由于表现，还是诗人夸大了过失的诗意？

我们仍然以口误来举例，研究这种现象的更多表现，由此可知，特别是那些把所要说的话说反了的事例，它的意义或意向都是显而易见的。比如，国会议长在会议致辞时说"宣布散会"，他想表达"散会"的意义或意向就很容易明白。你也可以说："他的本意就是如此。"我们只是抓住了要害。请你不要抗议，认为这根本不可能，因为我们都知道他是要开会而不是散会，从而认为他所要说的是"开会"，他的意向自然是他本人最明白。这么说的话，就忘记了我们的初衷是要"只讨论过失"，关于过失及其所扰乱的意向的关系留作以后说明，你们就犯了"偷换论点"的逻辑错误，任意去处理我们正在讨论的问题。

其他的一些例子，出现的口误尽管不全是把话说反了，但是表达的仍旧是矛盾的思想。比如"我不愿（geneigt）评价前任教授的优点"。"不愿"与"不配"并不是互为反面，但是所表达的意义和说话者应有的态度却是极端相反。

另有一些例子，口误仅是比其所要表达的意义增添了第二意义而已。而错句似乎是由好几句浓缩而成。例如，那位自负的夫人说"他只要吃我所选的就可以了"，其中好像暗指："他的饮食当然由他自己支配，然而他要什么是没什么用的，我才可以决定！"口误就这样常给人留下浓缩的印象。再比如，解剖学教授讲述鼻腔的结构，结束时他问学生能否完全理解，学生们肯定回答之后，他又说道："简直不可思议，要知道完全了解鼻腔结构的人，即使几百万人的城市，也只是一指可数——噢，不，不是，我是说屈指可数。"此浓缩句的意义即指：完全懂得这个问题的仅他一人而已。

除了一些显而易见的口误之外，还有些是不易了解的，也因此与我们的期望直接冲突。例如一些很常见的口误，读错专用词语，或者是夹杂些无意义的语音，仅凭这些事例，就可以回答"是不是所有过失都有意义"这个问题了。要是现在更细致地研究这些事例，就会揭露"对于这类错误是不难明确其所以然的"事实。说实话，这些看上去不易懂得的事实与之前的显而易见者并没有多少不同。

有一次一人问马主人马怎么样，马主人说："噢！它可'惨过'（stad）——可再过一个月。"（It may take another month）那人又问怎么解释，马主人说他想这是一件惨事（a sad business），"惨过"（stad）把"惨"（sad）和"过"（take）糅合到一起了。

还有一个人谈过一件可以责难的事情后说道："于是某些事实又'发龊'(refilled)了。"其实他的意思是那些事情是"龌龊"的，却糅合了"发现"(revealed)和"龌龊"以致成了"发龊"（refilled）。

还记得一位女士被那位不相识的少年"送辱"吗？我们曾认为这是由"侮辱"和"护送"混合而成，现在无需证据即可知这一论点的可信性。通过以上事实可知，即便它们不那么显而易见，却总能被发现是两种不同的言语意向的冲突或混合。它们的不同在于，第一组是两种意向的冲突，而第二种则是一种意向被歪曲或更改，从而形成了一种混合的字形，有意义的甚至无意义的。

现在，我相信大多数口误的奥秘已经为我们所熟知了。如果能深知这一点，那么曾经无法理解的另一组口误也能迎刃而解。比如，名词形式替换类似口误，尽管并非都是由两种类似的名词替换所致，其第二种意向却是很容易懂的。最常见的名词变形其实并不是口误的原因，它要借此贬损某个人，这是一种常用的骂人的方法，有学识的人想辱骂某人却不愿自贬身价，而把它伪装成笑谈，尽管这笑谈也不高尚。有一个有些粗俗的实例，法国总统曾被歪曲为"猪样的"（Schweinskarre）。当然我们还可以更加深入，假设这是因为口误致使名词的变形最终造成了这种讽刺的意向。如果这一假设成立，那么口误所造成的滑稽可笑的名词变形同样可以这样去说明它。再比如"中央地狱里的名誉会员"的例子，肃穆的会场氛围因为这一可笑而不快的名词变形而被扰乱了。这些隐匿讥讽意向的表达，让我们不得不断定其背后的深意就是："你不要受骗了！我这个字无意义，乱说者全部下地狱！"另外的一些把无害的词语变形为讽刺贬损的口误也适用这一解释。

有些人故意把无害的字变形为粗俗的字来娱乐，这是大家都比较熟悉的情形了。有人把它当成笑话，事实是，听到这类例子，自然地就想明白它究竟是有意的笑话还是无意的口误。

我们好像没花多大力气就揭开了过失的奥秘。过失并非无因之果，而是一种很重要的心理历程，是由两种意向共同作用，或混合或干扰而形成的结果。我相信，你们定会有许多的问题来质疑我，那就让我们把这些疑难都解决了，让大家都对我们所努力的结果有信仰的力量。当然，我不会拿敷衍草率的行为来欺骗你们，让我们冷静地依次把这些事件一一进行讨论吧。

那么你们将会有哪些问题呢？首先，你们会问我这个理论是仅能解释几个少数的融合呢，还是所有的口误事件都可以用它进行解释？其次，这个概念能不能涵盖诸如误读、笔误、遗忘以及做错事和失物等多个类型的过失呢？再次，在过失心理学中，疲劳、兴奋、心不在焉和注意力不集中究竟占有什么样的地位呢？又有，在过失中同时存有两种意向互相竞争，通常有一种显而易见，另一种则多是隐匿其中。如此，我们怎么才能揣摩隐藏的意义呢？除此之外，你们是否还有其他的疑问？若是没有，下面就是我的提问时间了。在此我要提醒大家，我们分析过失的目的，一是要了解过失，二是通过了解它去分析精神分析的要义。因此，我想问：究竟是什么样的目的或倾向干扰了另一种意向？干扰与被干扰之间的关系如何？所以一旦揭开了过失的奥秘之后，我们就又要开始为新目标而努力了。

这样就能解释所有的口误吗？我认为答案是肯定的。原因就是，如果我们研究了一个口误的事例，所得到的就是这个结论。然而我们仍然证明不了这一过程推动了所有的口误。尽管如此，亦无妨碍，因为这一层的理论之于我们的目的可以说是无足轻重。但是，即便我们可解释的口误的例子是一小部分，而我们要用以说明精神分析的效用的结论依然是有效的，况且我们所能够解释的口误事例并非一小部分。另一个疑问是：这一理论是否能兼容他种过失，我们也能够预先作肯定答复。在我们以后研究笔误和做错事等过失时，同样让你们信服。为叙述便利起见，我们暂时搁置这一问题，待到对口误进行更为充分的研讨之后再作分析。

循环系统的紊乱、疲惫、兴奋、心不在焉和注意力不集中等，都被有些学者视为重要因素，现在这些对我们而言有什么重要呢？如果过失的心路历程确实如上所述，这个疑问就必要有更彻底的答案。你们要记住，我绝不否认这些因素。说实话，精神分析在其他方面的主张大概都毋庸置疑；它只要把一些新鲜的材料加入到以前的论述中。现在，精神分析所补加的，恰恰是以前所忽视的事情中那最重要的部分。日常生活经验也可以使你们相信，那些由于不舒服、循环系统失常和疲惫从而出现的生理倾向，引发口误理所当然。肯定了这些之后我们要解释什么呢？这些都不是过失所必需的，口误也可出现在健康良好和正常的情形之下。因此身体的不适只能是补充的，仅仅提供一些便利给产生口误的特殊的精神机制。以前我曾用过一个比喻，由于找不到更好的，所以暂时还用它了。比如，黑夜里我在近处的僻静地方散步，一个流氓抢走我的钱、手表，而我当然看不清强盗的脸孔，我向警察局控诉时会说："僻静和黑暗抢走了我的钱和手表。"警察局局长可能对我说："就事实而言，你好像过于相信极端的机械论观点。你的控诉应该是有一个看不清脸孔的窃贼趁着黑暗和僻静，抢走了你的钱物。在我看来,现在最重要的是捉贼。捉到窃贼后,或者可能取还赃物。"

　　心理生理的因素如兴奋、分心、注意力不集中等,很显然不能解释什么。它们只是些名词而已,也可以说它们只是帘子,我们必须打开帘子看到幕后。我们应该问的是:究竟是什么原因引发了兴奋或者分心?音值、字的类同、部分相同的字的联想等给予了过失可乘之机,这些固然重要。但是,即便是前面有一条路,有谁能保证我就定要走这一条呢?因此仍要有逼迫我走这条路的动机存在。所以说,这些音值与字的联想也只是容易产生口误而已,正如身体的不适那样,仍然不能真正解释口误的产生。在演讲时,我用过的无数词语中就有许多字与其他的字或者读音类似,或者意义冲突或有共同表达联系密切,然而我用错的时候却很少。哲学家冯特认为,身体的疲惫导致本来的意向被联想的倾向所控制,很容易就产生口误。这看上去很有道理,但却有违于生活经验,从大多数的实例来看,口误并非身体不适或联想所致。

　　我尤其感兴趣的是你们接下来的一个问题:两种相互混淆的倾向究竟可能用什么测定?这一问题的重要性你们可能不清楚。在两种倾向中,最容易被认知的是被干涉的倾向;犯了过失的人清楚它,也承认它。被质疑的是干涉的倾向,即另外的一种。你们必须记住,前面我们说过有时候这个倾向显而易见,我们只要勇于承认错误,就能在错误的结果中找到这一倾向的性质。议长说反自己的本意,很显然他要开会,然而他骨子里想散会也很显然。一目了然,无需多言。而针对其他的实例来讲,干涉的倾向只是变换了原本的倾向的面貌而已,并不充分暴露自己,对于这类干涉的倾向我们究竟要用什么样的方法从这个变形中探测到呢?

　　对于特定的一组实例,测定的方法很简单也很稳妥,换言之,我们可以用测定被干涉的倾向的方法测定干涉的倾向。说话人用错字以后,我们便进行查问,他于是恢复了他原来想说的字。"啊!它可惨过——不,它还能过一个月。"干涉的倾向也可由他来补充说明。我们可再问他为什么说"惨过",他解释说:"我想要说这是一件惨事。"再看另一个实例,说话人说出了"发龌"两个字,而他解释他本想说它是一件龌龊的事情,然而这倾向受到控制,用另一种表达取代。干涉的倾向与被干涉的倾向一样昭然若揭。这些实例的起源及解释,都不是我们所能凭空编造的,我选择它们也是有原因的。我们必须问说话人错误是怎么出现的,他能不能解释清楚。如果我们没有问,说话人或许就忽略它而不寻求其原因。然而一旦去查问,他的第一个念头就会清晰地被说出来。请你们注意,这个小小的帮助及其结果就形成了我们要研究的精神分析的雏形。

不知我是否杞人忧天,担心你们刚明确了精神分析的概念,难免在心中对它有抗拒。难道你们不是要抗议说过失者对我们所说的话并不是可靠的证据吗?你们必定以为,他满足你要求解释的想法理所当然,所以,他就立即告诉你他所想到的第一个念头。然而过失是不是由它造成的,我们都没有可靠的证据。或许是,或许不尽然,或许他也会想到别的解释。

显然你们太不重视心理的事实了,大家想,如果有人用化学分析研究某物质,结果某一成分的重量为几个毫克。通过这个求得的重量他得到一个结论。那么你认为化学家是否因这个分离的物质或许有其他重量,从而怀疑他得到的结论呢?任何人都知道,那一物质只有一个重量,不会再有其他,所以在这个基础上建立理论是毋庸置疑的。对于心理的事实而言,说到某个人在被盘问时想到了这个而不是其他的念头,你们就会不相信,认为他或者另有其他念头。事实上,这些都是你们心里的心理自由的幻觉,却不想放弃。因此,我要说抱歉,在这一点上我和你们的观点完全相反。

你们现在将提出另外的一个抗议,并且认为:"我们了解精神分析有一种特别的技术,能使被分析者解决精神分析的问题。比如那个宴会上的演讲者请大家打嗝来祝福客人。你认为干涉的倾向在于娱乐,显然这个倾向和敬客的本意相冲突。然而这只是你根据你与这个口误无关的观察而得到的解释。如果你以这些去查问那个说错话的人,他不仅不认为他有侮辱之意,更会激烈地否认这个意思。在别人如此激烈否认时,你还要坚持这无法证明的解释吗?"

当然,你们这次的反驳看来雄辩而有力。我能想象得到那位不相识的演讲者,他或者是哪位贵客的助理,或者是位年轻讲师,或者是一个前途远大的年轻人。我要问他,自己内心好像不那么尊敬他的领导,就定会有一场争吵发生，他会不耐烦，会怒气冲冲对我说："你也问得够多了吧，你要再说，莫要怪我不客气。你这样说将毁了我一生的事业。我只不过说了两次'auf'，才把'anstossen'说成了'aufstossen'的。这只是'留置'的口误，梅林格说过的，绝没有什么恶意。你明白吗？你够了！"这种反应真让人惊讶，这反抗也确实有力。我明白我无需对他再有怀疑，然而我觉得在说这个错误没有恶意时，他似乎未免太起劲了，对纯粹的科学研究暴跳如雷大可不必。或许你们也赞同这一点，但是你们坚持认为，那个人明白自己要说什么，不要说什么。

他一定知道吗？恐怕这也是一个疑问吧！

现在，你们认为已经驳倒了我。我听到你们说："你的技术就是这个了！失误者的说明要是与你的理论相符，你就宣称他就是这一疑问的最后的证人，因为他本人是这样说的。假设他的解释与你的观点不相符，你便立刻宣称他所说的不足为凭，让大家不必相信。"

事实的确如此。我可以再举出一个相仿的事例来。比如在法庭上，被告认罪，法官便相信他；被告不认罪，法官就不相信他。不然的话，法律就无法得以实施。尽管有时候难免有失误，然而你要承认这个法律体系的功能是有效的。

"噢？但是难道你是法官吗？说错话者就成了被告吗？口误变成犯罪了吗？"

你们大可不必反驳这一比喻，对于过失的问题，你知道我们的观点存在分歧，直到现在，我们仍然不知道如何来和解这些冲突。因此，我才以法官和罪犯作比，把它当做暂时和解的基础。如果被分析者肯定了过失的意义，你们就应当承认它是无可怀疑的。我自己也承认，被分析者若是不肯直说，不肯见面，那么就无法获得直接的证据。所以，我们不得不暂时充当审案的法官，采用其他证据来帮助推断。在法庭上，为了判决的需要，也可用间接的证据。精神分析却无此需要，然而这一类的证据也是可以考虑的。如果你相信科学只存在已经证实的命题，就大错特错；如果你以此来要求科学，则难免有失公平。提出这种要求的，只是那些有权威欲的，甚至要以科学教条取代宗教教条的人。事实上，科学作为教条只有极少数已经确立。它主要是不同程度的概率的陈述。科学家的特性就是以接近真理的东西为满足，尽管尚需继续证明，然而仍然进行着创造性的工作。

假如被分析者不愿意解释过失的意义，我们要到哪里去寻求解释的出发点和证明的依据？我们可以从以下几种作为出发点：第一，可依据那些不是因过失而引发的类似现象，比如一个人因错误而变式和有意而变式一样，都隐匿着取笑的意向。第二，也可依据过失发生的心理情境、犯错者的性格和犯过失之前的情感，而过失或许就是这些情感的反应。一般来讲，我们以一般原则为依据来查问过失的意义；当初这仅仅是一种猜测或暂时的解释，直到后来心理情境研究法的发展进行。然而，有时候要在研究了过失意义才有进一步的表示，以此证实我们的观测正确与否。

若是仅限于口误，恐怕不太容易给你们提供这种证据，虽然我也能举出几个很好的例子。要"送辱"某女士的那位青年，实际上很害羞；说丈夫要吃她喜欢的饮食的那位太太，我了解她治家严谨、精明干练。再举一个实例吧，某俱乐部开会，一青年会员在演说中猛烈攻击别人，称委员会的成员为放债者，即放债者（Lenders）代替了委员（members）一词。据我猜测，在他大肆攻击别人时，脑袋中正活跃着与放债有关的干涉倾向。的确，我了解到这位演说家常有金钱拮据之感，此时他正打算借债。因此，这里的干涉倾向可以翻译为这样一个念头：即"你抗议的态度稍微温和些吧，这些人都将是你想要找他们借钱的人啊"。

如果我可以讨论其他类型的过失，便可举出很多这种间接证据的例子。

有人忘记了一个很熟悉的专用名称，即便很努力也不能长时间记住它，我们就可以判定他对此定无好感，因此不愿记住它。如果记得这一点，就可以来讨论过失的心理情境了。

Y先生爱上了某位女士，而这位女士对他并没有什么感情，不久这位女士和X先生结婚。尽管Y先生早已认识X先生，他们又有业务往来，然而现在Y先生却多次忘记X先生的姓名，每当写信给他，就要向别人询问。显然，Y先生是想忘掉那个幸运的情敌，永远不想他。

再有，某女士向医生询问他们都认识的一位女朋友的事。她就用女朋友未嫁以前的姓名，她结婚后的姓氏就不记得了。她承认自己对这桩婚事非常反对，并且非常厌恶女朋友的丈夫。

对遗忘专用名称，以后我们再详细论述，现在，产生遗忘的心理情境则是我们要关注的。

遗忘了"计划"，大概是一种相反的情感阻挡着"计划"的执行。这一见解不但精神分析家赞同，普通人在日常生活中也是如此，只是在理论上不肯承认而已。赞助人遗忘了被赞助人的请求，即便赞助人道歉，被赞助人也不会因此息怒。被赞助人认为，显然赞助人觉得他无足轻重，答应了请求，却没有履行之意。因此，即便在日常生活中，遗忘有时也会引发怨恨。对于过失的概念而言，精神分析学家和一般人也没什么分歧。假如有人对他的恋人说他已经完全忘记了他们前次所定的约会，事实上他是不会承认的，他定然在一瞬间凭空编造各种甚至是荒谬的事情，致使他无法赴约，而且直到现在他都无法给她消息。我们都了解，在军队里，遗忘是不能作为借口以免于惩罚；这是大家承认的公平的制度。既然如此，大家都愿意承认过失是有意义的，而且也了解它的意义。然而，是何原因让他们没有把这一认识推之于他种过失，并公开承认呢？关于这一疑问自然也会有一个相当的答复了。

遗忘"计划"的意义既然已经为一般人所深信不疑，难怪作家们也借用它来表达相似的意义。如果你读过萧伯纳所著的《恺撒与克利奥佩特拉》，应该记得恺撒在最后一场的告别时，他感到深深的不安，觉得自己忘记了一件要做的事。到最后，终于想起是还不曾与克利佩奥特拉告别。借用遗忘这一技巧，作者是想表达恺撒的自负，其实恺撒既不曾有此感情，也不会有此渴望。通过历史我们可知恺撒曾经偕同克利奥佩特拉一起前往罗马，而且当恺撒被刺时，克利奥佩特拉和她的孩子仍然住在罗马，后来他们才逃出城去。

这些"计划"被遗忘的实例，其意义都很容易懂，因此对我们而言用处不大。我们的目的在于，从心理情境之中找到过失意义的线索。现在我们要讨论的是不容易了解的过失——物品的遗失。人们都认为遗失物品只能引发烦恼，当然也不相信物品遗失也是有目的的，而这类的例子却多得很。比如，某青年遗失了一支喜爱的铅笔。在几天前，他收到了姐夫寄来的信，在结尾处写道："如今，我可没鼓励你东游西荡的时间和兴趣了。"而铅笔恰是这位姐夫送他的。当然前期如果没这一事件，我们也不能说此次失物有遗弃赠品的意思。类似的事实多得数不胜数。某人遗失物品，或者是因为和赠与者吵架而不愿记住他，或者因为厌恶旧物，希望以此作为获取新物品的借口。再比如物品的失落、毁坏或损伤，都是用来实现这一目的的。在生日前一天，一个孩子把自己的手表或书包弄坏了，当然不能被看做是偶然事件。

如果曾经因为失物而感到不安，他必然不会相信这个过失是有意而为之。但是，我们有时候可通过过失的情境察觉暂时的或者是永久性的遗弃之意。或许这就是一个最好的例子。

一个年轻人给我讲了他的故事："几年前，我和妻子经常产生误会。我认为她太冷淡了，我虽然承认她的美好品德，然而我们之间很冷漠，缺乏感情。有一天妻子散步回来，为我买了一本书，她想让我高兴。她的关心我很感激，答应读它。我把它放在某处就再也找不到了。几个月后，我偶尔会想起它，仍然找不到。约莫过了半年，我母亲生病，她住的地方离我们很远，妻子去看护生病的母亲，母亲病情加重，妻子美好品德得以展现。有一天夜里，我满怀着对妻子的感谢回到家里，当我走到书桌前，打开抽屉，尽管不怎么明确，却颇有几分莫名的信心——遍寻不得的书竟然在我的面前出现了。"

动机一旦消失不见，失物自然便可找到了。

类似这样的例子，我可以举出无数个来，然而我可不愿再举例子了。在我1901年初版的《日常生活心理病理学》一书中，你们可以发现很多有关过失的实例。它们都被用来证明同一事实。通过这些实例可得知过失错误都是有其用意的，还能够了解到怎么能从过失的情境中发现或证明它的意义。因此，我今天不想引用太多，我们现在的目的是把这些研究当做精神分析的入门。现在我要说的只有两点：一是重复的和混合的失误，二是我们的解释可由以后的事实来证实。

的确，重复和混合的过失是过失最好的代表。如果我们只想证明过失是有意义的，当以这些过失为鉴，因为即便是最为愚笨的人也能懂得它们的意义所在，最吹毛求疵的人也确信不疑。重复的错误它的意义显而易见，又绝非事出无因。而说到一种过失转变成另一种过失，更加能看出过失的最重要、最根本的要素；这一要素并非形式，也不是它所用的方法，却是利用过失来达成目的的倾向。暂且说几个重复遗忘的例子。琼斯说，有一次他把写好的一封信在桌子上摆放了好几天，也不知为什么，待到他决心邮寄了，又忘记填写收信人的姓名地址，而使得信被退回。补写了姓名住址后，却忘了粘贴邮票。于是，他不得不承认自己内心有不希望邮寄这封信的意思。

另一个实例说的是，一位女士误取了别人的物品后又遗失了该物品。某女士跟她的名画家姐夫一同游罗马，一位信罗马教的德国人款待了他们，并赠送一枚古朴典雅的金质章。这位女士很不高兴，因为她的姐夫对这赠品不感兴趣。待到姐姐到来，她便回国了。她竟然把金质章带回了国，如何带回的，她并不清楚。她马上写信给姐夫说明这件事。然而到了第二天，金质章却突然遗失，怎么也找不到，使得她无法履约寄回。因此，她明白了她的疏忽是有用意的，即在内心里是想把它据为己有。

至此，我已经给了你们一个遗忘和过失同时出现的实例了。你们想必记得，某人忘记了约会，第二天他决心不再忘记，然而他却忘记了约会的具体时刻。还有一个相似的例子，有个既爱好文艺，又喜爱科学的朋友。以他的亲历告诉我："几年前，某一文学会选我为评议员，当时我想它可能对我的剧本在F戏院里公演有帮助。之后，我很多次都忘记了到会。在见到你对这个问题研究的作品后，我很自责，认为那些人对我不再有帮助，就不再到会了，这有点太卑鄙了。所以，无论如何也要参加其在下周五的会议，并多次提醒自己，后来履行了诺言。我到了会场外，惊奇地发现大门紧闭着，而且已经散会。原来今天已经周六了，我把日期记错了一天。"

我原本要搜集更多的这种例子，然而现在要进行下面的讨论了，倒不如让你们去看看那些将来需要证实的实例。

或者这些实例的要点是我们所能猜测到的，而它们的心理情境尚未可知，甚至无法测定。因此我们之前的解释仍是一种假说，没什么说服力。只是后来发生一些另外的事情，能够用于证明以前的解释。有一次，我拜访一对新婚夫妇，年轻的妻子笑着讲述了她最近的经历：蜜月归来后的第一天，她邀姐姐一起买东西，此时丈夫上班去了。忽然她看见对面的一个男人，就拿胳膊肘碰着姐姐轻声说："看，那是K先生。"原来她竟然忘记这人就是她刚结婚的丈夫了。这个故事让我深感不安，让我不敢往下想。几年以后，他们的婚姻不幸破裂，我不禁想起了这个小小的故事。

梅特也讲过一个故事，一位女士在结婚前一天，竟然把试穿结婚礼服忘记了，这让制衣匠很着急，后来想起时已经深夜了。结婚没多久，丈夫就把她抛弃了。梅特认为新娘忘记试穿礼服与此有很大关系。我所认识的一位与丈夫离异的女士，在金钱往来时，常用她未婚前的姓氏签字，多年后，果然人们又称她为小姐了。还有几位别的女士是我所知道的，在蜜月中她们都遗失了结婚的戒指，我还知道她们的婚礼导致了戒指的丢失。到现在，我还不能找到有美好结局的例子。在德国，有位化学家，竟然在结婚时没有去教堂，反而去了实验室，他把婚礼忘记了，后来，他就永远不再结婚了。

或许你们会认为，这些例子中的过失，就好像是古人所说的征兆。实际上，征兆确实就是过失，比如失足或跌倒。其他的征兆固然是属于客观的事件，并非主观行为。然而你们或者不相信，要判定某个特例究竟属哪一种，有时候也不那么简单。那是由于主动的行为常常伪装，显现出被动的特征来。

如果我们把过去的生活经验回顾一番，必然会认为或许自己能避免很多的失望和痛苦，只要有勇气，有决心，把一些小过失当成预兆，在它们不明显的时候看成某种倾向的信号。通常，我们缺乏这样的勇气和决心，而怕被他人讥笑为迷信。更何况预兆未必就能变成现实；我们常说的将可以向你解释，它们为什么不一定完全成真。

第四讲　过失心理学（三）

诸位，之前我们已证实了过失是有意义的，并以此作为下一步研究的基础。但是我要再次强调：为了我们的目的起见，我们绝不主张，也不必主张——所有过失都有意义，尽管我相信这并非不可能。只要我们证实各种过失中，较普遍地存在着意义就已足够。就这一点而言，各种过失形式上也有些不同。一些口误、笔误纯粹是生理因素所致，而那些"遗忘专用名称"或"遗忘计划"以及失物等遗忘类的过失，同样如此。在有些实例中，失物也被认定是没什么意义。总的说来，我们的理论只适用于说明日常生活中的一部分过失。你们必须记住，如果过失是由于两种"倾向"相互干涉而引发的心理活动所致，则不适用这个理论。

这就是精神分析学的第一个理论成果。以前，这种相互干涉的现象为心理学家所忽视，当然，他们更不了解这种干扰会引起过失。我们已经大大扩充了心理现象的范畴，从而使心理学包括了不曾被承认的现象。

首先，我们要讨论"过失是心理的活动"这一观点，它与"过失是有意义的"这句话相比较是否更富有内涵呢？我认为恰恰相反，前者要比后者含义更为含糊，从而更容易被误解。所谓心理现象，就是但凡在心理活动中可以观察到的所有表现。同时，还要明确它是不是一种特殊的心理现象，比如由身体的某器官直接引起的，或是只是物质的变化，这些都不在心理学研究的范畴之中；或者是另外的一类现象，它从其他的心理过程中直接产生，却在这个心理过程中的某个节点上引发了一系列的机体的变化。这后面的一种就是我们所谓的心理过程。因此，"过失是有意义的"对我们而言比较便利；这里的"意义"就是重要性、意向、倾向以及一系列心理活动的其中之一。

另外一组现象，与过失关系密切，称之为过失又不相宜。这是一些"偶然的"或者症状性的动作。看上去这些动作没有动机，没有意义，也没有用处，并且明显多余。它们没有可以反抗或干涉的第二倾向，与过失不同；它们又和我们所说的表达情绪的姿势和动作没什么两样。这种偶发的行动，以及很明显没有目的的动作，比如甩动衣裳或身体的某个部位，或者触手可及的其他物品等；应做却不做的动作以及哼哼哈哈的自娱行为。这类动作，我认为都是有意义的，都可以解释，都可以看成真正的心理活动，构成了其他重要的心理过程的表现。但是，我不能再详细讨论这些现象了，现在回过头来谈论过失。讨论过失才可以使研究精神分析的许多重要问题更加清楚。

讨论过失，悬而未决而又最为有趣的，当然是以下几个问题：我们认为，之所以产生过失是两种不同意向互相干涉，一个可称为被干涉的意向，另一个称为干涉的意向。当然，被干涉的意向不会再引发问题；而就干涉的意向来说，首先我们要了解干涉他种意向的都是哪些意向。其次，干涉的意向与被干涉的意向之间存在何种关系。

我们可以再以口误为例，首先对第二个问题予以答复，接下来再解释第一个问题。

在口误中，干涉意向与被干涉的意向可能在意义上相关，在这种例子中，干涉意向是被干涉意向的反面、变式，或者补充。而另外的模糊的却有趣的例子中，干涉意向与被干涉意向在意义上或许毫无关联。

在已经讨论过的实例中，发现第一种关系的证据并不难。但凡把要说的话说反了的口误，干涉意向差不多都与被干涉意向有相反的意义，所以，此类错误即由两种相反的意向互相冲突所致。议长口误的意义："我宣布开会，然而我更愿意散会。"一份政治倾向很强的报纸被指责腐败，于是它撰文申辩，在结尾处想说："读者都知道，本报竭力为社会图谋幸福的态度是最不自私的。"然而意外的是，被委托的编辑进行申辩时竟然将"最不自私的态度"（disinterested）错误地写成"最自私的态度"（in the most interested manner）。他的用意，是想说："我不得已才写了这篇文章，这其中的内幕我是很清楚的。"再比如一位民意代表因某事要直言皇帝，内心深处却感到恐惧，于是产生了口误，直言误说成了婉告。

在前面列举的实例，有浓缩和省略之意，又有更正、补充或引申的意思，两种倾向紧密相关。比如，"事件于是暴露了，但不如直接说事情是龌龊的，因此——事件于是发龌了。""知道这个问题的人屈指可数，但却并非如此，真正懂得的仅一人，那么很好——就算屈一指可数了。"再比如，"我的丈夫当然能吃喝自己喜欢的食物，然而我可不能让他喜欢这喜欢那的，所以——他就只能吃喝我所喜欢的饮料与食品了。"从这些例子来看，被干涉的意向的内容与这种意向有着直接的联系，乃是产生过失的根源。

两种互相干涉的倾向之间若没什么关联，难免让人觉得奇怪。假设干涉的倾向和被干涉的倾向在内容上毫无关系，那干涉的倾向究竟如何发生呢？又如何正巧在此时表现出来呢？要找出这个问题的答案，就要从观察入手，通过观察的结果找出干涉的倾向的根源——这个人之前的所有的思绪，然后表现出来，形成了这个结果。而这一思绪是否表现为语言的形式，就无关紧要了。因此，它也可看做是"留置"的一类，只不过可能不会是语言"留置"罢了。在这里，干涉与被干涉的倾向之间也有一定的关系并不表现在内容里，只能算勉强造成的关系而已。

我曾在观察中得到这样一个简单的例子。在秀丽的多洛米特山中，我遇见了两个维也纳女士。她们在散步，于是我陪着她们走了一段路，我们边走边讨论游历生活的乐趣及劳累。有位女士认为这样的生活不是舒适的。"整日地顶着太阳走路，直到汗水把外衣，或者别的东西都湿透，这件事的确让人很不愉快。"在这句话中，她隐隐有一些迟疑。她又说："假如我们有衫裤，可以换一换（nach Hose）。"事实上，她本来要说的是"在我家里"（nach House）。我们来讨论这个口误，我认为它的意义很容易就明白了。这位女士本想列举一些服装的名目，例如外衣、衬衫、衬裤，等等。之所以没有说出衬裤一词，是就讲究礼仪而言的。然而在第二句话里，内容完全独立时，曾经没有说出的声音就变成了近似音的"House"。

现在，我们终于可以讨论那个搁置很久的问题了，它就是，突然表现出来干涉其他意向的究竟都是什么样的倾向呢？它们的种类非常多，不过我们的目的只是发现它们共同的成分。假如我们为了这一目的，研究了许多的实例，那么立刻就能发现它们共有三个大类。第一类是，说话人知道这个干涉的倾向，而且在错误中感觉到了这种倾向。比如"发龌"这个口误，说话人不但承认他所谴责的事件是龌龊的，而且也承认心中一种将此意说出来的倾向，只不过后来再加以阻止。第二类，说话人承认内心存在着干涉的意向，而这个倾向在他说话前曾经有很多的活动他不知道。因此，他尽管接受了我们的解释，却或多或少感到惊讶。这一态度的例子在其他种类的过失中更容易发现。第三类，说话人强烈地反对我们对干涉的意向所做的说明，他不但驳斥了干涉倾向在口误发生之前有过活动，还说自己对这个倾向毫不知情。比如那个有关"打嗝"的实例。我向说话人指出干涉的倾向，他却是极力反驳。你们了解，就这些例子而言，我的态度与你们之间相距甚远。我不能相信说话人的否认，坚持自己的解释，你们却因他的热情而感动，想当然地认为我应该放弃自己的理论，把这些过失看成是纯粹的心理活动，用精神分析之前的观点去解释它们。你们会这样想的原因，我想我能够猜测到。在我的解释里包含有一个假设：说话人所不了解的意向能够通过他表达出来，我则能够借用各种现象判定其性质。这是一个重要而又新奇的结果，你们产生怀疑在所难免。我清楚这一点，我也认为你们是对的。但是有一事必须明白：这个"过失论"已经被诸多实例所证明，而你们若要引申出符合逻辑性的理论，你们的假设必定要大胆，不然就不得不把刚得到的成果放弃掉。

现在我们来暂停片刻，思考一下三类口误中所拥有的共通部分。侥幸的是，这一共通部分很容易被发现。就前两类来说，干涉的意向都由说话人的口中查问到，并且第一类的说话人在口误出现前，就已经察觉到干涉的倾向。然而不管哪一类，干涉的倾向都被迫收回。说话人坚决不把这念头用语言表述出来，他发生了口误，换句话说，被迫收回的倾向将会反抗说话人的意志，而改变他所允许的倾向来表达，或者与其混合，或者取而代之，从而表达出自己，结果就成了口误的机制。

我认为，第三类的过失也可以完美地适用前面所述的机制。我只需要假设这三类过失的区别，是在于逼退一个意向时，程度有所不同而已。对第一类而言，说话人在说话前就已感觉到干涉意向的存在，到说话时才被排斥，又在错误里得以补偿。而在第二类中排斥出现得较早，这一干涉倾向在说话前已不复可见，但它仍然是造成口误的最主要原因。如此一来，第三类的解释就变得简单了。即使一种意向被长时间地压制，无法表达出来，又被说话人极力否认，然而，我要说的是仍然可以感觉到这种意向。假如抛开了第三类问题，单就其他两类来说，则必定有这样一个结论：压制说话人原有的倾向是造成口误的必要条件。

现在，可以说我们在过失的理论上已大有进步。我们认识到过失都是有意义、有目的的，又了解到过失是由两种意向相互干涉所致，还知道如果一种意向要借干扰另一种意向而表现自己，则不得不自己先承受阻力禁止其活动。简单的说法是，一种意向必定先受到干扰，然后才能够干扰其他倾向。当然，这并不能对过失现象做一个圆满的解释。立刻我们便会发现新的问题，概括来讲，就是知道得越多，出现新问题的概率也就越大。比如，或许你会问为什么事情不能变得更加简单易行呢？假如，在心中出现了一种意向想要压制另一种意向使其不能表达出来，则压制成功，这个倾向就完全不可能再表现出来；而压制失败了，被压制的倾向立刻就能够淋漓尽致地展现。但是，过失也仅仅是一种调解的方式而已；在过失中，两种互相冲突的意向，各有部分的成功和部分的失败。除了极少的例子以外，被压制的意向既不能被完全阻止，也可能按原本的目的完全表达出来。根据想象，必定会有许多特殊的条件促成这样的干扰或调解，只是，我们现在还无从猜测这些条件是什么，而且我不认为通过我们对过失的研讨，必定能找出这些未知的条件是什么。我们必须首先彻底研究其他的更玄妙难懂的心理活动，然后通过类比研究所得的结论，我们才能够有勇气对过失的更进一步解释，做出必要的假设。然而你们还要注意，就如我们在这方面常做的那样，以很小的现象指导理论研究，存在着冒险。如果对这种很小的现象的使用超过了极限，就会产生心理错乱，即联合妄想狂（combinatory para-noia）。自然，绝对没错，我不主张由此而得到的研究结果。我们必须避开这危险，拓宽自己的观察视野，分析各种各样的心理活动，收集到类似的事实经验。

所以，现在我们要暂时离开精神分析一会儿。然而，你们必须记住一件事：你们必须牢记我们在研究过失时所用的方法，拿来当做一种范例。由这些实例你们可以得知我们研究心理学究竟有什么目的。那就是我们不但要表述的心理现象分类，而且要承认心理现象就是心中的各种力量相互制衡的结果，表达一种有目的的意向，这些意向或合作或对抗。我们要对心理现象有一种动态的概念（a dynamic conception）。所以，我们以此所推测到的比我们所看到的现象更加有意义。

所以，我们将不再研究过失了；然而之前要对整个问题进行鸟瞰式的观察，我们在观察中遇到的事情有些为我们所熟知，有些则是陌生的。关于类别，仍然是我们前面所列举的那三种：口误、笔误、误记及误听等；遗忘比如忘记专用名称，忘记外文字，忘掉计划和印象等；误放、误取及失物等。综合起来，我们研究的过失，半数属于遗忘，半数是行为的错误。

我们已经详细讨论了口误，而现在还需增添一些材料。一些带感情的小错误都与口误相关，非常有趣。人们总不能甘愿承认自己说错了话，而说错了也常常不去注意。一旦别人说错了话，却咬紧了不放。口误是可以传染的；讨论口误的时候很容易说错话。有些很繁琐的过失，找出其隐匿的动机并不难，只是要看出所隐藏的心理路程的性质却是不能了。比如，一个人被某个字所干扰，错误地把长音说成了短音，那么不管其动机是什么，他必定会再造一个新错以弥补刚才的过失，结果就是把其后的短音发成长音。再如，双元音误读为单元音，（ew或oy误读为i），同样的，后面会出现单元音误为双元音（i错读为ew或oy）。这些行为似乎隐藏着一些用意，也就是不能够让听话人相信说话人对本国语言有疏忽。那个补偿的错误在于提醒听话人注意第一个错误，又表明自己已经知道了。最常见、最简单，却又最不重要的口误就是语言的浓缩或前置。例如，说错了长句子，就必然是在想说最后一个字时影响了前一个字的发音而致。这样可以看出说话人的不耐烦，而且不愿意那么说。之后，我们将迈过临界点，精神分析的过失论与一般生理学的过失论将不再有区分了。从我们的假设可知,这些实例中,干扰的倾向对所要说的话是反抗的;然而这些只能让我们证实干扰倾向的存在,却不能知道其目的何在。由它产生的干扰,语音的影响或者是联想的牵制,都可以视作是由于注意离开了所要说的话所导致的。但是,这一类的口误关键不在于注意力分散,也不在于联想的倾向,关键点是存在着干扰原有意向的其他意向。它究竟有什么性质,由于这样的实例与较明显的口误不一样,当然不可能由此推想得知。

现在,我们终于要讨论笔误了。笔误与口误相同,因此就笔误而言,我们不必期盼能有新观点,只要从中得到关于过失的一些知识,就已满足了。一些最常见的小错误,比如将后面的字浓缩,尤其是把最后一个字提前书写,便知书写者是不爱写字的,或没有耐心;而较显著的笔误,就可以把干扰的性质及意向显现出来。通常,在书信中出现笔误,可看出当时写信人的心灵并不平静,至于究竟什么原因却未必都能了解。笔误与口误相同,犯错者很难察觉到。有一点很引人关注,一些人习惯在发信前重读一遍。另一些人则不同,假设意外地他们写完信后重读了一次,常常能发现很明显的笔误并加以纠正。怎么解释呢?似乎他们都明白自己写错了字,确信是这样的吗?

关于笔误实际上的意义,有一个问题很有趣。杀人犯H的事你们还记得吗?他假冒细菌专家,盗取了科学院里的危险病菌,去杀害跟他有关的那些人。有一次,他对某学院的职员控诉:"你们寄来的培养菌效力太低。"却在信中写错了字,竟把"我实验用的老鼠和豚鼠"(Mausen und Meerschweinchen)误写成"我实验用的人类"(Menschen)。学院内的医生曾经注意到这个笔误,然而他们并没有推断出它的用意。你们怎么看呢?假设学院的医生推断出笔误背后的秘密,觉察出他的意图并及时破获不是更好吗?针对这个实例来说,缺乏对过失论的了解,就产生了实际上一种很严重的后果。对我来说,这种笔误将引起我很大的怀疑,若要当做口供却会引发强烈反对。而事实并不是如此简单。当然,笔误可视为一种提示,却不足以作为调查的理由。通过笔误,可知此人有害人的意向,然而尚不能断定它是一个确定的害人的计划,或者只不过是一种无关实际的幻想罢了。甚至,笔误者还可能提出强大的理由,否认存有这种幻想,反驳这种看法的荒唐。在下文中讨论心理的现实与物质的现实的差异时，再理解这各种的可能将很容易。然而，这个实例再次证明了过失是有意义的，毋庸置疑。

相比口误和笔误，误读的心理情境显然大不一样。在误读中，互相冲突的两种倾向之一，受制于感官的刺激，或许因而缺乏持久性。一个人阅读的内容并非出自他的心理活动，与他要写的东西不同。因此，误读的例子大都是以此字取代彼字的，而此字和彼字之间未必有任何关系，字形的相同已是足够的了。利希滕贝格"Agamemnon"竟误读为"Angenommen"，可称为误读中的上好实例。想要找到造成错误的干扰倾向，大可抛开全文，用下面的两个问题作为出发点进行研究：其一，由错误的结果展开联想时，产生的第一个念头是什么？其二，何种情况下发生了误读？有时候，只是第二个问题的知识来解释误读即可。比如，某人在一陌生的城市游玩，尿急，突然间看见一个写着"便所"（Closethaus）的牌子挂在某座房子的二楼，正疑惑为什么这牌子挂得如此之高，再看才发现原来是该商店店名（Corsethaus）。而对于另外的实例，若是原文与误读之间没什么关系，定要详加讨论分析，然而要想取得成功，须对精神分析的技术有训练和信仰方可。其实，要想解释误读也并不是特别困难。以Agamemnon为例，把它代进文字中不难猜测干扰的倾向。再如，在这次战争中，人们经常会听到市镇、将军的名字还有军事术语，因此但凡看到类似的字形，常常误读为某市镇或某将军的名字或军事术语。因为尚未发生兴趣的事物被心中所想的事物取代，新的知觉为思想的影子所遮挡。

有时候，阅读材料本身也会产生干扰的倾向，也可以造成误读，把原文读成相反的字。假设某人在读他讨厌的文字，根据分析研究证明，他所有的错误都源于他对读物的厌恶。

从前面讲的常见的误读实例来看，构成过失机制的两个要素似乎不太明显。这两个要素其一是倾向及其之间的冲突，其二是一种倾向被干扰出现过失以得到补偿。这一类的矛盾未必都可发展成为误读，但是错误相关的思绪纠缠的确相当显著，与之前所受到的干扰相比。关于由遗忘所致的错误的多种情境，最容易观察到这两个要素。

有关"计划"的遗忘，很明显它只有一种意义，一般人都承认了它的解释，这在前文中我们已讨论过了。干涉"计划"的意向常表现为一种反抗的倾向，不情愿的情感。不用怀疑这种反抗倾向的存在，而我们所要讨论的也只是，什么原因让它不以另一种较隐蔽的方式表现。有时，我们也可以推断出这种倾向必须保密的动因是什么；如果他是公开宣告，势必遭到谴责，而巧用过失的方式，常常能实现目的。假定其在下决心之后、实行之前心理情况发生重大改变，甚至没有必要再执行这个计划了，尽管计划被遗忘，却是不再属于过失的范畴了。记忆既然已经没有用处了，忘记它便是理所当然；这样它就被永远地或暂时地一笔勾销了，在计划没有打消时，忘记执行才称过失。

遗忘实行"计划"的例子大都千篇一律，意义显而易见，没有研究的兴趣。不过，讨论这一类的过失，在两点上能长见识。前面说过，遗忘计划实行首先必然有一种倾向相对抗。这很正确，据我们研究可知，这种"对抗之意"（counter-will）可能有两种：直接的和间接的。下面将列举一两个实例说明何谓间接对抗。比如赞助人不愿意向第三者推荐被赞助人，或许是源于他不喜欢该被赞助者，不愿为他引荐。这自然可理解为赞助人不想提点受助人，或者事情更复杂一些。赞助人也可能另有隐情，这可能与受助人无关，而是对要请托的第三者没有好感。你们由此可知，我们的解释在实际上不能乱用。受助方尽管解释了那个过失，多疑使他仍然可能冤枉了赞助方。再比如，某人忘记了约会的计划，最常见的原因就是他不愿与约会人见面。然而据分析可知，干涉倾向或者与约会人无关，而是约会地点的缘故；由于该地方会让他想起痛苦过往而故意回避。又如，忘记邮信，这个对抗的意向或许与信的内容有关，又或者无关信的内容本身；被搁置的原因也可能是由此想起了过去的信，因而产生了厌恶。所以，本来没有妨害的信件，因为前一封可恨的信也成为厌恶的对象了。因此，运用有根据的解释时，必须慎重考虑一番，在心理学上同样的事件，在实际中其意义可能有很多种。

事实居然如此，或许会让你们感到惊讶。可能你们会认为间接的"相反之意",足够断定这种行为是病态的。不过我能告诉你们的是,在健康和正常的范围之内也能遇见这些行为。要注意,我绝不是在此承认分析解释的不可信,你们绝不要有误解。我说过,遗忘计划的实行可能存在多种意义,但是这只是对于未加分析的、只用普通的原理解释的实例而言。如果对相关人员进行分析,则这种厌恶空间是直接的还是另有隐情,就可测定了。

接着是第二点:假设在大多数的实例中,已证实了"计划"的遗忘必然源于"相反之意"的牵制,即便被分析者抗议这一"反意"的存在,但我们仍有勇气坚持这一解释。拿一些最常见的遗忘来说,如忘记还书、还债等。就这些人而言,我敢说其内心必然有不愿还书或还债的念头。尽管他否认这些,却无法对自己的行为另作他解。所以,我们可能坦言其内心有这样的念头,本人却察觉不到;不过他借由遗忘来暴露自己也便足够了。或许,他此时极力申辩自己不过是忘掉了。你们了解,以前我们曾遇到过类似的情境。很多的例子已证明了我们对于过失的解释,如今想要作逻辑的延伸,就必定要假设人们在内心有很多自己所不知道的意向,可引发严重的后果。我们难免就要和普通心理学、和一般人的见解大相径庭。

遗忘专用名词、外国人名或外文等,同样源自与这些名词有直接或间接抵触的意向。关于直接厌恶,我通过实例已作了说明。然而在这里比较常见的却是间接的原因,必须详细地分析便可去解释它。比如在这次战争期间,许多的娱乐场所已禁止我们前往,我们对一些专有名词的记忆,却因毫无关联而大受伤害。最近我曾忘掉了"比森茨镇"(Bisenz),分析显示,我对这个镇没有直接的厌恶,不过我在奥维多的比森支大厦有许多不愉快的回忆,由于比森茨发音类似于比森支,因此被连带着忘掉了。就遗忘这个镇名的动因来说,我们初次遇到了新的原则,它后来在精神病症的产生上占据很重要的地位:简而言之,即回忆与痛苦情感有关的事物,便会引发痛苦,记忆因此反对这类事物的回忆。这一避免痛苦的倾向,就引发了遗忘名词及其他多种过失、遗漏及错误的最终目的。

但是关于忘记名词,似乎是心理生理的解释最适合它,因此它发生时,未必受一种避免痛苦的倾向所干扰。由分析研究可知,一个人假如有遗忘名词的倾向，这种遗忘来源于它对名词厌恶，也不仅因为该名词将引起痛苦的回忆，而且还可能是这一特别的名词更容易引发一些联想。固定这个名词，禁止与其他事物形成联想；偶尔为了记忆一些名词，特意由它引发某些联想，不过因此造成的联想却弄巧成拙。如果你们没有忘掉记忆系统，想必对这一点感到惊讶。专用人名称得上最显著的例子，针对不同的人他们的价值也不同。比如，提奥多的名字对你们一些人而言没有什么特殊意义，却可能是某些人的父亲、兄弟、朋友或自己的名字，依据分析的结果来看，你们之中前者不会忘记以此为名的客人，后者似乎认为只能以此称呼其亲友，而对以此为名的客人难免有所不满。现在，我们可以假定这一联想而产生的阻碍，与"痛苦"原则的应用以及间接的机制恰恰符合；那么对于遗忘名词，你们将会知道其原因非常复杂。然而，如果我们能够彻底地分析事实，这引起复杂的原因也可全部揭开。

关于遗忘印象和经验，相比遗忘名词更为鲜明地表现了一种避免不愉快的倾向。当然，这类遗忘中并不是所有的实例都属于过失，根据一般经验的标准，某些被认为不同寻常的、有违常理的遗忘方列于过失的范畴之中，比如忘掉新近的或重要的印象，或者清楚记得的某件事忘掉了其中一段。我们究竟是怎样得到了一般遗忘的能力，特别是怎么将那些记忆深刻的经验忘掉了，比如童年时的事情，则是另外的问题了。对于遗忘本身来讲，尽管避免痛苦的联想是原因之一，却不能用它来解释一切。至于容易忘掉不愉快的印象，这个事实毋庸置疑。诸多心理学家都曾注意到它，达尔文也深谙其理，因此但凡与其学说有冲突的事实，他都将其一一记载，唯恐忘掉了它们。

凭借遗忘来抵制不愉快的回忆的原则，初次听到的人必定会提出抗议，据他们自己的经验可知，最痛苦的记忆最难忘，痛苦的回忆常常冲破意志的压制，比如那些悲哀及受辱的记忆。尽管这一事实很对，不过因此而起的抗议则理由不足。须知，心灵是相反冲动的竞争场所，或者用非动力论的名词来说，即由相反的倾向所组成。出现了一个特殊倾向，丝毫不影响其相反倾向的存在，两者可以同时存在。重要的是：这些相反的倾向之间究竟关系如何？

丢失和错放物品不但有多种意义，也有许多想要通过过失表达出来的倾向，因此我们讨论起来饶有兴趣。这些实例中，遗忘物品的愿望是其共同点，而这一愿望想表达的理由及目的则不同。某人失掉东西，或许该物品已破损，或者他想以此换更好的，或许他不喜欢该物品，又或许他对赠送物品的人产生了厌恶之感，再者他或许拒绝回忆获得该物品时的情境。丢掉或损坏物品，都可用来表示相同的意向。据说，社会上遭受排斥的私生子会常常比正常怀孕的孩子瘦弱得多。这并不表示"代养小孩者"喂养方法粗糙鄙陋，而是对孩子的关心程度不够足以说明问题了。物品的保存正如抚养小孩子，道理是相通的。

有时候，一个物品尽管没有丧失价值，仍然要被丢掉，似乎有一种意向，牺牲了它就能避开其他的更为巨大的损失。由分析结果可知，这类消除灾难的方法仍然很流行，因此，这样的牺牲多是本人自愿。遗忘物品有时也用来泄愤或惩罚自己。总之，遗忘物品中所隐匿的那较远的动机形式，是多得说不完的。

取错了物品，或做错了动作，也与其他过失一样，常常用于一种应当禁止愿望的满足；这种意向伪装成偶然的幸运。比如，我有一个朋友就曾如此，他不愿意乘火车去乡下访友，于是在换乘的车站，竟然搭上了回城的火车。再比如，有人在旅途中想要在某个地方歇歇脚，然而他已经在别处有约难以实现，后来他竟然出错或延误了时间，致使自己如愿以偿。就如我医治的某个病人，我不允许他与爱人打电话，可是他本想与我通话时，说错了电话号码，他最终与爱人通了电话。有一个工程师自述的故事，是解释损坏物品或错误行为的好例子。

"曾经，我和几个同事在一所中学的实验室里做过实验，关于弹力的，我们自告奋勇做这项工作，然而它所用的时间超出了预期。一天，同事F和我一起进入实验室，他告诉我家里太忙，实在不想在此耗时太久。我非常同情他，并且拿一周前的事情跟他开玩笑：'希望这台机械再坏一次，这样我们就不得不停下工作回家。'安排工作时，F的职责是管理压力机的阀门，也就是说，他需要很谨慎地打开阀门，使储藏器中的压力缓缓地压入水压机的气缸里。水压机旁边站着该实验的领导者，到了压力适中的时候，他大喊：'停！'听到这个命令，F用大力气向左旋转阀门。然而，关闭阀门无一例外地必须右转才对。于是，储藏器里的全部压力立刻侵入压力机内，导致连接管不堪重负，其中一个立刻破裂——尽管这一事件完全无害，却使我们必须停工回家。我们在不久后再说起这一事件时，同事F已经忘掉了我说过的那些话，而我却清楚地记得，这一点实在是相当特别的。"

这一点或许会使你开始怀疑，以往仆人们因失手而损坏器物的事是否纯属偶然了。甚至让人产生怀疑的还有，一个人伤害自己，或者让自己处于危险中究竟是不是偶然。如果时机恰当，你们也可分析试验。

关于过失需要研究和讨论的问题还有许多，远不止上面所谈到的这些。然而，如果听了我的演讲后，能使你们以往的信仰有稍微的改变，而准备接受我的见解，我就已满足。那些未解决的问题就随它吧。因为想要证明所有的原则绝不能仅依据对过失的研究。过失对实现我们的目的的价值在于，它们是最常见的现象，人们自己就很容易观察到，而与病症又毫不相关。本次演讲结束前，我要再提出一个尚未答复你们的问题："假设通过诸多的实例，人们对过失有了认识，并且其行为也似乎显示他们对过失的意义有所认知，则究竟何种原因让他们普遍地把过失这种现象视为偶然的、无意义的，而对精神分析的解释却极力反对呢？"

是的，解释这一问题很有必要。但是我更愿意你们慢慢领悟到其中的关系，而不会立刻给你们答复，自然你们就会得出它的解释，而不必有我的帮助。

A general introduction to psychoanalysis
精 神 分 析 引 论

第二篇
梦

第五讲　初步的研究及其困难

有一天，我们认识到神经病患者的一些症状是有意义的。这一发现就是精神分析疗法的基础。患者在接受治疗时，要谈论症状，有时也说起梦。于是，我们认为或许梦也是有意义的。

我们的讲演当然不能循着这样的历史顺序，而要把这一顺序颠倒着进行，先来谈关于梦。梦的研究是研究精神病的最好的准备，并且梦的本身就构成了精神病的一种症状；同时健康的人们也都会做梦，因此更为我们的研究提供了诸多便利。坦言之，假使人人都健康并且都做梦，我们分析其梦境获得的知识，几乎与精神病研究给予的同样多了。

于是，梦被作为精神分析的研究对象。梦与过失相同，健康人同样都会有，又易于被大众所忽视，被认为是没有实际价值的；而研究梦更容易受人嘲笑。过失不过是被大众和科学家们忽视罢了，研究过失并不会失了身份。有人说不谈过失，还有更加重要的现象当然正确，而研究过失并非一无所获。然而，梦的研究不但可能徒劳无益，并且被视为绝对可耻；认为它既不符合科学，还兼有倾向于神秘主义之嫌。更何况在神经病学及精神病学的领域，诸多更重要的问题，如心理的肿疡症、慢性出血炎症等要解决，医生岂能分心于梦的研究？因为梦的确是太琐碎、太没有价值了，难以成为科学研究的对象。

还有一个因素使得梦根本不应该作实际的研究，即研究梦，它的对象很难确定。即便妄想尚有较为鲜明的轮廓，患者尚能清楚宣称："我是中国的皇帝！"但是梦呢？大都没有可能来叙述。有谁能保证一个人所述的梦正确与否？是否有删改？是否因为记忆的模糊而不得不有所增补？大部分的梦，排除了一些小片段，都是记不起的。这样的材料，可以作为一个科学的心理学或治疗方法依据吗？

不公平的批判，即能引发质疑。否认梦作为科学研究的对象的观点，显然是有些极端了。我们研究过失，有人认为它太不起眼，我们的解释是"由小可以见大"。如果你说梦是模糊的，这不过是它的特色而已，事物的特色是不受我们支配的；况且并非所有的梦都是模糊的。就拿精神病学的研究来讲，也有一些对象是模糊的，就像梦一样，比如强迫症的症状，也被许多有名誉有地位的科学家讨论研究过。曾记得我治疗过的一个病例。患者是位妇人，她自述病情道："我感觉自己以前好像伤害过什么，也可能是曾经想伤害，可能是个孩子，不，可能是一条狗，好像我曾经把它从桥上推下去，也许是类似的事情。"我们说梦难以有确切的记忆，其实只要把做梦者说出来的内容当做梦的内容就可以了，不必理会他在回忆梦境时所忘记或进行的改编。再者，一个人如此武断地忽视梦的价值非常不应该。我们从经验中可知，梦中的情绪可留置终日；而且根据医生的观察，梦可能是精神错乱及妄想症的根源之一，一些历史人物也由于梦的激发而想要做一番事业。那么，科学家们轻视梦的价值究竟是何种原因呢？我认为，这源于古时过于重视梦的相反性。你们知道，想描述过去的情形本就不易，但我们可以进行推测。原谅我开句玩笑！在三千多年前，古人们就像我们现在一样做梦了。正如我们了解的那样，古人们都从梦里寻找未来的征兆，他们认为梦都有着重大的意义和实际的价值。

在现代的战争中侦察员刺探敌情必不可少，而古代希腊人或其他东方民族出征时定有解梦者随行。亚历山大大帝的出征大军里集中了所有的最著名的解梦者。那时泰尔城还在岛上，防御工程很坚固，亚历山大几乎要放弃攻城了。有一天晚上，他做了个梦，梦中有一个人首羊身的神仙欢快舞蹈。随后，解梦者认为这是吉兆，预示着胜利。于是，大帝发出攻城令，强力攻克了泰尔城。尽管伊特拉斯坎人和古罗马人还会用其他方式占卜未来，实际上，在希腊和罗马时代解梦术最为盛行，也最受世人推崇。据说，在哈德里安帝时期，达尔狄斯的阿耳弥多鲁斯写过一本解梦的书流传下来。后来解梦之术如何退化，如今世人又为何如此轻视梦，我都无可奉告。解梦术的退化定然不是科学进步所致，在黑暗的中世纪，比解梦术更加荒唐的事物都被慎重保存。事实是，关于梦的兴趣渐渐降级到了迷信的行列，又在那些未受教育的人群中长期保留。今天，解梦术日益退化，沦为了只为从梦中求得彩券的中奖号码。而另一方面，今天的高端研究常把梦作为其研究对象，其目的只用以阐述生理学这一点上。医生们认为梦只是物理的刺激在心理上的反映，自然就不是一种心理过程。1876年，宾兹认为："梦是一种物理过程，是病态的，又无价值，它与灵魂不朽等理论简直毫无联系。"莫里认为梦就好比舞蹈狂热者的乱跳，与正常人的协调运动截然相反。古人也有一个梦的比喻：如果一个音乐盲人的十个指头在钢琴的键盘上乱动，它发出的声音就像是梦的内容。

揭开事物背后所隐匿的意义称之为"解释"，而古人解梦，从未谈及这些。我们来看近代的哲学理论，如冯特、乔德尔等的著作，他们都止步于罗列梦境与醒时思想的差异，以此贬低梦的价值，其所论述的重点却是联想缺少联络，批判能力失去效力，知识的衰退及其他功能衰减的特征等。人在睡眠时，物理刺激对于梦的内容的影响，是精密科学对梦的知识的仅有的一点贡献。最近辞世的挪威作家伏尔德，有两部关于讨论梦的实验的研究的德文版书籍于1910年和1912年面世。然而，其内容竟然几乎都有关于手足变换位置的结果。这样的内容可算是我们对梦的实验的模范。几乎想象不到，纯粹的科学得知我们将研究梦的意义，该如何来评头论足呢？批判已经有了，尽管我们不会因此后退。如果过失存在着潜藏的意义，那么梦也存在同样的意义：纯粹的科学已来不及研究过失在各类情境中的多种含义。因此，让我们以古人和普通大众的理论为鉴，循着古时解梦者的脚步前行吧。

我们首先要对梦的范围作一概述，明确这项研究的方向。梦究竟是什么？想要用一句话来定义它的确不易。梦是大家都熟悉的，不必深究定义。不过指出梦的要点则是必要的。怎样去发现这些特点呢？梦的范围太大了，梦与梦之间又相差甚远。因此，如果我们找到了一切梦的共性特点，可能这就是梦的要点。

既然如此，所有的梦其第一共性是睡眠。梦自然是睡眠中的心理过程，而与醒时的生活既相类似，同时又大有区别。这便是亚里士多德关于梦的定义。或许梦与睡眠的关系更加紧密。我们常常做梦，可以被梦惊醒，可以自然地醒来，也可以勉强地从睡眠中醒来。梦就好像一种情境连接着睡眠和苏醒。于是，我们可重点关注睡眠，那么如何定义睡眠呢？

它是生理学的问题还是生物学的问题，目前仍有很大争议。我们不能奢望明确的答复，然而我认为我们能够指出睡眠的一个心理特征。睡眠就是既不愿意与外界有交流，也不愿意对外界有兴趣。想要与外界隔离以避开那些外界的刺激，我去睡眠。同样的，如果厌倦了外面的世界，我也可去睡眠。在入睡前，我能对外界说："安静吧，我要睡了！"孩子们恰恰常说相反的话："我不想睡，我还不累，我还想再看看。"因此蛰伏似乎就是睡眠的生物学目的，而心理学的目的好像仅止于对外界的兴趣。入世本不是我们所愿意，因此，与入世的关系时有隔断才能忍受。于是，我们按时地回归到未入世前的日子，或者"子宫内的生活"，想要再找到相似的情境：温暖、黑暗以及隔绝刺激。在我们之中，有些人还蜷曲着身子形成个球形，与子宫内的位置何其相似。因此说，成人属于现世的似乎仅占三分之二，三分之一尚未入世。每个清晨醒来的时刻都仿若新生。在说到"觉醒"时，其实我们常说这么一句话："我好像是重生了。"就这一点而言，我们平常对新生儿的一般见解或许全都是错的；或对婴儿的感觉不太舒服。在谈到出生的时候，我们就会说"初见天日"。

假设这就是睡眠的特性，则梦就必然不属于睡眠，相反它似乎是睡眠所不欢迎的补充物。事实上，我们相信没有做梦是最好、最安适的睡眠。睡眠时心理的活动必须隐退，如果仍然存在着这些活动，则无法达到真正的睡眠前完全安静的情境，就难免有心理活动的残余，而这些心理活动的残余的代表就是梦。于是，梦似乎不必有意义。而过失与此不同，至少过失是醒时表现的活动，而假如我睡着了，除去一些不能为我们所支配的残余之外，心理活动完全停止，因此梦不必有意义。事实上，当心灵的其他部分停止时，梦即使有意义，我们也不可能去利用它。其实，梦只是不规则反应的一种产物，或者说物理性刺激引发的心理现象。梦必然是在醒时的心理活动残余，它干扰了睡眠。由于这个问题不足以促进精神分析的目的，所以我们要下决心把它抛弃了。

尽管梦是无用的，然而不可否认它们确实存在，所以我们不妨对它们的存在作一解释。心理活动为何不随着入眠而完全停止呢？或许是某些意念不愿意让心灵安静，这些刺激仍然对心灵发生作用，而心灵不得不对这些刺激作出反应。因此，梦就是心理对于睡眠中的刺激的反应。由此可知我们也许可以解释梦。我们可以研究各种不同的梦，找到究竟是何种刺激影响了睡眠并形成梦的反应。这样，或许我们能获知一切梦的第一个共性。

梦还有别的共同特性吗？对，它还有一种不容怀疑的特性，但描述和理解起来比较难。睡眠时与清醒时的心理过程其性质大有区别。在梦里，我们会经历很多事情，而且我们完全相信，我们实际上所经历的可能只是一个干扰的刺激。大多数梦中的经历为视像，尽管也有思想、感情或其他感觉，视像总会是主要部分。把这些意象变换成语言是说梦的难点之所在。做梦者常表示自己可以把梦画出来，而要把梦说出来却无从着手。梦的生活与醒的生活的区别本不在于精神能力高低，就像智障与天才一样。这实际上有一种质的区别，但是我们还不用明确指出这一区别究竟是什么。费希纳认为，梦在心中表演的舞台不同于醒时的观念生活。我们并不能理解他想要表达何种意义，但它的确可以表示出诸多梦境给予我们的奇幻印象。以梦的动作与不懂音乐者的演奏相比拟，几乎也难以成立。因为纵然是键盘的乱动，而钢琴却总以同样的音调做出反应，只不过难成曲调而已。尽管我们不能确定梦的第二特性，仍然必须留心。

梦还有其他共性存在吗？不管从哪一种角度考量，我所看到的都是其种种的不同：如梦的长短，明确的程度，感情的多少，记忆的时限等。在任何一种无意义的乱动中我们都不奢望看到这一切。拿梦的长短来说，有很短的梦，只有一个意象或几个，思想单一，或者只有一个字；有些梦则内容丰富，演绎出一个完整的故事，经历的时间似乎也很长久。有些梦条理清晰就像在现实中，醒来后还不知道是在做梦；有些梦却是极其模糊的，很难记起；即便同一个梦，也是有些记得清，有些部分则是稍纵即逝，不甚明了。有些梦情节连贯没有冲突，堪称机智巧妙，有些梦则是杂乱的、愚蠢的、荒谬和怪诞的。有些梦让我们心灵平静，有的则让我们痛苦落泪，甚至恐惧惊醒，或喜或惧，难以述说。梦大都是醒后即忘的，而有些梦境却是数日不忘，后来随着记忆的模糊而不完全；儿童时的一些梦非常生动，以致三十年后仍然清楚记得，就好像那些事情是真的并且就是昨天发生的。梦也和人们一样，或者只此一面永不复返，或者可能多次出现，有时会稍稍不同，有时其形式则完全不变。总之，睡眠时的心理活动其内容有诸多材料可以支配，可将白天所经历的种种事情一一创新改编，而梦境是永远不会与实际相同的。

关于梦的诸多差异，或许我们可以假设与睡眠的深浅程度以及醒睡之间的不同状态相应。如果这一解释是成立的，则心灵越接近醒觉状态，梦的内容、价值及清晰的程度就越高，并且做梦者也越明确他是在梦中，绝不至于有些合理明了的成分，又有混乱模糊的成分，再继续梦到清楚有条理的其他事情。如此迅速地改变睡眠的深浅度是不可能的。因此这一解释也没什么帮助；实际上，要解释这个问题我们是没有捷径的。

现在我们暂且抛开梦的意义，尝试着从梦的共同特性着手，希望可以更为深切地了解梦的性质。我们知道梦与睡眠相关，从而推断梦是对干扰睡眠的刺激的反应。实验心理学为我们提供了帮助，梦中可以表现睡眠时受到的刺激这一点已经为精密的实验心理学所证实。关于这方面曾经做过很多实验，特别是伏尔德的实验首屈一指。有时候我们也可通过观察证明他们的实验结果。在这里我要和你们讲讲早期的一些实验。莫里曾经对自身做过这类的实验：他让自己闻着科隆的香水入梦，接着他就梦见自己到了开罗，出现在法林娜店内，接下来就是一系列的冒险经历；再有一个人在他的脖子上轻轻一捻，于是他梦到在颈上敷药，还有一个在童年时给他看诊的医生；又有一个人在其额上滴几滴水，他立刻梦到自己在意大利，喝着奥维托酒，流了很多汗。

一组被称为"刺激"的梦，或许更能解释某些"因实验而产生梦"的特点。以下的三个梦都是关于闹钟的反应，出自一位敏锐的观测者希尔布朗特的记载。

"一个春天的清晨我去散步，我穿过绿色渐浓的田野，一直到了邻村，看到众多的村民衣着干净，手持赞美诗走向教堂。当然今天是礼拜日，他们将进行晨祷。于是我也来参加，但由于热得头晕，便在教堂的空地上乘凉。正读着墓碑上的铭文时，突然看到敲钟者走进一座很高的阁楼，楼内有一口小小的钟，钟响就预示着祈祷开始了。那钟停了一会儿方开始摆动，声音嘹亮而尖利，扰了我的睡眠。醒来才知道是闹钟的声音。"

第二组梦的意象是这样的："这是一个晴朗的冬日，到处都是厚厚的积雪。我约好了乘雪橇去冒险，等了很久才被告知雪橇被放在了门外。于是我来到车前，先打开皮毡，取出暖脚包，坐上了雪橇。此时马儿正等着出发的信号，于是拉起钟索，小钟猛烈地摆动，开始发出一种熟悉的声音，然而这过高的声音打断了我的清梦。原来这尖锐的声音是闹钟发出的。"

接下来是第三个例子："我的一个厨房女仆捧着几打高高摞起的盘子，走向餐厅。我看见她手中金字塔式的瓷盘摇摇晃晃，非常危险。'小心！你的瓷盘会摔到地上的。'我警告她。她当然说'没问题，我们已经习惯了'等等。我当然不放心，小心翼翼地跟随其后，大为焦虑。我脑子里总是担心，紧接着她撞上了门槛，瓷盘落地摔成碎片。然而，那有规律的钟声，让我马上知道那不是盘子摔碎的声音。梦醒后才发现这个钟声原来是闹钟在响。"

这些梦都和寻常的梦不尽相同，其前后连贯，内容精巧又容易理解。这一点，我们自然不会有疑问。这三个梦的共性是，由一种声音引发了每一实例的梦境，梦者醒来，发现这声音源于闹钟。因此我知道梦是如何产生的，而我们所知道的并非仅此而已。做梦时梦者本没有对闹钟的认识，梦里也没有闹钟的出现，代之而起的是另外一种声音。惊扰睡眠的刺激，在每一实例中其解释各不相同。其原因究竟是什么？没有答案，似是任意而为。但是想要对梦有所解释，我们就必然要弄清在诸多声音之中，却单独选取了这一种来代表闹钟所引发的刺激是何原因？以此我们可对莫里的实验提出抗议，干扰睡眠者的刺激尽管出现在梦里，他的实验却无法解释它为什么恰恰以这种方式呈现，这似乎不能用干扰睡眠的刺激的性质来说明。在莫里的实验里，还有许多别的梦境，同样是那个刺激直接引发的后果，比如那个科隆香水梦里荒唐的冒险，我们同样无法解释。

或许你们会认为如果梦可以唤醒睡眠者，就可以帮助我们了解外界干扰地影响了。然而对诸多其他实例来讲，却并非易事。因为我们并不是每梦即醒，假设是在早晨想起昨夜的梦境，那么我们要如何才知道是哪个干扰刺激所致的呢？我曾经在一次梦醒后，推定出某种声音的刺激，自然我也是受到了某种特殊情形的暗示。在一个早晨，在蒂洛勒斯山里，我醒来后发现自己梦到了教皇的逝世。我不知道该如何解释这个梦境，后来，妻子问我是否在黎明时听到了教堂传来的可怕的钟声？由于睡得太熟，我没有听到，幸好妻子告诉了我。现在我可以解释我的梦了。有时候，睡者由于受到了某种刺激而做梦，醒来后不明所以，这情形究竟是不是普遍性的呢？普遍与否皆有可能。如果没有人告知那些干扰，我们是绝对相信的。除此之外，我们知道了这些刺激只能解释梦的片段，而无法解释整个的梦的反应，我们也将不去考量外界干扰睡眠地刺激了。

　　当然，我们大可不必因此即完全放弃这一理论：我们仍能从另一方面进行推理。睡眠者究竟是受到了什么刺激的侵扰而进入梦境已无关紧要。假设这并非总是外界的刺激侵扰到某个感官，或许是源于体内器官的刺激，即所说的"身体的刺激"。这一假说比较接近一般的关于梦的起源的解释，甚至是一致的，有一个普遍的说法乃是"梦起源于胃"。很遗憾，夜间侵扰睡眠的躯体刺激在梦醒后立即隐退，无法证实。但我们不能忽视了"梦起源于躯体的刺激"这个说法，诸多可信度很高的经验都可以证明它。总之，体内器官影响梦境无可置疑。许多的梦境都与膀胱的膨胀或生殖器的兴奋相关，这情形人人皆知。除了这些很显然的例子之外外，尚有一些梦，从内容上看，至少可以推测它肯定受到了类似的躯体刺激，在梦里我们能看到这些刺激的类化，代表或者替身。1861年，施尔纳也曾力主梦源自躯体的刺激，并列举实例加以证明。比如，他在梦里看到两排孩子，容貌清秀，发美肤洁，怒目相向。开始，两排孩子相互对峙，后又放手，接着又如前相对峙。他把这两排孩子解释为两排牙齿勉强可以，做梦者醒后"拔出了一个大牙"，更加证明了其解释的可靠性。再如，狭长的曲径我们可以解释为小肠的刺激，施尔纳主张梦总是用类似的物品代替引起刺激的器官，似乎可以彼此印证。

　　因此，我们认为必须承认在梦里体内刺激和体外刺激地位相当。很遗憾,对于这一因素的考量也有同样的缺点。拿大多数例子来讲,梦能不能归因于躯体的刺激无法证实,只有少数的梦能让我们怀疑由于体内的刺激侵扰而致,大多数的梦都未必如此;因此说体内的刺激和体外的感官刺激相等,而梦境都只是对刺激的直接反应。至此,梦的大部分内容其起源依然朦胧不清。

现在,让我们把焦点集中到梦的生活的另一特点之上,它在我们研究这些刺激的作用时被发现。即梦可重现刺激,亦可将刺激化简为繁,义外生义,使之合乎梦境,代之以他物。这是"梦的运行"的一种,我们必然对此发生兴趣,或者我们会由此获知梦的真实性质。一个人做梦不会被梦的近因限制。英王统一英伦三岛,莎士比亚为此写剧《麦克白》以之庆贺,然而这一历史能诠释戏剧的全部内容吗?能阐述剧本的伟大和奥秘吗?同理,睡者受到体内的或体外的刺激只是梦的起源,若以此解释梦的真实性质尚未足够。

梦的心理活动是其第二个共性,这一方面既领悟困难,其他方面又不足以指导我们进一步的研究。所有的梦的经验大都是视觉印象,可以用刺激来解释它们吗?我们所经历的真的就只有那些刺激吗?假设的确是刺激,那么视觉器官受到的刺激甚少,而为何梦的经验视像如此多呢?再如梦到演讲,真的有会话或者类似会话的声音侵入我们睡眠中的耳朵吗?我将毫不犹豫地否认掉其可能性。

既然以梦的共性作为出发点,不能增进我们对于梦的认识,那么我们不如来讨论其差异性。梦经常是无意义的、混乱的、荒唐的,然而也有一些较合理又好懂的梦。下面我要告诉你们我最近听到的一个合理的梦,做梦者是位年轻人。梦境是:"我在康尼斯特拉散步,与某君相遇,与之同行,后来我进了一家餐馆。看到一男两女一同进来,坐在我的旁边。开始对此我很是厌烦,无视他们,后来扫视她们一眼,却感到她们貌美异常。"那年轻人说他前一晚上在康尼斯特拉散步是真的,也曾在路上邂逅某君。而其他的梦境却不是直接的回忆,只是与曾经的某些情形相类似。再如,一位女士的梦也容易理解。"丈夫问这位女士:'你不认为我们的钢琴需要调试吗?'女士回答:'恐怕不用了,琴槌需配新皮。'"这个梦复述了她与丈夫在白天所讲的话，且完全相同。通过这两个显而易见的梦我们获得了什么呢？只是这样一个事实：日常生活及相关事件都可以出现在梦里。如果一切梦都是这样，则这一点无一例外地意义重大。然而事实不可能如此；这样的梦少之又少。大部分的梦与前一天的事件毫无关联，因此我们不可能以此推测无意义的或荒唐的梦境。换言之，我们又遇见了一个新的问题。我们要知道梦的内容，假设是刚才的例子，显然内容很清楚，还要能知道那些在梦中重现的新近事实，究竟基于什么原因，又有什么用意。

如果再继续企求对梦的了解，不仅我自己厌倦，甚至连你们也会厌倦了。可知，如果我们找不到一个问题的解决之道，即便全世界都对此感兴趣，也无济于事。至今我们尚未求得解决之道。实验心理学在"梦是刺激的反应"上贡献不多却很有价值；哲学只是对我们的课题讥笑讽刺，此外毫无助益；而玄学我们又不愿去借鉴；说到历史和大众，他们认为梦有丰富的意义以预示未来，当然不可全信，又无从证实。因此，我们的一番努力可说是徒劳无功。

然而，在一个不曾注意的地方，我们意外地得到了一个研究的线索。那便是普通大众的俗语。俗语的确不是偶然产生的，它是古代知识的沉淀物，自然我们不必太过重视，很奇怪在俗语中有"白日梦"的说法。白日梦当然是幻想的产物，这种现象很平常，健康者和病人都会有白日梦，做白日梦的人自己研究起来也较容易。这类的幻想被称为"白日梦"，却没有梦的共同特性，显然十分奇怪。白日梦与睡眠无关联，对第二个共性来说，也没有经验或幻觉，只有一些想象罢了；做白日梦的人本身也承认是幻想，目无所见，心有所想。白日梦多出现在儿童期之末、青春期之前，并且持续到成年，然后，或者不再有白日梦，或者持续一生。这些幻想其内容很显然被一些动机所控制。白日梦中的情形或事件，有的用于满足做梦者的野心或权欲，有的满足其情欲。年轻男子野心幻想占多数，而年轻女子则集中于爱情的胜利，情欲幻想的居多。然而有一点是男子幻想的背后常隐藏有情欲的野心，他们事业和权位的胜利，都只是想赢得女子的赞美、爱慕和崇拜。论及其他，白日梦是各不相同的，它们的命运差别也很大。有些白日梦在短期内即为另一种野心所取代，有的则形成长篇巨著，且随时间、随生活的变化而改变。很多文学作品便以此作为题材，文学家将自己的白日梦在改造、装扮或删减后写进小说或戏剧中。最常见的白日梦主角即是做梦者，有时直接出现，有时以他人作为自身的写照。

　　白日梦被称为梦，或是由于它与现实的关系与梦差不多，内容也与梦境同样虚幻。但白日梦之所以称为梦，或者也由于它有梦的心理特征，关于这些特征，我们仍在研究之中，目前尚无所知。反过来说，我们所谓的"名同则实同"的说法或许完全是错误的。究竟如何，且等以后作答。

第六讲　初步的假说与释梦的技术

各位，我们对于梦的研究要有所成就，就必须寻求一种新方法。我可以坦白地告诉你们：首先我们要肯定这样一个假说，以此为根据做进一步的研究，即梦是一种心理的现象，而非身体的现象。你们应该知道它的意义，可为什么要做出这一假设呢？并没有什么理由，反过来看也没有阻止我们作出这个假设的理由。我们认为：假如梦是身体的一种现象，我们便不必再去研究它；要使我们产生兴趣，就只有假设梦是一种心理的现象。所以，我们愿意承认这个假说的正确，再寻求结果。求得了结果，就可以知道这一假说是否有价值，从而得到更加明确的结论。现在你们要知道，我们的研究目的是什么，或者说我们的研究方向在哪里？其实，我们的目的与所有的科学研究没有不同，那就是认识研究对象，明确其存在的关系，最终取得该领域的支配权。

接下来，我们仍然在"梦是一种心理现象"这个假说的基础上进行研究。梦实际上是做梦人的言语动作，只不过我们不明白而已。你们如果不懂，你们会怎么做？你们必然会质问我的吧？如此我们岂不是同样可以向做梦者质问梦的意义吗？

要记得，曾经我们在研究过失的意义时同样采用过这一方法。当时自然是讨论口误的实例。有人说："因此那件事发龌了。"我们就会问，说话者即解释："不，我说错了。"幸好，发问的是与精神分析无关者而不是我们，他们于是问道，这话真是莫名其妙，究竟何意。说话者立刻回道："那是一件龌龊的事情。"但是他制止了自己，用了较温和的字眼说："那边又发生了事情。"当时，我曾说过这一询问即构成了精神分析研究的模型。须知,精神分析的技术就是在可能的范围内让被分析者回答被问到的一切问题。于是做梦者理当解释自己的梦。

然而,我们大家都了解研究梦并不是如此简单的。拿过失来说,一是诸多的实例可采用此方法分析;二是某些例子中被问者不愿意回答,并且听到亲朋代为答复,会怒斥反驳。而对于梦,第一类的实例完全没有,做梦者经常说自己对此事什么也不知道。即便他不曾怒斥反驳,也没有人可以代他作答。那么我们就可以不努力求解了吗?他既然不明了,我们也无从着手,旁人当然也不会清楚,因此此事求解无望。假设你们高兴这样,那就算了。然而要是你们不相信,请跟我来吧。我会告诉你们,做梦者都了解梦的意义,只是他本人误以为自己一无所知而已。

关于这一点,你们可能得多留心这一事实:在刚才的几句话里,我已经作出了两个设定,所以,怕是很难再说自己的方法有多可靠了。梦既然是一种心理的现象,又知道一些事情原本是明了的,只是自己不知而已,就像这样的假设!你们必须明白这两种假说是不可能共存的,或许对那些因此而得到的结论,可能也没什么兴趣了吧。

实际上,我到这儿作演讲并非要有所蒙骗。虽然我曾称此次的演讲为"精神分析引论",然而我可不是来做什么"神谕",对你们大谈诸多易于连贯的事实,却隐藏起所有的缺陷,让你们轻易地相信自己收获颇丰。其实不然,面对着诸如你们这样的初学者,我才会如此迫切地把这一科学的本来面目详细告知,它的累赘与不成熟,它提出的要求与可能招致的批判,完全告诉你们。我明白不管哪种科学,特别对于初学者都是如此。我也了解许多人在讲授其他科学时,最初总是竭力掩盖其困难与缺陷。然而精神分析不应该这样。因此,我提出这两个假说,其中一个为另一个所涵盖。如果有人认为太牵强或太不确定,或者更倾向于较可靠或精确的事实及演绎,则他们就不必再跟随我研究了。我想给他们以忠告:把心理学完全抛开吧。在心理学领域,恐怕是找不到他们想走的切实可靠的路子。更何况一门科学尽管对人类的认知有贡献,也大可不必勉强令其信服。相信与否,须看成果而论,只要耐心等待研究成果的出现,必然将为世人所瞩目。

可是，有些人却并不因此而感到沮丧，我也将对他们提出警告——这两个假说的重要性并不相同。第一个假说"梦是一种心理现象"将在我们的研究里得到证明。而第二个假说已经在其他领域有据可查，我们只是借用到这里而已。

"做梦者拥有知识却不自知"，我们究竟该如何证明和联想从而认定这一假设正确呢？诚然这一事实使人震惊，我们将因此改变对于精神生活的理解，是无须隐瞒的。顺便说一下，一旦说出这一事实，必定引起误会，而它又是真实不虚的。总而言之，词语间充满着矛盾。然而做梦者绝对不会有任何的隐瞒的企图。我们既不归罪于我们自己，也不会将这一事实归罪于人们的无知或无兴趣，因为这些心理学问题是有决定性的观察和实验所忽视。

我们将从何寻求到第二个假说的证据呢？答案是催眠现象的研究。1889年，我曾在法国南锡观看了李伯特和柏恩海关于催眠的实验。该实验使人进入睡眠状态，产生各种幻觉。清醒后，被催眠者似乎对于在睡眠中经历过的事情一无所知。柏恩海虽然多次让他说出被催眠时的经历，他本人却说什么也不记得。然而柏恩海坚信他总应该知道什么，记住些什么。被催眠者有了动摇，开始回忆，起初想起了催眠者说出的暗示，接着又想起一件事，他的记忆渐趋完整，最后竟无一遗漏。当时并没有人告诉他什么，全部为被催眠者本人记起。由此可知此类的记忆一开始就留存于心中，只是无从得知罢了；他自己不知道，只好相信不知。这一情形与我们要研究的做梦者完全相同。

如果上述事实是成立的，我认为你们将会惊异万分，会问："你在讨论过失时说过，人的口误其实藏有潜在用意，只是自己没有察觉因而极力反对，这时你并没有提出这一证据，为什么？假如可以确信一个人能有自己毫不知道的某种记忆，那么会有其他的心理过程在他心中不断进行，他自己却不知道也是可能的。更早一点拿出这个论据，会让我们更加信服，也会让我们更深刻地认识过失。"的确，当时我正有此意，然而我却把它留存到了更需要时再用。因为有些过失本身容易理解，另一些过失，我们想要明白其意义，则必须假设必然存在着他本人也不知道的心理活动。

至于梦，我们则必须从别处求得解释，如果是通过催眠方式得到证据，则易于为人所接受。过失的情境区别于催眠的状态而表现为常态，梦的主要条件则是睡眠，睡眠与催眠之间显然关系密切。催眠也被称作"不自然的睡眠"，我们开始对被催眠者说的暗示如"睡吧"，就是与自然睡眠的梦相比拟，它们拥有相类似的心理情境。自然睡眠时，我们与外界完全隔绝，催眠同样如此，只不过是与催眠者互相感通而已。实际上，保姆在睡眠时大多可称为"常态的催眠"，保姆尽管睡着，却不会停止与孩子互相感通，只有孩子能唤醒她。因此，要用催眠来模拟自然睡眠，也算不上什么胆大妄为。并且"梦者对梦本有知，不过是很少接触它，因此自己并不知晓"这个假设也谈不上是荒唐的捏造了。关于梦，我们曾经从干扰睡眠的刺激以及白日梦着手研究，而今已经出现了第三条路，即由催眠时"暗示"所引发的梦入手。

现在我们如果再来讨论梦，或许把握更大了。我们已相信做梦者对梦本有知，却不知如何从做梦者那里获得这些知识，当然我们并不愿意他立刻说出梦的意义，但是我们肯定由此可推知梦的起源以及梦所由起的思想和情感。对于过失，某人错误地说成"发凝"，如果查问为何说错了，他的第一个联想就是对过失的解释。释梦术也很简单，先以此例作为模型。当我们询问做梦者为什么会做这样的梦，他的答复即可作为梦的解释。而关于他是不是认为无所知或有所知，则是无关紧要，我们都将给予同等待遇。

释梦术原本很简单，但是我担心你们的反对会更严厉。你们想说："又要进行第三个假定了，更加不可靠了！当我问做梦者对梦有什么印象，你认为他的第一个联想真的是我们想要的解释吗？其实可能他根本什么都没有想，或者是上帝才知道他在联想什么。我的确是不能想象你如此期待的理由何在。实际上，你对机会过于信赖，然而这里却需要更多的批判成分。而且梦明显有别于某个单独的口误，它是由许多元素构建而成。那么我们的研究究竟要依据哪个联想呢？"

对于所有非要点的方面而言，你们所说的都很正确。你们认为梦与口误不同，它由很多元素构成这一点也对。当然我们的解梦术会考虑它。我们要把梦分解为多个单元素，一一讨论，如此梦就与口误非常相似了。你也表示，我们如果询问做梦者他梦中的所有单元素时，他可能毫不知情，那也不错。对某些实例来讲，可以接受这个答案，将来我会再来告诉你们都是哪些例子；很奇怪，我们对这些实例都有着较明确的观点。其大意是说，如果做梦者说对梦毫无知晓，我们会予以反驳并要求他务必回答，告知他必定会有一些意念的，结果我们当然没有错。于是他将有一个联想，而他的联想究竟是什么，就与我们无关了。比较容易引发联想的是过往。他可能说："那好像发生在昨天。"然后列举出两个并不费解的梦，或许"他想到了最近发生的一些事"，因此，前一天的印象容易与梦有联系，这是我们始料未及的。他可能从梦入手，会想到很早发生的事情，最后竟会记起遥远的往事。

对于这一主要论点而言，你们却是错了。假设做梦者的第一个联想必然是我们所期求的，至少也是解释梦的线索，而你们则认为这一假设很荒谬，还认为联想是随心所欲的，所幸的是，它跟我所期求的事毫无关系；你们还认为我如果还有别的期望，有别的可能，便会盲目依赖机会以求侥幸，难免大错特错。我曾经大胆地说过，关于精神的自由和选择，你们有一种近乎痴迷的信仰，我也说过这种信仰是不科学的，应当让位于支配心理活动决定论的要求。做梦者被查问时刚好出现这个联想，而不是另外一个，对这一事实我要求你们尊重它。我并非列举一种信仰来反对他种信仰。由此而得的联想本不是我们的选择，也不是未受决定的，也不是与我们的期求毫无关联，这些都已得到证实。最近我又获悉，在实验心理学的实验室内，也可以发现类似的证据。

这一点十分重要，你们要特别加以注意。我要是问某人，他对梦中的某个因素有何联想，我会让他自由联想，即心中留置原来的观念，随意去想。自由联想要有一种特殊的注意参与，它与我们要排除反省不同。有些人做这种联想很容易，而另一些人却异常困难。如果我们不提示任何字示以刺激，或者限制在所需要的一种或几种联想，比如要求想起一个专用名或数目，而这些联想必然会有较高度的自由，并且你们会认为这样会比精神分析所用的更具有选择的余地。而就每一例来讲，他的联想都严格受控于某种重要的思绪，而这思绪发生作用时并不为我们知晓，就像那些引发过失及被称为"偶然性"行为的倾向一样。

我自己和许多追随者对于那些无因而至的姓名与数目，做过很多次实验，并发表了一些实验成果。实验方法如下：由一个专用名展开一系列联想，这些联想将相互连锁，不再是完全自由的了。正如梦中的各个因素所引发的联想一样，它们前后连贯，一直到由此引发的思绪竭尽所能无一遗漏而停止。而这时候，你或许能解释这个专用名自由联想的动机和意义了。这些实验多次操作结果都相同，所以得到的材料异常丰富，我们因此必须做更精细的研究，而那些数目引发的联想或者更能说明问题。这些联想彼此间连接迅速而紧密，同时又愈加明显地彰显其潜藏的目的，的确让我们感到十分惊奇。我再列举以人名的分析为例，这个分析当然不包括大堆的材料。

曾经，我在治疗一个年轻人时候，偶然说起我们在专用名方面似乎可以自由选取，实际上我们所想到的专用名，完全由当时的形势、受实验者的怪癖和地位来决定。因为一旦有怀疑，我就要请他当场实验。我了解到他有很多女性朋友，与其亲密的程度各不相同。因此我告诉他，假如让他任意想起一位女士的名字，那么他可在众多姓名中自由选取。他表示赞同。接下来的事情不但使我惊奇，他自己也深感诧异：他先是片刻的沉默，然后说出自己想到的字"白"（Albine），他并未将大量女人的姓名脱口而出。我对他说："这很奇怪！这个姓名跟你是什么关系呢？你对'白'知道多少呢？"更加怪异的是他所熟识的人中没有"白"这个名字，对于这个姓名他并不能联想到什么。或许你们认为分析失败；而事实是分析是圆满的，不必再有其他联想来补充。这个年轻人的皮肤很是洁白，我和他进行分析谈话时，常用"白皮公"来称呼他（Albino），而那时我们所谈论的正是他性格中的女性的成分。由此可知，他那时最感兴趣的女性，正是他自己，一个女性的"白皮公"。

一个人偶尔会因某些思绪而想到某种曲子，只不过是自身对这些思绪的存在一无所知。之所以想到这曲子，一是可能因为曲中的歌词，二是可能由于曲调的来源，要证明这点亦非难事。然而这说法须有限制条件：大音乐家之所以忽然想到某个曲调，则在于该曲调的音乐价值了。关于音乐家，我没有分析的经验，因此未敢将他们放入上面的结论之中。第一种原因具有普遍性。我认识的一个年轻人在某段时间酷爱《特洛伊的海伦》中巴黎歌的曲调，我承认它很动听。后来通过分析，得知他那时正同时恋着名叫"伊达"和"海伦"的两个少女。

这些本是自由引发的联想，如果都遭到此种限制，并且依附于某一特定的背景，那么由单独的刺激观念而引起的联想，必然也受到同等的严格约束。实验证实，这些联想不但依附于那些刺激观念，并且受潜意识活动的影响，即一些当时尚未意识到的、具有强烈情感价值的思想及兴趣是被我们称作"情结"的。

这些联想曾是价值很高的实验材料，这些实验在精神分析史上占有很重要的一席之地。冯特学派首创一种"联想实验"，接受实验的人面对着一个既定的"刺激语"，必须竭尽所能给出他想到的"反应语"。当时要求注意几点：刺激语与反应语的时间间隔，反应语的性质以及重复实验可能出现的错误等。以布洛伊勒和荣格为首的苏黎世学派，偶尔让实验者说出为何会有奇怪的联想，不停地做实验，以便获得联想实验反应的解释。结果慢慢得知，非常态的反应都强烈地受到某个情绪支配。布洛伊勒和荣格的这一发现，为实验心理学和精神分析构建了第一座桥梁。

听到这些之后你们或许要说："现在，我们都赞同自由联想是受约束的观点，而不是我们当初想象的那样可以自由选取；我们也承认梦的元素的联想也是如此。但这并不是我们的分歧点。你主张梦中的各单独元素的联想受到该元素的心理背景的制约，这个背景究竟是什么，则是不知道，我们也找不到有何证据。如果是做梦者的情绪决定了梦中的元素的联想，那么它对我们而言有何意义呢？显然这对于认识梦毫无用处；或者就像联想实验一样，只能使我们对情结多一些了解；可是情绪和梦又有什么关系呢？"

的确如此，不过你们忽略了一个要点，这要点使得我们不必以联想实验作为讨论的起点。在联想实验中，我们随意地选取了决定反应的刺激语，反应语就是刺激语和被实验者的情结的纽带。对于梦，刺激语被做梦者的心理活动的生成物取代，而做梦者并不知道它因何而起，所以这一心理活动的生成物可看做某情结的衍生物。可知，如果假定梦中各部分的联想由引发这种特殊成分的情结来决定，那么我们分析这些成分从而探到这一情结，不再是异想天开。

现在再举一例求证。遗忘专用名确实可以解释梦的分析，其不同在于遗忘只关系一人，而释梦关系到两个人。假如我暂时忘记一个专用名，我敢说我仍然知道它，而且由柏恩海的实验转一个弯，就可对做梦者做出同样的判定。现在，我已经不能捕捉到那个虽然忘记却仍然知道的专用名了。由经验可知，努力思考无用。然而我们常常可以想到别的一个或几个专用名。若是自然地想到一个代用名，显然这情境和梦的分析的情境相类似。其实梦的元素也并非我真正所要追求的，它不过是替代者，代替我们所不知道的、借由梦的分析想要找到的那件事。其不同在于，我忘记了某个专用名，完全明白那代名称并非原名称，而对梦中的元素来讲，须经过苦心研究，方能有此见解。如果我遗忘了专用名，那么就从代用名入手，分析讨论出逃逸意识以外的原物，比如遗忘的名字。如果我关注这些代用名，让他们在心中引发一系列的联想，那么要唤回遗忘的专用名只是早晚的问题。由此知道那些自然而生的代用名，既与遗忘的专用名确有联系，同时也被它所限制。

下面我将举一例以阐释这一分析：某天，我忘记了位于里维拉河上首都为蒙特卡洛的一个小国的名称。我想过了所知道的这个国家的一切事，比如鲁锡南王室的王子艾伯特，还有他的婚礼以及他对深海探险的热爱，总而言之，所有的一切回忆过后依然无济于事。所以我就放弃了，只让各个代用名在心中涌现。代用名来得很快：首先是蒙特卡洛，其后依次是皮耶蒙、阿尔巴尼亚、蒙地维多、柯里可等（Piedmont, Albania, Montevideo, Colico）我第一个注意的是阿尔巴尼亚，接着是蒙特尼格罗，也可能是黑白对比之意；然后，我注意到了有四个代用名中都有"Mon"音，于是想起了那被遗忘了的国名——摩纳哥。所以，代用名其实是以遗忘的名字为起源的；原名的第一音节构成了四个代用名，最后的代用名则正是原名音节依次组成，而且包含了末尾音节，如此原名的所有音节皆已齐聚。而我暂时忘记的理由也很容易懂。在意大利用摩纳哥称呼慕尼黑，而和慕尼黑相关的思绪压制了对于摩纳哥的记忆。

　　这个例子非常好，不过太简单。至于其他实例，或许你们要对代用名引发长长地联想，此时就与梦的分析更易于类比。我曾有过这种经验。有人邀我和他共饮意大利酒，在酒店里，他想起了某种酒的快乐往事，想要点这种酒，不料却忘掉了酒名。然后许多不同的代用名被想起，我从中得知他是因为一位名为赫德维的女士才忘记酒的名字的。果然，他告诉我他在初次饮这种酒时邂逅了这位女士，也由于我的推测他记起了酒名。此时他已成家，而赫德维这个名字就成为不愉快的过往。

　　遗忘专用名若果真如上所说，释梦就充满着可能。从替代物着手，分析一系列联想，顺藤摸瓜，总能发现原来的对象；而且从遗忘的名字推断，我们或许可假设一个梦的元素的联想并非由该元素决定，并且这个决定也不受意识里的原有念头所控制。这一假设成立之后，则为释梦术提供了相当的证据。

第七讲　显意和隐意

诸位，之前我们对于过失的研究并没有白费。对于过失行为的研究，我们已经由已知的假说推理而得到两种结论：其一是关于梦的元素的观点，其二是解梦之术。梦的元素自身并不构成重要物或原有的思想，它是做梦者不知道的一些事物的替代物，如同过失背后的潜在倾向，做梦者尽管确知有某事或物，却不记得了。梦便由这一系列的元素构建而成，因此梦的一种元素如此，那么整个梦也理当如此。我们的方法是，利用这些元素引发自由联想，使得其他代替的观念进入意识之中，从而由这些观念推断出潜伏其后的原有思想。

现在，我要将名词进行修订使其更合乎科学之用。之前所说的"隐藏的"、"不可及的"或"原来的"都要更改为更加精确的用语，即"非做梦者的意识所达到的"或"潜意识的"。这里所说的"潜意识"，其意义和遗忘的字及过失背后的意向含义相同，即为"当时属于潜意识的"。反之，梦的元素自身和联想而获得的代替观念，皆可称之为意识的，这些名词并没有任何理论上的偏见；谁能说"潜意识"一词不是适用又易于理解的名词呢？

现在，假如把我们的见解从一个单独的元素推广至整个的梦境，那么梦境也就被潜意识中的某事或物取而代之，则解梦便在于引出这些潜在的思想。所以，释梦有三个重要的法则，我们务必一一遵循：

其一，不必去理会梦的表面意义的合理或荒谬与否，是明了或者模糊；这些绝对不是我们想要寻找的潜在思想。该法则有一明显限制，后文将详述。

其二，我们的工作应当是随时唤起代替的观念即可，而不必考量这些观念是否合适；也不必顾虑它们与梦的元素距离是不是太远。

其三，我们必须有耐心，等待着我们所寻求的隐匿起来的潜在思想自然而然呈现，一如上述实验里被忘却的"摩纳哥"一词。

现在我们认识到对于梦，我们究竟记住多少，记忆是否正确都无关紧要。被记住的梦也并非现实，不过是伪装的代替物而已，它仅为唤起其他代替的观念提供了某种指引，指引着我们发现原来的思想，从而将梦中隐藏的潜意识思想导入意识之中。虽然我们的记忆不那么准确，也只是把代替物再次地装扮罢了，而且这样的装扮本身并没有什么动机。

我们解释自己的梦，也可以解释他人的梦；自己的梦则是收获更多，也更能令自己信服。然而如果就这一方面进行实验，同样有阻力。尽管联想可源源不断，我们要对此有所批判和选择，并不是完全加以承认。有的联想不合适或不相关，还有的联想太荒谬，再有的又文不对题。于是我们发现众多的抗议，使得联想在不甚明了之前就已被压制，以致终将销声匿迹。因为一方面我们易于陷入对原念的偏执，即梦的元素；另一方面又运用批判选择，破坏了自由联想形成的结果。假设不是我们去阐释这些联想，而由他人取而代之，那么他人的批判选择同样有另外的动机，竭力阻止也是枉然。有时候，我们会因为某个联想不太愉快而不愿意告知别人。

这些抗议显然对我们研究的进行存在着威胁。我们解释自己的梦，应竭力避开其干扰；在为他人解释梦境时，就必须订立严格的规则，让他在任何情况下都不能制止任何联想，即便遇见上述太琐碎、太荒谬、太无关系或太不愉快等理由亦然。他尽管允诺遵守规则，但后来仍然难免违规，令我们大伤脑筋。最初我们认为被测试者虽经过我们的再三申告，他还是不相信自由联想之功效；我们或许让他读几本书，送他去听演讲，他就会信服我们的观点。这些做法是很有必要的，因为即便是对这一学说深信不疑的我们，也免不了反对某个联想，几番思考方能克服。

如此我们大可不必因为做梦者的倔强而心生懊恼，反倒能够利用这些经验以探知某些全新的事实。这些事实越出乎意料其重要性越大。我们了解到释梦的研究受阻正源于一种抗力。这种抗力以批判的方式表达反对的立场，它与做梦者的理论信仰没有联系。据经验可知，这种批判的反对永远也找不出什么根据。那些被人们所压制的联想无一例外的都是最为重要的线索，反而有助于发现潜意识的思想。因此，我们必须特别注意与反对相伴而起的那些联想。

这种抗力是一个全新的事实，是由我们的假说所推论出的现象。我们的研究也许会因为这个要对付的新元素而愈加举步维艰，让我们既惊讶又不快，早知如此，不如放弃反而痛快。研究这种与目标无关的问题，招来诸多的麻烦又有碍于解梦术的顺利应用，究竟为什么？但反过来说，这些困难也颇有迷人之处，或许我们能由此推出这种麻烦的研究也是极具价值的。如果我们要通过分析梦的元素或其代替物从中寻求隐藏着的潜意识思想，为抗力所阻在所难免。所以，可以断定有很重要的念头隐藏于代替物的背后，不然求源索隐为何困难重重呢？某个小孩不敢把手中的东西拿给他人看，我们就可断定那个东西必定不为他所拥有。

假如我们用动态的观念来解析这种抗力，就须牢记抗力存在着量的变化。它时大时小，我们在研究中经常能见到这样的差异。解释梦还有一种经验之谈，可在此叙述。就是说偶尔只有一个或几个联想，如此通过梦的元素探知其背后的潜意识思想就已足够；有时却必须有一长串的联想，克服众多的批判的抗力才行。或许我们可认为联想的多少会随着抗力的大小而不同，这个猜想原也不错。抗力较微弱，就表明其代替物与潜意识思想的距离必然较近；反之，强大的抗力能够令潜意识思想起伏变化，因此从代替物到达潜意识思想那里就不得不绕一段长路了。

现在我们可选取一个梦试用我们的技术，看看我们所期望的能否靠得住。那么我们将如何选取这个梦呢？你们不了解选梦的困难，要使你们了解这些究竟是什么困难并不容易。某些梦就整体而言，显然少有化装，或许有人认为从这些梦着手是上策。然而，所谓"少有化装"的梦是指什么呢？是那些易于理解，条理清晰的梦，一如之前所举的那两则实例吗？我们若是如此假定，就大错特错，研究结果表明反而是这些梦有较多的伪装。假设我们不设定什么条件而任取一梦，你可能将会大失所望。就一个梦的元素的联想而言，我们所必须观察记录的或许极其繁多，甚至无法对整个的研究有明确的认知。如果把梦写下来并与其引发的联想互相比较，可发现记录联想的篇幅数倍于原来的梦。因此，选择几个简单的梦以用作分析，使每个梦至少都能表达一些见解或者证明我们的某一假设，似乎才是最切实可行的。我们要采用的就是这种方法，除非经验迫使我们必须选取少许伪装的梦不可。

不过我还有一种方法使得化繁为简是手到擒拿的。我们暂且不用解释完整的梦，而是先集中于单独的梦的元素，试举几例，以观察我们的技术如何来解释它们。

例一，某女士说，她在童年时有很多次梦到上帝戴着一顶尖顶的纸帽。假定没有做梦者的帮助，此梦将如何解呢？从表面看，这个梦毫无意义，然而那位女士说在她还是小女孩时，由于她想要偷看兄弟姐妹盘子里的食物是不是比她的多，而经常在进餐时戴着这样的帽子，至此梦的意义便有迹可察了。在这段往事实里，帽子显然提供遮挡的作用，梦的意义显而易见。这个元素及完整的梦的解释因做梦者的再次联想而更容易。她告诉我们："我知道上帝是无所不能的，因此这个梦的意义不过是他们想对我隐瞒，但我也和上帝一样无所不能。"或许这个实例有些简单。

例二，某个疑心重的病人做了一个很长的梦，梦里有人对她谈起我的论《诙谐》一书，对它大加赞赏。接着出现一条水道，水道一词以及与其相关的词语或许出自另一本书，她记不得了，它过于模糊了。

你们一定会认为梦里所说的水道本身既然模糊不清，便是无法解释的了。你们认为此梦难解当然不错，然而其难解不在于模糊而是另有原因，也就是导致这个元素模糊的同一个原因。做梦者无法对水道产生联想，自然我们也不清楚要说什么。不久以后，准确地说是在第二天，她告诉我一个可能与水道相关的联想。她记得有人说过一句笑话：在多佛尔到加来的渡船上，一个英国人曾在谈论某问题时说过："高贵的与可笑的之间仅隔一条沟而已。"一位名作家回答他："的确，只隔了一条英吉利海峡（Le Pas-de-Calais）。"那意思是高尚的是法兰西，英格兰则为可笑的。这英吉利海峡就是所谓的一条水道。或者你们会问这一联想与梦有关吗？答复当然是有关：这一费解的梦的元素之真意即在于此。你们可能难以相信做梦者先前听过的笑话就成为了隐藏于"水道"这一元素后的潜意识思想，或许你们还以为它们是事后的编造。这一联想显示，她的疑心已经伪装成过分的赞美，而抗力出现无疑是联想的迟到以及梦的元素的模糊。这一实例中，整个梦的所有元素及其背后的潜意识思想的关系，你们要加以注意，那就是它就像是以他物作比喻的思想片段；梦的元素与潜意识思想相隔太远，使得它难以理解。

例三，有个病人做了一个很长的梦，梦里有下面的片段：他的几个家人围坐在一张有特殊形状的桌子旁……这张桌子让做梦者想起他偶尔在某人家里曾见过同样的一张，因此他有了下面的联想：那个家庭中父子之间关系特殊，做梦者接着说自己家也同样如此。因此梦里的桌子就指出了这一相似之处。

此做梦者早已对梦的分析很熟悉，不然他必定不能研究如此琐碎之事——桌子的形状。的确，梦里的一切事物皆非无因而起，我们如要找到结论，就必须研究这些琐碎的看似明显没有动机的细枝末节。或许你们会惊疑，这个梦为何要选择桌子暗示"我们的关系与他们相同"这一思想。你们如果了解那家的姓氏"提施勒"（Tischler）就能理解这一点了。Tisch的意思就是桌子，做梦者梦里家人们围桌而坐，即表示他们同样都是'提施勒'（Tischler）。此外仍须注意一事，这样的分析叙述免不了被嘲笑"轻率"。这也是选梦的众多困难的其中之一。或者我们可以另举一例，然而，虽可避免轻率之弊，却又会有其他缺憾取而代之。

我在此，似乎最好解释一下原本可以早些引用的那两个新名词。可说出的梦称为"梦的显意"，而背后的隐藏之义，由联想获得，称之为"梦的隐意"。至此，我们不得不讨论上面各例子中所有显意与隐意有何关系。在前两个例子中，梦的显意不过是其隐意一个部分，一个片段而已。梦的潜意识思想部分地进入梦里，构成一个片段或暗喻，就像电报码中的缩写词。梦的分析就是把此片段或暗喻还原成全义，例二就较为圆满。因此，梦的伪装其作用之一就是以单个的片段或暗喻指代他物，而例三的显意和隐意又是另外一种关系，通过下面的例子我们可以看出其关系如何。

例四，做梦者梦到由沟渠中救出一名他认识的女子。做梦者通过第一个联想即获知梦的意义即他看中了她,因而"选取了她"。

例五,另有一人梦到他的兄弟手拿竹节,而最先想到中秋节到了,在第二个联想中才道明梦的隐意是他的兄弟正处于节俭中。

例六,做梦者在梦中登上高山放眼远望。这个梦看起来很合理,也许无须解释,只要了解做梦者与此梦的相关回忆已是足够。但是这是不对的,这个梦与那些条理混乱的梦同样需要分析。做梦者不记得登山之事,相反却想起了某个朋友正发行一种名为《瞭望》的评论,讨论人与地球上最远部分的关系:因此做梦者认为自己是一个评论者即"瞭望者",也就是梦的隐意——"测量者"。

你们在这里了解到梦的显意和隐意之间存在一种新型关系。与其说显意是隐意的伪装,不如说是其代表——由字音引发的一种可塑的具体意象。就结果而言,也称得上化装的一种,由于我们早已不记得这个字是以哪种具体的意象为起源的,因此当这个字被意象取代后,我们自然也无法辨认出了。如果你们了解,梦的显意大都呈现为视象,思想和文字的较少,就能知道显意和隐意之间的关系对于梦的构造有着特殊的重要性;并且也可获知一长串的抽象的思想能够在梦的显意中形成替代的意象,以便隐藏本意。这种方法也用于绘制谜画。而这种意象与诙谐心理学有何联系,则是我们无须在此讨论的其他问题了。

显意和隐意之间还存在着第四种关系,只是需要等到后文加以详述。到那时我们甚至也不会把这些可能的关系尽数列出,只求满足需要即可。

你们现在有了分析整个梦的勇气了吗?让我们来查看准备是否足够。自然我不能选取最难分析的一个梦,同时它也必须有梦的特点。

一个年轻的女人在多年前已经结婚。一个晚上她做了个梦:她和丈夫在剧院看戏,正厅前排的座位还空着。她丈夫对她说爱丽丝及其未婚夫也要来看戏,然而只能用一个半的弗洛林(钱币名)买到三个较差的座位,他们当然不会来了。她却回答说,在她看来他们并未因此而有损失。

做梦者叙述的第一件事,即梦所由起的事件在显意中已暗藏痕迹:她的丈夫的确告诉她,与她同龄的好友爱丽丝已经订婚,这个梦就是这一消息的反应。我们已经了解,前一天所发生的事情在许多的梦里很容易发现，做梦者也较容易追根究底。对于这个梦来说，显意在其他元素也已经由做梦者提供出来了。这个"有一边座位还完全空着"的细节究竟是何意？这是指一周前的事情，她要去看戏，因为座位订早了而不得不多支付票价。入场时却发现自己的担心显然多余，有一边的座位几乎无人。即便她在戏开演的当天买票也不会无票可买，所以，她的丈夫讥笑她过于匆忙了。再次，那一个半的弗洛林又是何意呢？这和看戏却是毫无关系的，它是她前一天听到的一则新闻。她的嫂子收到了丈夫寄来的一百五十个弗洛林后，匆匆赶往珠宝店，像个傻子一样用所有的钱买了一件珠宝。"三"这个数目是什么意思呢？对此她也一无所知，除非这个念头也算得上一种联想：她结婚有十年了，而她那个订婚的女友爱丽丝只比她小了三个月。而两个人究竟为什么有三张票？她不再解释，更是拒绝做进一步的联想。

然而我们获知的若干联想所提供的资料，对找出梦的隐意已经足够。奇怪的是，她多次提到了时间，这就构成了整个梦的共同基础。她订戏票太早，过于匆忙而多支付了票价；她的嫂子急匆匆拿钱赶往珠宝店，就像迟了就无物可买一般。假如把这些特别看重的各点综合来看，"太早"、"过于匆忙"以及年纪比她小三个月的女友现在才订婚，还有对嫂子的严厉批评，认为她匆匆忙忙难免显得太傻，等等。那么梦的隐意就自然而然地呈现出来，显意当然就是一个经过精心伪装的代替物！

"我这么早结婚，未免太傻了，看到爱丽丝就能知道，我再晚些也能和人订婚。"还有她自己太早订票，她的嫂嫂急于购买珠宝皆表示这一意义。以看戏代表结婚，这就是梦的隐意。我们也可以继续分析，而由于分析所得的结论与做梦者的述说必定不能有冲突，结论会不够明确。比如，"我利用这笔钱可获得百倍于她的利益"，一百五十个弗洛林恰好是一个半弗洛林的一百倍，假如这笔钱代替了嫁妆，那么其意就是丈夫可以购得嫁妆，由此可知珠宝和坏座位就是丈夫的代替物。如果把"三张票"与"一个丈夫"联系在一起，更易于解释。然而我们知识有限以致做不到这一点。我们只能分析出这个梦表示出做梦者看不上丈夫，并深深后悔太早结婚。

在我看来，我们第一次分析梦得到的结果不但不能让我们满意，反而令我们惊讶与混乱。只因观念太多，致使我们不能一一明晰。我们已经知道这个梦的分析尚且未至终点。现在我把已明确的几点列举如下：

首先，我们须知此梦的隐意着重处在于"匆忙"，但"匆忙"之意于梦的显意并无显示。如果不经分析则这一隐意就不会被发现。因此，潜意识思想的核心似乎未必在显意中呈现。这个事实必然使得我们对整个梦的印象发生根本性的变化。其次，将梦中的观念作已无意义的结合，比如"一个半弗洛林买三个"，因此我们从梦的思想里发掘出一个隐意："结婚太早未免太傻了。"这个"太傻"的隐意莫不是从显意的无意义元素中表达出来的吗？最后，通过比较结果可获悉，显意和隐意之间并非单一的对应关系，一个明显的元素未必总代替一个潜在的元素。两者是两个不同组的相互交叉，因此一个明显的元素可能代表几个潜在思想，而一个潜在的思想也可能由若干明显的元素来表示。

关于梦的意义和做梦者对其意义的看法来说，我们发现的很多事实都使人惊奇。那个女人尽管承认了我们的分析，却仍然感到惊奇；她并不知道她这么轻视自己的丈夫，更不知道为何轻视他。因此，对于这个梦仍有诸多的细节尚未完全明确，而我们对于梦的分析尚未准备充足，以致不得不继续做进一步的训练。

第八讲　儿童的梦

诸位，我发现我们的进度太快了，因此让我们先退回几步吧。在用分析法解释梦的伪装前，我们已说过最好把注意的范围暂且缩小，为了避免因梦的伪装造成的困难，仅限于那些不曾伪装或较少伪装的梦。而按照这个方法，就难免和精神分析的历史进程背道而驰；在现实中，只有一贯地运用我们的释梦技术，并彻底分析了经过伪装的梦之后，才知道尚有不曾伪装的梦的存在。

我们所要找的这类梦就是儿童的梦：儿童的梦简短、清晰、易于了解，它意义不会模糊，却又不失为梦。但是儿童的梦并不都是这一类型。儿童期早年就会有化了妆的梦，据记载，五至八岁的儿童的梦就已具备了成人的梦的所有特征。假如你仅限始有精神活动或者四五岁的时期，就能发现一系列的所谓幼稚的梦，在儿童的末期仍然有这一类型的梦，直至成年后，在某种特定情形之下，也有像婴孩的梦那般幼稚的梦出现。

分析这些儿童的梦，我们对梦的主要属性不难有一个确实可靠的了解。

其一，想要了解这些梦，我们不必分析它，也无须用任何技术，也不用去询问做梦的儿童。而对于他的生活，我们一定要有所知晓，每一个梦都可以前一日的经验来解释。而梦就是前一日的经验在睡眠时的心灵的反应。

现在列举如下若干实例，以此为进一步讨论的依据。

1.一个一岁零十个月的小孩，要送一篮樱桃给别的孩子作为生日礼物。显然他很不愿意，他自己尽管也能得到些许樱桃；第二天早上，他说自己梦见赫尔曼把樱桃全吃完了。

2.一个三岁零三个月的小女孩第一次去游湖,回来时放声大哭不愿意上岸;由她看来,湖上的时间一下子就过去了。次日早晨,她说昨晚梦见自己又去游湖了。我们可以推测她在梦游湖的时间必然比白天要长。

3.一个男孩,五岁零三个月大,和别人一起在哈尔斯塔附近的厄斯彻恩塔尔游玩。之前他曾听说哈尔斯塔特在德克斯坦山脚下,他对这座山很是着迷。由奥斯湖边的房子里向外就能看见德克斯坦山,而且从望远镜里还可以看到山顶上的西蒙尼小屋。这个男孩曾多次用望远镜看山顶上的小屋,但无人确定他是否看见了。这次游玩一开始就有一个愉快的希望,每次看到新的山,他就问那是不是德克斯坦山。然而每次都得到否定的回答,他便觉得扫兴,沉默不言,也不愿意和别人多走几步路去看瀑布了。别人觉得他是太累了,而在第二天早上,他高兴地说:"昨晚上我梦见自己在西蒙尼的小屋里了。"因此,他来这儿游玩就是抱着这个希望的。对于路程,他却是重复之前听说的话:"你必须在山上走六小时才能到山顶。"

这三个梦足够我们窥见一斑了。

其二,儿童期的梦并非没有意义,它们都是完整的、可理解的心理活动。之前曾说过你们须记住医学对梦的观点,曾经有人把梦比作是不懂音乐者在钢琴上的乱弹。上述几例儿童的梦与这个说法绝对地相互抵触。最奇怪的是,在同一种情境之中,儿童可以在睡眠时做出完整的心理动作,而成人则只能有断断续续的反应,并且我们的诸多理由都推断出儿童的睡眠要比成人更熟更深。

其三,儿童的梦没有伪装,因此无须分析,它的显意和隐意是一致的。由此我们可推断出伪装并非梦的主要属性。我觉得你们必然是相信这一说法的。然而几番研究,我们必须承认这些梦也是有伪装的,尽管程度浅,梦的显意和隐意之间也总是存在差异的。

其四,儿童的梦是对前一日的反应,如果前一日有遗憾,或抱有希望或愿望不满足,便会反应在梦中。儿童借梦境毫不掩饰地直接满足这些愿望。体内或体外的刺激在干扰睡眠和引起幻梦时占有的地位,在此可作些探讨。关于这一点,我们已经了解一些明确的事实,尽管它只能用来解释的梦数量甚微。在儿童的梦里,就很难发现身体的刺激的影响,因为儿童的梦完全是显而易见的。但是我们不必因此就放弃"梦是刺激的反应"的观念。我们只要询问干扰成人睡眠的，除了身体的刺激外，为何在最初就忘记了还有心理的刺激？我们了解到扰乱成人睡眠的大都是心理的刺激；这些刺激常常阻止形成睡眠所需要的心理情境，即与外界完全隔绝的情境。他们愿意继续正在做的工作，而不愿打断生活，他们不睡眠的原因就在于此。因此，侵扰儿童睡眠的心理刺激是愿望不被满足，这个反应就形成了梦。

其五，我们就是从这一捷径而认识梦的功能的。假如梦就是对心理刺激的反应，那么梦的价值就在于寻求兴奋的发泄，消除刺激以便继续睡眠。只是我们尚且不知道，为什么这一发泄要以梦的方式来实现，但我们已经知道了梦并非睡眠的扰乱分子（尽管以此责备梦的人很多），而是来保护睡眠的，使其免受干扰的影响。原本我们认为无梦则睡眠深的见解显然是不正确的；事实上有梦我们也能睡得好。然而梦也不能使我们完全避开干扰，正如巡警在平息骚乱的治安时难免要有枪声一样。

其六，梦是愿望所引起的，梦的内容在于表现这一愿望，这是梦的主要特性之一。另外梦不单使一个思想有表现的机会，还会借用幻觉经验来表示愿望的满足，这是梦的永远不变的特性。"我要游湖"是引起梦的愿望，而梦的内容则是"我正在游湖"。即便是这些儿童时期的简单的梦，其隐意与显意之间仍然稍有差异，隐意经化装后将愿望演绎为经验。解释梦的时候，必须除去这些化装将其还原。假如这便是所有梦的最普遍的一个特征，而我们就能知晓之前各梦的解释方法："我见到兄弟手拿竹节"并不表示"我的兄弟正处节俭中"，而是"我期望兄弟能够缩减开支"，对于这两个普遍的特性，第二个往往比第一个易于为公众认可。唯有经过广泛的研究之后，我们才可以确信引起梦的永远都是一个愿望，而不是一种成见、目的或者谴责。然而，梦的其他特性并不会因此而改变，换言之，梦不仅是重复地引发这一刺激，而且演绎为一种经验，致使刺激消失并安静下来。

其七，从这些梦的特征来看，我们是可以将梦和过失进行比较的。我们曾经在过失中分辨出一个干扰的倾向和一个被干扰的倾向，过失就是二者的调和。梦也属于同一范畴，被干扰的倾向自然是睡眠，而干扰的倾向就是被我们称为"竭力满足的愿望"的一种心理刺激。至今我们仍没发现干扰睡眠的他种心理刺激。梦也算是一种调解的结果。我们睡觉了，可心中仍有愿望没有满足，我们的愿望得到满足，同时睡眠仍继续进行。因此这两种倾向各有部分的成功或失败。

其八，是否还记得我们曾经借"白日梦"以解释梦的问题。我们认为"白日梦"的确是借由思想或想象的方式以满足愿望、野心或情欲，尽管如何生动，却没有幻觉的经验。所以，梦的两个并不确定的特性，白日梦同样具备，而为睡眠所特有的那种属性为醒时的"白日梦"则是完全缺乏的。因此我们发现一个重要线索，满足愿望是梦的一个主要特性。假如梦中的经历只是重复想象的一种方式，而这种方式只可能出现在睡眠的特殊情形下，我们暂且称之为"夜里的白日梦"，这样我们就了解做梦是如何消除刺激以满足愿望的；白日梦同样是一种满足愿望的心理活动，这也是人们有白日梦的唯一理由。

另外，尚有些谚语也具有同样的意义。比如，"猪梦橡实，鹅梦玉米"，"小鸡梦见什么呢？梦见谷粒"等，这些谚语描述的对象从儿童转至动物，也主张梦的内容就是愿望的满足。还有一些成语同样也表达了这一观点，如"美妙如梦"，"此事为梦想所不及"，"就算是最荒唐的梦也难有这般想象"，由此可知，这些通俗的含义与我们的见解遥相呼应。也有所谓的"焦虑的梦"，痛苦的梦及无关痛痒的梦，却没与之相应的成语。虽然我们本就有"噩梦"一词，然而根据最普遍的用法，"梦"总是带着一种满足愿望的含义在其中。不管是哪种谚语都不可能说猪鹅梦见被宰杀的吧。

然而，梦的满足愿望的特性都被一般的谈梦者所忽视，实在使人费解。他们实际上也是常常见到这层含义的，却从不承认它竟是梦的特性，只用作分析梦的线索罢了。他们这样做究竟是什么目的，略加思索即可知悉，暂且留作以后讨论。

现在回头来看关于儿童的梦的研究，我们几乎不费力而获得的知识究竟有多少！我们已知：第一，梦对睡眠有保护作用；第二，梦产生于两种相互牵制的倾向,其一为睡眠,其二则要满足某种心理的刺激;第三,梦是富有意义的心理活动;第四,梦具有两个主要特性,即愿望的满足与幻觉经验。然而,我们似乎忘记了我们是在研究精神分析。排除之前研究的梦与过失外,我们的研究并没有什么明确的标志。任何一个心理学家,即便他对精神分析的假说一无所知,他也可能如此去分析儿童的梦。然而,却无一人作此解释,为什么呢?

如果所有的梦都如此幼稚,我们的研究也早已完成,梦的问题也自然早已解决,无须再去查问做梦者,也无须去讨论潜意识思想或者自由联想的引用之法了。显然,这应该是我们今后努力的方向。我们已多次发现,据说梦的某些特性是普遍性的,后来却证实只适用于极少数。因此,现在亟待解决的问题就是,儿童的梦呈现出来的特性是否稳定,而那些意义不明显而不易看出愿望的梦是不是也存在这样的属性?我们认为这些梦都已经过多次伪装,不可急于断定。我们更认为假设这些伪装分解还其原貌,则要借助于精神分析,而研究儿童的梦则无此必要。

至少,尚有一种梦与儿童的梦相同,并未有伪装,也容易发现被满足的愿望。这类梦都是由急迫的生理需求所引起的,比如饥饿、口渴及性欲等,作为愿望的满足就在于对这些体内刺激的反应。我所记载的有这么一例,一个一岁零七个月的小女孩,梦到一份写有自己名字的菜单(安娜……草莓、桑葚子、鸡蛋和奶油面包),前一日她吃水果而导致了积食,不得不挨饿一天,这个梦即是对此前情境的反应。而她的祖母,六十八岁零五个月的年龄,由于"浮泛肾"的关系,必须断食一天,当天夜里她就梦见聚餐的场景,面前全是山珍海味。另外,如一些饥饿的囚犯,断粮的旅行家及探险者常会梦见在美食前大快朵颐。诺登斯科尔德在他的讨论南极一书中(1904年)描述了他和探险队在南极过冬的情形:"很明显,我们的梦就是我们当时的思想方向,我们从未做过如此多又如此鲜明的梦。有个朋友平常极少做梦,而在我们清晨谈论梦境的时候,他也常常谈论他的长梦。所有的梦都指向了那遥远的故乡,有时我们也梦到身处的环境,梦里的印象大多都是饮食。某个朋友常在夜里咀嚼,清晨说自己吃了三道菜而感到很高兴;还有一位朋友梦到了山上满是烟草;另一位朋友梦见有船只扬帆驶来,后来再也看不到冰山了。最后有这样一个梦很值得提出来:梦境是邮递员拿着许多邮件赶来,反复解释他迟来的理由,他先是把信送错了,几经周折才取回了信件。睡梦中尽管有更突然更奇怪的事情,而最让人惊异的,乃是无论是我自己的所有的梦,还是我听到的别人的梦无一例外地缺乏想象力。如果我把这些梦全部记录下来,心理学家想必很感兴趣。梦让我们的心愿满足,因此我们如何地思慕睡乡,你们就可想而知了。"另外,我想再引用一段杜里普尔说过的话:"派克在非洲旅行时,几近渴死之际,便常梦到家乡水源丰饶的山谷;特伦克被困在马格德城堡内挨饿时,就梦见过美食在身旁环绕;乔治巴克在参加富兰克林的第一次探险时,在快要饿死的时候,常梦到美食吃到饱。"

不管是谁如果晚餐多吃美食,晚上口渴时,就会梦到喝水。然而大饥大渴绝不会因梦而止,口渴醒来时才不得不真喝水。这时候,梦的确是没什么实际的效果,显而易见的是梦的目的是保护睡眠,不令刺激惊醒做梦者。当愿望较弱时,"满足愿望的梦"常能实现满足的目的。

同理,做梦也可使情欲的刺激得到满足,然而这满自有令其特殊性值得我们关注。由于性欲的冲动并非如饥渴那般,很少依赖外在的对象,因此梦遗可以使做梦者获得真实的满足;其对外物的关系也很重要,不过这一点要在后文再作探讨,因此这真实的满足难免与梦的对象有牵扯,不过是伪装不明显而已。如兰克所说,梦遗的这个特点可以作为研究梦的化装的合理对象。对成年人来说,愿望的梦常在满足之外兼有其他纯粹由心理产生的事物,要了解这个梦,就必须对此分析解释。

但是,如果成年人出现幼稚的满足愿望的梦,却也并非全是机体的迫切需要的反应。我们也了解,这类的梦简短而明了,有些是因一种强烈的情境所引发,很明显这也是心理刺激产生的结果。如一些"焦虑的梦",做梦者梦到准备旅行、看戏、演讲或者拜访朋友,都会在梦中实现他的愿望;在前一夜或者梦见到达目的地,梦见自己在剧院内,或者是梦见与自己要访问的朋友互诉衷肠。再有"偷懒的梦",做梦者为了继续睡眠,会梦见自己已经起床,甚至是洗脸,或者在校园内,实际上他仍在睡觉,显然这个梦的意义是在梦里起床而不愿真正地起床。之前我们已肯定睡眠的愿望在梦的形成中占有重要地位，对这些梦来讲，明显地表达出的愿望，就是梦的起因。因此，梦的需要及其他重要的身体需求同等重要。

至此，我准备让你们参考慕尼黑沙克画廊中的史文德绘画的复制品，画名为《囚犯的梦》，你们务必注意画家非常明确强烈的渴望会引起梦。这幅画的主题当然是囚徒的越狱，犯人想要从窗口逃出，只因阳光由窗口射入，唤醒了睡眠中的他。画面上重叠而立的侏儒，就是他攀援窗户时所站立的位置；假如我没有误解或对画家的本意加以附会，那么顶端靠近窗口的侏儒的面孔正好与做梦者的面貌相类似。

之前曾说过，除了儿童的梦与幼稚型的梦以外，其他的梦都难免会有伪装，难以解释。尽管我们猜测它们都是愿望满足的梦，然而暂时还不能说真是如此，也不能从梦的显意中断定是什么刺激引起的这些梦，或者证明它们与他类的梦相类似，其目的也是消除或减少刺激。显然它们还必须进行解释或分析，研究其化装的历程直至根源，显意取代了隐意，我们方能明确地推断出，我们在研究儿童的梦的过程中所获得的各种知识能否适用于解释所有的梦。

第九讲　梦的检查作用

诸位，通过儿童的梦的分析，我们已经了解到梦的产生、基本特点及作用。梦是借幻觉的满足以平息干扰睡眠的心理刺激。成年人的梦，只有一种是我们确切可解的，就是幼稚型的梦。我们对于其他类型的梦则是既没有讨论，又不曾了解。然而我们已经获得的结果却不容忽视。如果一个梦可完全了解，总是表现为愿望的满足；这一点是非常重要的，绝不是偶然或巧合。

我认为，其他类型的梦是一种内容不明的伪装的替代物，对于这未知的内容必须追根溯源；除了别的理由外，我们的假说还由于梦和过失很相似。所以，我们必须加以研究，以便认识了解梦的化装作用。

正是因为梦的伪装功用，才使梦显得不可思议。因此，我们要弄清楚：第一，梦为何要伪装，即动机；第二，伪装的功用；第三，伪装的方法。我们还可进一步说伪装是"梦的运作"的产物。现在，让我们来描述梦的动作，并探究其中的力量所在。

我们先来表述一个梦，记录这个梦的是精神分析界的某位知名女士。她说做梦者是位受过良好教育、德高望重的妇人。这个梦并未作分析，因为以精神分析家的眼光看去，记载者认为它不可言喻，不必解释。做梦者也没去解释它，只对此大力批判与申斥，就像深知梦的隐意，她还说："一个五十多岁的老妇人，时刻都操心孩子，却做了如此荒唐的一个梦。"

现在，我们来详述她的梦境，这是关于大战时期"爱情服务"的梦。她去了第一军医院，告诉门警要找院长，想进院服务。她在讲话时特别强调"服务"二字，警官们立刻明白了她所说的是"爱情服务"。由于她是位老妇人,警官稍稍迟疑后才让进入医院,然而她并没有去见院长,而是直接进入一间大暗室里,里面有很多的军官、军医围在餐桌旁边,或站或坐。她向其中一位军医表明来意,他立刻会意。在梦里她的话好像是:"我和无数的维也纳妇女都愿意为士兵、军官或其他人等……"最后变成了呢喃之语。当她看到那些军官一半困惑一半邪恶的表情时,她知道他们完全领会了她的意思。她接着说道:"我知道这个决定有些骇人,然而我们的心都是真诚的。绝对没有谁去问一个战场上的士兵愿不愿意去战死。"然后有一分钟的尴尬的沉默;军医张开臂膀抱她在怀中说道:"夫人,果真如此的话,那么……"(又是一阵呢喃之声)她却挣脱了出来,心想:"他们可能都一样吧。"于是她说:"上帝,我是一个老妇人,或许不必这样吧。有个条件必须遵守:那就是要注意年龄,毕竟一个老妇人和一个年轻的女孩可能不……这太可怕了。"军医说:"我非常了解。"然而另几个军官,还有那个向她示爱的少年,却高声大笑,老妇人于是请见院长以便把事情弄清楚,她是认识那位院长的。然而她竟然忘掉了院长的名字,这让她非常吃惊。军医向她表示了十二分的敬意,指给她上三楼的路,那是一条狭窄的螺旋形铁质的楼梯,从这间暗室直通楼上。走上梯子时,她听到一个军官说道:"且不管她的年龄,她的决定足以让人震惊;应该向她致敬!"而她自己只认为在尽义务而已,走上了那座看似没有尽头的铁梯。

这位老妇人在几个星期里做了两次这样的梦,只稍有改变,然而据她所说,改变之处毫无意义或者毫不重要。

这个梦的展开与一个白日梦很相像,前后较连贯,很多地方略加询问就会清楚;然而你们虽然了解却从未去做。这其中有许多语气断裂的地方最是让人惊奇也最饶有兴趣,梦里有三处语气断裂,声音转为呢喃,内容似乎变得模糊不清了。我们对这个梦尚未加以分析,因此严格来讲,我们绝对没有权利去揣摩它的意义;然而仍然发现了些许的蛛丝马迹可用于下结论的论据,比如"爱情服务",而后面的呢喃之前的时断时续的语言,都按照其意义加以补充完整。补足以后,就会形成一种梦幻,其意即是做梦者已做好献身的准备,随时去满足军中人员的性的需求。这的确是一种可耻又可怕的性欲幻想,关于这一点梦并没有出现,一旦前后联系将有所表露，便会呈现模糊不清的呢喃之音，那些秘密的意义已经被压抑或者消灭。

我想你们不难了解这些细节之所以被压抑的缘故，这些内容本身太让人骇异了。近期以来，类似的事情到处皆是。你们不必舍近求远，只要试取到任何一种有政治倾向的报纸，就可发现削减之处触目皆是，纸面屡见空白。这些空白之处，原来必定是不被新闻检察官赞许的事件，便被一字不留地删除。或许你们认为它太过可惜，那被删除的新闻必然是其中最有趣的信息。

有时候受到检查的并非全句，作者可能料到了某段落必定会为检察官所指责，因此便将此类句子由硬变软，略加修饰，或者仅存暗示和影射。由此新闻中不再出现空白之处，而那些转了弯的、不甚明了的表达，即表明作者在编写时在内心就已经核查过一番了。

类比于上述比喻，我们也可以说梦里被删除的或软化为呢喃之音的语言，必然是检查作用的牺牲品。的确我们也将用到"梦的检查"一词，并且以此作为梦伪装的原因之一。每每在显意中出现断续之处，我们即明了那是因为检查的作用；更深入地讲，但凡在较为明确的元素中显现一种记忆较模糊，不明了，因而很可疑的部分，我们便认为它就是检查作用的证据。其实不管怎样，检查作用极少像在"爱情服务"中如此爽直而痛快；比较常见的检查作用是采用第二种方法，即以修饰、暗示和影射代替真正的意义。

梦的检查作用还会有第三种实施的方法，这就是新闻检查条例所不能比拟的了；对于梦的检查作用这一特殊的活动形式，我们可以征引上述已分析过的一个梦来解说。你们还记得"用一个半弗洛林买到三个差座位"的梦，就梦的隐意而言，"太匆忙"，"太早了"非常重要，其意是说"结婚早太傻了，戏票买得早也是傻的，嫂嫂那么匆忙去买珠宝也是傻得可笑"。显意并没有表露出这一核心思想，只是着重表达看戏买票。由于梦的元素里会出现重心的移植和改组，因此梦的显意与梦的隐意大不相同，以至于人们不再质疑梦有隐意存在了。这一重心的移植也是梦伪装的一种重要方法，正是由于这个原因，梦才会如此奇异，以致就算是做梦者也不愿意承认它是自己内心的反应。

材料的删减、更改和改组，就构成了梦的检查活动的方式及伪装作用的方法。现在，我们要研究梦的伪装作用，检查活动就是梦伪装的主因，或者其中之一。往往"移植"一词兼有材料的变动与顺序的更改。

我们知道梦的检查作用大概如上所述，那么现在让我们把注意力集中于梦的动力学方面。希望你们不会把"检查作用"拟人化，把它描述成严肃的小家伙，寄居在大脑的小屋里行使职权；也不必指定它的位置，认为会在"脑中枢"生成一个检查的力量，而这个"脑中枢"如果受伤，则检查立即停止。我们可以只把它看做一个有意义的名词，表述了一种动态的关系。我们也大可不必因此而对这个力量的实施者和接受者都是什么倾向不闻不问，并且我们假如发现自己对遇见的检查作用视而不见，也无须感到吃惊。

但是这的确是事实。你们应该记得我们在运用联想法解释梦的时候，曾经有过奇怪的经验：透过梦的元素努力寻求其背后的潜意识思想时，就会遭遇一种抗力。我们也了解这个抗力时大时小。抗力小时，梦的分析只需基于联想即可；而抗力大时，就必须有一系列长长的联想，我们不得不远离出发时的观念，沿途还不得不抵御由联想而招来的各种批判。分析梦时遇到的种种反抗，现在看来就是"梦的运作"中的检查作用，而它们也只是客观性的检查作用；由上可见，检查的力量能够促进梦的伪装而不会枯竭，它仍旧作为一个机关永久地保留，来维持已完成的伪装。正如分析梦时遇到的抗力随着梦的元素的不同而时大时小，检查作用所引起的伪装程度也依据整个梦中的各个元素而各不相同。通过比较梦的显意和隐意显示，某些潜伏的元素会全部消失，有些稍有变化，有些依旧在显意中呈现，甚至是变本加厉。

现在我们的目标却在于发现是何种倾向在实施检查的作用，接受检查的又是何种倾向。这个问题对于认识睡眠及人们的日常生活都很重要，如果我们对已分析的每个梦作一概观，这个问题便不难解答了。实施检查的倾向就是为做梦者清醒时承认或赞许的倾向。如果你否认了梦的正确解释，则你这时的动机就推动了检查作用并形成伪装的动机，于是对梦的分析尤为必要。请返回来再看那位五十多岁的老妇人的梦：我们并未对此梦加以分析，然而她自己仍然很吃惊。假如冯胡格赫尔穆医生告诉她意义不容怀疑，恐怕她就不只是暴怒了。梦里的污秽之词变为呢喃之音，不正源于这种批驳斥责的态度吗？

接着，我们将用批判的观点，描述梦的检查作用反抗的倾向，及其让人产生不愉快的性质。它们常常是违反伦理的、审美的或者社会的观点。平常我们根本无法想象；即便是想到了，也是会深恶痛绝的。而且这些梦中伪装的被检查的愿望，就是不受限制的自我主张的表现；由于做梦者的自我呈现在梦中有着重要的地位，尽管在显意中它也知道如何隐藏起来。这一梦的自我神圣之说，和睡眠时必有的心理态度，的确没有很好的关系。

冲破一切伦理束缚的自我，是完全受到美育排斥的、道德规律制裁的性欲本能的支配。对快乐的追求，即是指"原欲"，将使我们肆无忌惮地选择为普通人禁止的作为自己的对象，不但是他人之妻，更有甚者乃是神圣不可侵犯的，如母亲和姐妹，父亲与兄弟等。那位五十多岁的老妇人的梦同样是乱伦的梦，她"快乐追求"的对象显然是自己的儿子。其他的，比如我们所认为的违背人性的欲望也可引起梦。再有，无限制地泛滥的憎恨，复仇的愿望、杀人的愿望，甚至是针对至亲至爱之人，如做梦者的父母、兄弟、姐妹、夫或妻以及儿女等以其为对象的层出不穷，屡见不鲜。就像是被恶魔召唤来的这些被禁止的愿望，假如我们能了解它们的意义，那么在清醒时就要对这种愿望施以任何最严酷的惩罚也不过分。但是，对于这些邪恶的内容，梦本身是不必承担责任的。你们还记得吧，梦的功能是保护睡眠不受干扰。你们也了解邪恶并非梦的本性，一些梦已被认为是满足正常的愿望及机体的渴求。这些梦在行使职责时不会触犯自我的伦理及公众的审美倾向，因此未经伪装，亦不必伪装。你们也应当记得，梦伪装的程度与两个因素密切相关：一是受检查的愿望越惊人，伪装越深；二是检查越严格，伪装也就越繁杂。因此，一个少女，如果严受管教又十分拘泥，便常用这种严格的检查作用，因此梦的兴奋便伪装起来，医生将会把这种兴奋看做是一种可允许的、无害的"快乐追求"的愿望，做梦者或许要经过十年才会有这一认知。

现在，我们研究梦的分析仍然没有什么结果，你们几乎要怒目而视了。我认为你们对梦的分析工作还没有完全了解；但是义不容辞的是我们首先须抵抗一些可能出现的攻击。这一研究的弱点显而易见。我们的分析也是以之前的假说为基础的：如梦是有意义的，催眠所得到的潜意识观念适用于分析正常的睡眠以及一切的联想都不是随意与自由的等等。假如经由这些假说的演绎和推断，而使梦的分析有可靠的成果，我们便能断定这些假说是正确的；然而，若是所得的只是我描述的一种，那会怎样？显然有人会说："这些结论是不可能的，荒诞无理的，至少也是很不可靠的，而那些假说自然也有错误。梦可能终究不是一种心理的现象，或者我们的技术存在着不足，也许在正常心理中是没有潜意识的。接受这三种假说，岂不是比接受那些由这种种假设演绎推断所得的可恶的结果更简单，也更圆满吗？"

的确，简单固然简单，圆满固然圆满，但不会因此更正确。我们尚不必急于断定，仍需耐心等待。首先，我们的分析仍然会引发一种甚至是强烈的抗议。如果说我们的结论让一般人不高兴，甚至厌恶，这对我们的影响算不上严重。我们分析了梦背后的某些愿望，做梦者坚持不赞同，这种抗议才更加有力。某个做梦者说："什么？你从我的梦里证明了我不愿意为弟弟妹妹花钱置办嫁妆或支付学费？但是这是不可能的，我是长子，作为兄长，为弟弟妹妹操劳是我的责任，这一点我向我过世的母亲保证过。"又有一位妇人说道："你们说我希望我丈夫死去？怎么可能，这真是无理取闹！我和丈夫生活得很愉快，你们可能不信，他如果死了，我会失去一切的。"再有一人向你抗议："你们认为我对妹妹有着性的欲望吗？这也太可笑了，我们关系冷淡，又向来不和睦，都有好多年不曾来往。"假如，对那些本属于他们的一切意向，做梦者既不承认亦不否认，我们或许可以不为所动；认为这些事物不过是没意识到而已。而如果他们在自己心中发现一种愿望与我们的分析恰巧相反，并且以其毕生精力证实这一相反的愿望的优势，我们的分析就不得不知难而返了。如果我们将梦的分析的研究看做一项导致谬论的工作从而放弃它，现在不正恰逢其时吗？

不对，我们现在不能放弃。再三思考后，即便这一强有力的抗议也是难以成立的。如果精神生活中的确存在着潜意识的倾向，而相反的倾向在意识里占据优势地位并非万分重要的，或许有两种互相冲突或矛盾的倾向被包容在心灵的一隅；或许其中一个倾向的强势而使相反的倾向落入了潜意识中。前面的第一个抗议仅仅是抱怨梦的分析的结论既不那么简单，又让人不快。对第一点而言，我们认为即便你们如何地喜爱简单，也不能因此而解决梦的任何问题，你们要有决心在最开始就必须承认梦的复杂性。而第二点，仅凭好恶以评判科学的是与非，则是明显的错误。梦的分析的结论会让人不愉快，以致恼羞成怒，那又有什么关系？我少时行医，老师曾教导我说，假如我们要对这个世界有真正的了解，就必须放低姿态，坦然地将好恶之感置之度外。一个物理学家如果证明地球上的生命在不久后将会灭绝，你不必对此抗议："我们不喜欢这种预测，这是不可能的。"如果没有另一个物理学家证明第一个物理学家的假设或预测有错，你应该是保持沉默的。如果只凭好恶行事，你们仅仅是模拟梦的结构，并非想了解认识梦。

你也许已忽视了被检查的梦的欲望的令人不快的性质，转而提出另一个抗议，认为人性不可能大部分都是邪恶的。但是你能用自己的话证明这句话吗？我暂且不说，你认为自己是什么样的人；你也许看到胜于你的或跟你平等的人都心怀良善，你的仇人侠肝义胆，朋友们不会有嫉妒之心，因此才不得不反驳性恶的观点吗？你难道不了解在性生活中一般人都难以控制并且不可依赖吗？又或者是你竟然不知，我们在梦中的一切过激与反常的行为，正是人们每天在清醒时犯下的罪恶？精神分析仅仅是在此证实了柏拉图的名言："恶人实际犯下的罪恶，善者将它止于梦中。"

现在且抛开个人不谈，看一看仍肆虐着欧洲的大战：试想这文明世界里的残酷景象，暴戾肆虐，欺诈泛滥。你竟相信，如果没有数目众多同恶相济的追随者，只是一些杀人争地的野心家，就能让这潜伏的邪恶大肆猖獗吗？如此残暴的情景，你还要强辩人性不邪恶吗？

你或许会攻击我对大战心怀偏见，并且还要说：人类最高贵最善良的天性，如英雄主义、自我牺牲和大公无私，也在大战中表现无遗。确实是这样，然而并不能因为精神分析肯定某一方面，你便攻击它而否定另一方面，我们常被冤枉即在于此。我们绝对不愿否认人性中的高贵，亦不曾贬低人性的价值。我们只是证明了被检查的愿望的邪恶，讨论了检查作用压制了这些恶念而令其隐形。正是由于他人对恶念的强烈异议，我们才特别强调人性之恶，如此不但无法让人们的精神世界得到改善，相反它使得精神生活更加扑朔迷离。假如我们能放弃片面的道德理论，便会为人性中的善恶关系寻求到更正确的公式。

至此可结束这个问题了。梦的分析结论难免怪异，但我们无须因此而放弃这项研究。未来也许有其他的方法以便更深入解释这些结论，现在则要坚持这一观点：梦的伪装就是，夜间睡眠中的一些恶念受到了自我认可的倾向的检查作用，而不得不有所改变。关于这诸多恶念为何起于夜间，又是怎样发生的，这便是今后的众多研究方向和尚待解决的问题。

假如我们忽略这一研究的其他结果，那错误就在所难免了。那些侵扰睡眠的梦的愿望，我们原本并不了解，只因为经过梦的分析才知其存在；我们也因此认为这些愿望"当时属于潜意识的"，其意义如前所述。然而，我们明确承认它们不单单是当时属于潜意识的；我们曾讨论很多次，经过梦的分析做梦者虽已知其存在，却依然坚持自己的否认。这样的情形就像在分析那个"打嗝"的口误时，那位宴会上的演讲者愤怒地反驳，称自己无论何时不管何处都不会对上司不敬。那时候我们就不会轻信他所说的是真话，我们认为其实演讲者永远都不明了他内心有此想法。而我们在分析几经伪装的复杂的梦境时，难免出现同样的情形，所以这也使我们的理论增添了更多意义。现在，我们简直能这么说，精神生活中的一些历程及倾向我们是不了解的，不曾明白，或长久地不明白，或者永远不明白。这样"潜意识"一词便被赋予一个新义："当时"或"暂时"等已不再是这些词的要义，潜意识不仅是"当时潜隐的"，也可能是"永久潜隐的"了。关于这一点我们将在下文中加以讨论。

第十讲　梦的象征作用

诸位，之前我们已经了解梦的伪装变化导致了梦的难以理解，梦的伪装变化则是不道德的潜意识愿望冲动的检查作用的结果。当然我们不能说，检查作用是引起梦的伪装的唯一原因，如果我们对梦的研究更为深入，或许会发现引起梦的伪装的其他因素；也就是说，即便"梦的检查作用"消减了，仍然不能降低释梦之难，而且梦的显意和隐意并非一致。

我们发现了精神分析技术的一个缺陷，也因此使得梦的伪装作用的另一原因得以显形。我们之前就承认，就梦中的单独元素而言，做梦者有时的确不能引起联想。当然，这情形比他们说的要少很多。大多数的实例中，如果分析者坚持，仍能使被分析者引起联想；只有少数的例子，被分析者的确不能有联想，再者就是即便有所联想，也不是我们所需要的。在精神分析治疗时，如果发生了这种情形，有意义的，此处暂且不谈；然而这样的情况在对正常人或为自身解释梦时也会遇到。发生了这种情形，无论我们如何劝诱，都不能有自由联想，然后我们发现，这种令人不快的障碍竟都是因为在梦中出现了特殊的元素。之前被我们认为的技术失败的特例，如今发现它竟是由一种新的原则作用的结果。

所以，我们尝试用已知去阐释这些"引不起联想"的元素。使人惊奇的是，每当我们敢于作此诠释时，常会获得圆满的意义，相反，如果一旦决定放弃这个方法，梦就会失去连贯而没有意义。原本是对这种实验缺乏自信的，然而日渐积累的同类实例使之可以相信了。

为演讲之需，在此允许我进行一个概述，尽管很短，却不至于误会。

因此对于一组梦的元素，我们均采用一种固定的解释，正如我们在通俗的梦的分析书中所看到的，梦里的种种事物都采用固定的翻译。然而你们不要忘记，我们在运用自由联想法时，梦的元素从来都没有固定的替代物。

或许你们会立刻认为这种分析梦的方法较之自由联想更不靠谱，更容易受指责。然而我仍然要说的是：我们已从亲身的经验中搜集众多实例适用于这种不变的翻译，也因此了解梦的分析可不必借用做梦者的联想，只运用我们自己的知识已是足够。而我们要如何获得这些知识，在本章的下半部分再作讨论。

关于梦的元素与对梦的解释的固定关系，我们可称之为一种象征的关系，其实梦的元素本就象征着梦的隐意，你们还记得之前在研究梦的元素与梦的隐意的关系时，我们列举了三种关系：一是局部代替整体，二是暗喻，三是意象。我还说过出现第四种关系亦有可能，只是尚未明确。第四种关系即象征关系，对于这个问题，在没有提出我们的特殊观察之前，请首先特别注意那些可供讨论的趣味十足的各个点，或许我们梦的理论中，象征作用才是最引人注目的部分。

首先，象征和被象征的关系既然固定不变，后者又好像是前者的翻译，因此，尽管我们的分析术较之古人占梦或普通人的释梦大不相同，但象征主义则在某种程度上暗合了古人占梦或普通人的释梦之意。象征主义使得我们在一些情形下进行梦的分析而不必询问做梦者，做梦者是无论如何不会以象征来告诉我们的。如果我们了解到梦中常有的象征、做梦者的性格与生活状况、做梦前的心灵印象，便可以立刻展开梦的分析，好像一见面就能解释出来。这个成功不仅能使释梦者满意，更能使做梦者叹服，因此远胜于繁琐的查问法。但是你们不能因此而误会：我们绝不会耍滑使诈，而以象征作用为基础的释梦法并不能取代自由联想，或与其比拟，象征法是联想法的补充，其结果与联想法综合应用方有成效。关于我们对做梦者心理情境的了解，你们知道我们不但要分析熟人的梦境，更多的情况是我们对做梦者梦的前一天的经历毫无所知，因此做梦者的联想就是其心理情境的知识的来源。

尤需关注的是，梦和潜意识之间的象征关系这一问题上却引发最为强烈的抗议，特别是下文中将要讨论的几点。虽然精于判断的人们在其他方面对精神分析已深表同情，但在一点上却坚持异议。如果我们不曾忘记下面的两件事，对这种行业则更是惊异了：其一就是象征作用并不是梦所独有的，亦不是梦的独有特性；其二，精神分析尽管多有创见，但梦的象征却并非其中之一。假如我们要列举近代持此观点的科学家前辈，那么首先要说的就是施耐尔，精神分析只是对其学说加以证实，并作出一些重要的修订。

也许你们期望举一些实例以解释梦的象征作用的性质。我也很愿意讲出我知道的一切，只怕是我们所知道的并不如我们所期望的那般丰富。

象征关系本质上可称为一种比拟，却又不属于任何类型的比拟。我们自然地认为这种象征的比拟必然为一些特殊的条件所支配，只是还不能明确地把它们指出来。一事一物所比拟的事物并不是都在梦里出现而构成象征，从另一方面看，梦也不以象征代表任何事物，它只是象征着梦的隐意中的精神元素，双方都有各自的局限。由于象征很容易与代替物、表象等相混淆，又与暗喻更为相似，因此我们不得不承认，迄今对于象征的概念还不曾有明确的界限。一些象征的比拟基础易于理解，另外一些则必须细考比拟所包含的共同部分或公比。有的要深入思索才能找到它的隐意，有的即便是深思以后，其意义仍模糊不清。即使象征确是一种比拟，也不会因为自由联想法而显现，象征作用不是做梦者有意而为，因为他对此一无所知；如果用象征引起做梦者的关注，他是不愿意承认的。由此可知象征是一种特殊的比拟，我们还不能充分明确其性质。在以后的研究中或许可以认识这个未知量。

梦中以象征代表的事物如人体、父母、子女、兄弟、姐妹、生死及裸体，另外还有一些暂且不谈，其数量并不多。房屋常用来代表整个的人体，施耐尔也了解这一点，但是他把这一象征的意义夸大了，未免失之偏颇。一个人在梦中从房屋的前面攀爬下来，有时会感觉快乐，有时则感到恐怖。平滑的墙壁的房屋常指男人；屋子里如果有壁架和阳台代表了女人。梦里若出现皇帝、皇后或国王及王后或其他尊贵的人物则代表父母；由此可见，梦有着恭敬的态度。子女、兄弟、姐妹等的待遇不甚亲切，象征物往往是小动物或害虫。生产的象征梦境常离不开水，梦见落水，或从水里爬出，或救人出水，或是从水中被救，这些都是象征着母子的关系。垂死的象征常是乘车出游，死亡的状态则常表示为各种隐晦的暗喻；而裸体反而常用衣服和制服表示。我们也由此可知象征和暗喻之间的分界已逐渐消失。

　　这些事物的象征都是非常贫乏的，而性生活的事物如生殖器、性交等象征却很丰富，令人吃惊。性的象征是梦的象征中的大多数，其用以象征的事物多得数不胜数，与性相关的事物又很少，因此每一事物都有很多种意义相同的象征，两者相比很不相称。因此，梦的象征五花八门，而梦的解释却很是单调，其结果往往引起普遍性的攻击。虽然大家对此都不乐意，而事实如此，又有什么办法？

　　这是在我的演讲里第一次提出性生活的问题，我们必须说明一下讨论这一问题的态度。在精神分析中，任何事都无须隐瞒，我们认为讨论这一问题不必有羞愧，更认为不管什么事都要先正其名，其后才不会有无谓之争。此间的听讲者有男有女，我也将一视同仁。科学的演讲自是不能有所隐瞒，也不能只求适合于女性听众的要求；各位在座的女士既然来了，就表示已接受了与男子同等的待遇。

　　在梦中，男性生殖器有多种不同的象征，大多数而言，用以比拟的共同观念都显而易见。首先，"三"这一神圣的数目是整个男性生殖器的象征。阳具——作为更重要更为两性所关注的部分的象征可为长形竖起的东西，比如手杖、伞、竹竿及树干等；也可为穿刺性和伤害性的物件，比如刀子、匕首、枪、矛、军刀等各种利器；还可以是枪炮、手枪及其他火器，这些物件的外形与其相似，是很贴切的象征。人们在焦虑不安时，常会梦到被佩带刀具或来复枪的人追逐。或许这就是最常见的梦了，你们自己都能很容易地翻译梦的意义。有时候，男性生殖器也可以水流出之物如水龙头、水壶或泉水作为象征物。其他如铅笔、笔杆、指甲刀、铁锤以及别的器具等，很明显也是男性的象征，其意义也很容易明白。

　　由于阳具有违反地心引力而高举直竖起的特征，因此也用气球和飞机甚至在近代有用齐柏林飞船来象征的。还有其他更有力的象征代表了阳具勃起的高举竖立，它使生殖器成为整个人体的主要部分，便会梦见自己起飞了。梦见高飞是为大家所熟悉的，梦境有时会很美，如果现在要以性兴奋或阳具勃起来解释这些梦，切莫大惊小怪。费德恩，一个研究精神分析的科学家曾证实了这一解释是可靠的。以精明能干闻名的沃尔德，其理论本来与精神分析大不相同，甚至并不知道精神分析的存在，曾做过手臂和腿的不自然的姿势的实验，其研究结果也得出了同样的结论。不必由于妇女梦见高飞而驳斥我们的学说，你们要了解愿望满足乃是梦的唯一目的，女性往往不自觉地会有成为男子的愿望。假如你们熟悉解剖学，就不会认为女人不能有与男子相同的感觉以实现这一愿望，女子生殖器的阴核与男性的阳具相同，在其儿童期以及性交前的确与阳具占据同样的地位。

有些男性的象征则较难理解，比如爬虫和鱼类，特别是以蛇作为著名的象征。而帽子和外套也可作男性的象征更加难以领会，但它们的象征意义并不是问题。以手脚作为男性生殖器的象征却值得怀疑，然而从与鞋袜手套的关系来看，的确不能不视为象征之一。

女性的生殖器以一切有空间性和容纳性的事物为象征，如坑穴、瓶罐、各种箱子盒子以及橱柜、保险箱、口袋等，也有船和艇之类。其中许多的象征是指子宫，而不是其他的生殖器，如橱柜、火炉，特别是房间。此时房间的象征和房屋的象征相关联，门户则是代表了阴户。种种材料及其制品如木头、纸张，桌子和书等也是妇女的象征。至于动物，蜗牛和蚌的象征必定为女人；而身体的各个部分，嘴象征阴户，建筑物中的教堂、小礼堂也是妇女的象征。你们该了解所有的这些象征的理解并不都是显而易见的。

女性的乳房也是性的器官，乳房及其臀部常以苹果、桃子等一般水果作为象征。梦里的森林、竹丛则代表了两性的阴毛。女性器官的位置形状常以山丘、树木、水流组成的风景作比喻；男性生殖器的结构多以各种复杂而难以描述的机器为象征。

女性的生殖器还有一个象征值得关注，即珠宝盒，梦里的"珍珠"、"宝贝"可代表爱人，糖果则象征了性交的快感。各种游戏暗喻了由自己的生殖器而使性欲满足，比如弹钢琴。手淫较为典型的象征有滑动、溜走及折枝等，以掉牙或拔牙为手淫的象征尤其值得注意，这一象征的要义指以宫刑作为手淫的刑罚。而性交的特殊象征，却不如我们所期望的那样多，在此可举出的如有节奏的活动：跳舞、骑马和登山等，另外有暴力倾向的象征，如被马蹄所践踏或为武器威胁等。

你们万不可认为这些象征的用途与解释很容易，事实上，每个方面所遇之事常出于意料之外。例如，两性所用的象征经常可以互换的现象，确实让人难以置信。有许多的象征如小宝宝、小男孩、小女孩既可用以代表男性，也可指代女性。有时候，男性的象征可以代表女性生殖器，同样女性的象征亦可代表男性生殖器。如果我们没有对关于人类对性的概念的发展有所了解，这是不易理解的。对于某些例子，这一类的象征似乎模棱两可，实际并非如此；最典型的象征永远是单性，不可以两性互用，如武器、口袋、橱柜等。

现在我们要对性的象征的起源略作叙述，只是仅从象征本身而不是由被象征的事物说起，打算对取义不太明显的象征加以说明。我们可取呢帽或所有的帽子作例子，帽子虽然有时候代表女性，却常有男性的意义。同样，外套的意义指男人，尽管有时专指生殖器。这到底有何缘由，我们自然是可以尽情发问的。垂下的领结，显然非女子所有，很明显为男性象征；衬衫和内衣则常为女性象征。前面曾说过衣服和制服是裸体的象征；鞋和拖鞋是指女性的生殖器。尽管桌子和木材作为女性的象征很费解，仍然是可信不疑。爬梯子、登山或上楼的动作显然是性交的象征，细想便可知道，那种有节奏的动作及兴奋度的增加，不正如登高者上升时的粗重的呼吸吗？

我们了解到女性的生殖器可以风景为比喻，高山巨石则是男性生殖器的象征；花园常代表女性的生殖器，水果指乳房，不特指孩子。野兽常用来比喻感官兴奋而情欲高涨的人们，花卉代表了女性生殖器，尤其是处女的生殖器，你们应该了解花原本就是植物的生殖器官。

现在我们也已经知道了房间的象征意义，其象征意义还可以延伸，因此门窗常代表阴户，即房间的入口；也可类推出房间开合的意义，而钥匙则是男性的象征。

这些都是分析梦的象征意义的材料，显然它不是完备的，我们可以一边深入，一边扩充。而我认为这些已足够多了，你们或者深感不快，会问："我们的生活真的充满性的象征吗？周围的事物，穿戴的衣服鞋帽之类，我所接触到的一切都只是性的象征吗？"这些质疑当然不无道理：做梦者对梦的象征既然没什么概念，而我们究竟要如何揣摩其意义呢？

我就以我们的知识来源广阔作为答复。它们有神话和神仙的故事、笑话与戏语，有民间故事，还有各民族传统、风俗、格言及歌曲的传说，诗歌及常用的俗语。这些知识里处处都有着相同的象征，其中的许多意义都是一目了然，不言而喻。假如我们单独去分析这些知识的来源，即可知它与梦的象征作用有众多共同点，这让我们不得不相信这一解释是正确的。

我们说过，施耐尔认为梦里的房屋常常是人体的象征；如果将这一意义深入扩充，那么窗和大门、小户都是躯体入口的象征，房屋的下面可以是平滑的或有阳台和壁架的。同样的象征也出现在俗语里，如头发和毡帽。在解剖学里，身体的一切出入口都称为"户"或"门"，比如阴户和幽门，等等。

我们最初听到父母在梦里会成为帝王、皇后，免不了会很奇怪，然而在神仙的故事中，的确有这种象征。许多的神仙故事都以此为开头：很久以前有位国王和王后。我们不应该认为那其实是说"古时候有一位父亲和母亲"的吗？对于家庭生活来讲，有时称儿子为公子，长子则被称为太子。国王常被称为"万民之父"。小孩子有时候会被戏称为小动物，在英格兰西南部的康瓦尔，就称其为"小蛙"，德国称其为"小虫"，小孩子就称为"怪可怜的小虫"。

我们再回来讨论房屋的象征。梦里，房屋突出的各个部分都可以攀登，这便与德国的一句俗语暗合，在谈到胸部特别发达的女人时，德国人传说："她有供我们攀援的地方。"另外还有一句俗语与此相仿："在她的房屋前面有很多木材。"之前曾说木材是女性和母亲的象征，在这里又得到了印证。

就木材来说我们尚有很多问题可以讨论。为什么以木材代表女性或母亲，这是难以理解的，但是我们在此可以对各国的语言进行比较研究。德语"木材"与希腊语"mat"源于同一字根，是"原料"的意思。"原料"这一统称最后演变出特种材料的名词，语言中的化广义为狭义是很常见的。今天的大西洋中一个小岛名叫"马德拉"，这是葡萄牙人发现它时取的，当时岛上森林密布，葡萄牙语"木材"一词为"马德拉"。而"马德拉"仅仅是拉丁语"material"的变形，其又有原料之意，"material"一词源于"mater"，是"母亲"的意思，制造任何物品的原料即视作物品的母亲。因此，木材是女性或母亲的象征，我们就援引这个字的古义。

女子分娩常以与水有关的事物表示，如入水或出水，即是在说自己分娩或出生。切莫忘记这一象征实际上指的双重进化。其一包括人类及所有陆生动物皆由水生动物进化而来，这一重要事实关系比较远了，其二是每一哺乳动物和人的第一期的生活都是在水中，即水中育胚胎，生活在母亲子宫的羊水里，因此分娩都是由水而出。自然我是不主张做梦者知晓这类事情的，而且他也不必知道。他在孩提时也许听说过，然而我认为无关于象征的构成。托儿所告诉小孩子婴儿都是由鹳鸟叼来的，可是鹳鸟又从何处得到婴儿呢？答案常是从池中或井内，如此也是从水中出来的了。一位患者，在小时候从别人那里听到了这件事，他那时还是小伯爵，一个下午都找不到他，也没人知道他去了哪里。后来在宅院里的湖边找到了他，他正躺在那里，眼睛注视水面，一心想要看到水中的婴儿。

心理分析家兰克曾把神话中英雄的降生进行分析与比较，其中，阿卡得的萨贡王为最早，大约于公元前2800年，把婴儿丢在水中或从水里救出，这两种方式的故事占大多数。兰克认为这就是分娩的象征，这种象征的方法与梦的象征同属一类。一个人梦见从水中救人，不管是谁，兰克都认为这是一位母亲，他的或任何人的；在神话里，总是生身母亲把孩子从水中救出来。有这样一则笑话，某人问一个很机灵的犹太儿童，摩西的生身母亲是谁，孩子回答说是"公主"。那人却说他的答案不正确，而后解释"公主只是把孩子从水中救出来而已"。这个小孩子说："她说的就是这样啊！"因此他的解释也是相当不错的。

外出旅行在梦中是死亡的象征。在幼稚园里，小孩子如果问一个死者到哪里去了，保姆们常常告诉他说，那个人去"远行"了。这样的象征也在诗歌中被发现，死后的世界被描述成"旅行者一旦到达便再也不能返回的乌有之乡"。日常生活的闲聊中，也常把死亡看做是"最后的旅行"。无论何人，假如他深知古礼，就会了解但凡丧礼都是非常严肃而隆重的，如在古代埃及，人们常把所谓的《亡灵书》放在木乃伊的旁边，作为其最后旅行的指南。墓地往往与生者的聚居地距离相当远，因此死者的最后旅行竟然成为真实的事情了。

性的象征不单属于梦。你们该知道有时会对女人戏称"铺盖"以示轻侮之意，然而却无人知晓"铺盖"乃是生殖器的象征。圣经《新约》中说："女人如非常脆弱的器具。"文体接近于诗歌的犹太人的圣书中，也有许多性的象征的表示，而人们对此知之甚少，因此对它的注释曾产生了诸多误解，比如"所罗门之歌"等。后来的希伯来文学，也常用房屋来代表女人，以门户作为生殖器的出入口象征，比如，丈夫会以"我发现门已经开了"来表明妻子已不是处女之意。以桌子为妇人的象征也出自希伯来文学，例如，有妻子说到丈夫，"我为他将桌子摆开，而他却把桌子掀翻了"。跛脚的孩子之所以如此，正是由于男子"把桌子掀翻了"。这些实例都出自《圣经和犹太法典中的象征》，作者是布伦的列维。

梦里，船也是代表女人，这一信仰同样被语言学家所提倡，他们认为德文"船"的原意指"泥塑的器物"，和"木桶"或"木偶"是同一字。而"火炉"象征着女人或母性的子宫，希腊的科林斯的伯里安德尔和妻子梅里莎的故事可以视为其论据。由希罗多德的注解可知，暴君伯里安德尔很爱妻子，却因妒忌将其杀害。其后，妻子的影子出现在他面前，他命令影子证明自己的身份，于是那位已故的妇女告诉伯里安德尔说，把他的包子放入了一个冷的火炉之中，这样的隐语，第三者是无法知道的。又如，克劳斯的著作《各个民族的性生活》，是研究各个民族性生活的首选，书中讲到某些德国人在为妇女接生时，说到"她的火炉已为碎片了"。生火或与烧火相关的事物都有性的象征之意，而火焰则暗喻了男性生殖器，至于火灶或火炉则是女人的子宫的象征。

假如你们由于梦中多次出现以山林风景来代表女性的生殖器而惊奇万分，那么读读神话就会了解到"地为人母"的观念在古代宗教仪式中的地位有多重要，这一象征支配着一切关于农业的观念。梦里以房间指代女人，可以在德国的俗语中发现它的源头；德语中用"妇人的房间"代表"妇人"，即人们可以居住的房子作为代表。又如，曾有"土耳其宫殿"暗指苏丹及它的政府之说，也曾有古埃及时的法老意为"大殿"的说法。在古代的东方各族，双重城门之前的宫廷经常如古希腊罗马时期的市场那般汇集着很多人。然而，这一起源的推理似乎有肤浅之嫌，我认为，房间作为女性的象征，乃由于它有"人居其中"的特征。我们已经了解房屋也有这一含义；纵观神话及诗歌，我们更加可以把市镇、城堡及炮台视为女性的象征。在今天，即使分析非德语或不会德语的人的梦，也可证实这一点。最近几年，我治疗的患者大都是外国人，在我的记忆中，他们的梦里也同样是用房子作为女子的象征，尽管他们的文字中没有德文里的"Frauenzimmer"那样的词语。另外，象征可以超越语言的界限这一主张，出自之前的梦的研究专家舒伯特先生。但是，我所有的外国患者都略通德文，因此这一问题就留待于不懂德文，只关注母语的外国患者的科学家们做出最后的宣判。

　　所有的关于男性生殖器的象征，都曾出现在笑话、俗语或诗歌里，特别是古希腊、拉丁的诗歌。我们不仅仅会在梦里呈现出这些象征，在各式各样的工具中同样也可以看到，而锄犁最为典型。男性生殖器的象征，范围广，争议更多，因此鉴于时间紧迫，存而不论即是上策。在此我仅仅想讲一下数字"三"。暂时不提，这一数目是否由于其象征意义而被视为神圣，然而众多由三部分组成的自然生物如苜蓿叶就是因其象征意义，被用作盾形的纹章或者徽章；又如，所谓"法国"三瓣百合花以及遥远的西西里岛、人岛两岛共用的奇怪徽章也不过是男性生殖器的伪装而已，因为古人相信生殖器的形象可以作为消灾避祸的强大力量，在今天一切的护身符也可视作性的象征。这种护身符大都是可悬挂的小银质饰品，比如四叶苜蓿、猪、香菇、马蹄形器物、长梯、扫烟囱等。四叶苜蓿是三叶苜蓿的替代物，就象征而言，自然是三叶最合适；猪在古时预示丰盛；香菇显然代表了阳具，有一种外形酷似阳具的香菇，因此学名为"淫根菇"；而马蹄铁的外形类似于女性的阴户；由于往往以扫烟囱比拟性交，因此扫烟囱与长梯被视为性交的象征。我们已了解梦中的长梯是性交的象征,那么"升登"一词的确含有"性"的意思,如"盯梢女人"、"年老的登徒子"等。法语中"行进"也有"年老的登徒子"之意。也许下面的事实可以证实这一联想,即大多数的动物性交的时候,雄性皆是攀附于雌性的背上。

折枝是手淫的象征,不单是由于折枝的动作酷似手淫,在神话故事里,两者的相似点也颇多。而尤其值得关注的是,掉牙或拔牙则是手淫或手淫的刑罚即阉割的象征;在传统的故事里也有同样的情景,不过做梦者不知道而已。我认为很多的民族施行的割礼就是阉割的象征。最近,更是发现了澳洲的一些原始部落举行割礼仪式以祝贺男孩子成年,邻近的其他部落却以拔牙仪式取而代之。

在这里我就用这些例子作为结束。它们都仅仅是些事例而已;假如不是如我这般一知半解的人搜集这些信息,而是真正的专家包括神话学、人类学、语言学和民族学的,搜集到的信息必然是丰富而有趣的,也使得我们更多地认识这一问题。然而,我们却必须以此定论,虽难免挂一漏万,但作为我们思考之用却是足够了。

首先要了解做梦者尽管可用象征的方式,但他却对这一象征一无所知,清醒后也不能理解的事实,不免使人惊奇,正如你清楚地知道,一个生长在波希米亚的女佣从不曾学过梵语,却忽然间发现她懂得梵语那样。自然这一事实与我们的心理学难以调和。而我们也只能认为象征的知识属于做梦者的潜意识,是附属于其潜意识的心理活动;然而即便有了这个假设,于我们似乎帮助不大。过去我们只是假设存在暂不了解或永远不了解的潜意识倾向,而现在这一问题更大了,事实是我们必须相信潜意识的知识、思想以及不同事物之间的比较,从而使得一个观念取代了另一观点。这种比拟不必每次有新材料,现成的资料随时可用;为什么呢?因为各民族语言各异却都用完全一致的比较。

这一象征的知识究竟从何处而来?语言的习惯仅仅是其中的一个支流而已。其他方面的众多的事实暂且不为做梦者知悉;所以我们首要的就是分析整理这所有的资料。

其次是这些象征的关系并非只出现在梦里面,在神话及神仙的故事里也有同样的象征，是我们已知晓的，而且也见于俗语、民歌、诗歌和散文。梦的象征只是其中的一个小支流，象征的范围极其广阔，因此我们不能以梦来研究整个的象征问题。许多的象征并非出自梦，或即使见于梦中，比例也甚微，更多的是见于别处；反过来说，有众多的象征同样是偶然出现于别处，这个我们已了解。因此，我们深感象征这一方式就是古用今废，却也仅仅是在其片断、东鳞西爪地稍微地变形而已。这不由得使我想到一个很有意思的患者的幻想，他觉得世界上一定有一种"原始的语言"，而一切的象征都是这所谓的"原始语言"的遗物。

再次，你们必然认为其他方面的象征都不以性的问题为限，然而梦的象征为何都是性的对象及性的关系的代表？这自然不易理解。我们可否假设原本是属于性的象征在后来才被移用于他处的，或者是性的方面的象征降低而成为其他方面的表示呢？显然这一问题仅依据梦的象征无从解释，我们也只能坚持认为真正的象征都与性有特殊的密切的联系。

这一点，我们要请教一位语言学家较合适，乌普萨拉的斯伯格，他的研究丝毫不受精神分析的影响，他认为在语言的起源和发展中性的需求地位极其重要。他说过，动物的进化中最早的声音就是呼唤异性伴侣的工具，经过发展，语言也成为原始人类工作时发出的声音。这种有节奏的声音在工作中能产生联想，于是工作中也充满着性的乐趣。因此，原始人类似乎是用工作取代了性的活动，从而使工作充满愉悦。他们在工作时发出的声音也因此有了双重含义，即一是与性的动作相关，另一个则与性的动作的替代物或者劳动相关。天长地久以后，性的意义和原有的用法就渐渐地从这些声音中消失了。几代以后，性的意义就有了新字来表示，而此字就移到新的工作上去，也因此出现了众多的基本字，它们在最初本属于性，后来则失去了性的意义。这一学说如果成立，至少我们用它了解梦成为可能。原本梦就保留了最原始情形的一部分，也因此梦里会有如此多的性的象征，我们也能理解为什么武器和工具是男性的象征，而木料为何代表女性了。所以，象征的关系可以看做与古字同义的遗意，比如，现在梦里的生殖器的象征在古时曾一度是与生殖器同名的事物。

进一步来讲，一切与梦的象征相平行的事实，都使得你们理解精神分析能激发普遍的兴趣，而心理学和精神病学却不如此的理由之所在；精神分析的研究与神话、语言学、民俗学和民族心理学及宗教学等许多的其他学科密切相关，它的研究结果对这些学科又提供了有价值的观点。假如你们听到精神分析学家以加强这些学科之间的关系为唯一目的而写了一本书，就不应该惊讶了。1912年初版的《初恋对象》就是我所说的这样一本书，由萨克斯和兰克编著。施多于受，是精神分析与他种学科的关系的特点。精神分析的一切重大的成果尽管因其他学科的证实而收获颇丰；然而就总体而言，精神分析为其他的科学提供了切实有效的研究方法与观点。正是精神分析对人类个体精神生活的研究，使得我们许多的生活之谜可以揭开，或者至少给这些问题的解决以希望的曙光。

而那些假设的所谓"基础语言"或者以"基础语言"为主要特点的精神病将如何更深入去理解，我还没有提及。而你们如果不了解这一点，对整个问题的真义就无法领会。由神经病人的症状及表达方式可获得神经病的资料，而精神分析则是对这些资料进行解释及治疗。

最后，让我们回到起点再把旧话重提。之前我们说过做梦者在没有梦的检查作用时，梦的分析亦是很难的，那是由于我们必须用生活的语言翻译梦的象征。至此可知象征作用是梦的伪装的又一个独立要素，与检查作用并存。检查作用很乐于使用象征方法，这是显而易见的，因为两者目的相同，都将使梦变得诡异难解。

我们在更进一步对梦加以研究以后，是否会找出促使梦伪装的其他因素，马上就可以知道了。而在结束梦的象征作用前，必然要再次提及那个怪事，即神话、宗教、艺术和语言毫无疑问都有众多的象征，而梦的象征作用却一再惹得受教育者强烈抗议。这岂不正是由于梦的象征与性的关系所引起？

第十一讲　梦的工作

诸位，假设你们已经掌握了梦的检查作用和象征作用，尽管尚未能全部了解梦的伪装，大多数的梦却是可以进行分析了。有两种方法可供你们使用，这两种方法互为补充，第一，可以引发做梦者的联想，直到从隐意的替代物中寻得原本的隐意为止；第二是以你们已有的知识补充梦的象征所代表的意义。而那些因此而产生的疑难问题，以后再作分析。

在前面我们也研究过梦的元素及其隐意的关系，而当时尚没有充分的准备，因此在这作些详细论述。我们曾举出的共四种关系：第一，部分代整体；第二，暗喻；第三，象征；第四，意象。现在可将讨论范围扩展，把梦的显意和分析所得的梦的隐意进行比较。

梦的显意和隐意，我希望你们永远不要混为一谈。如果你们可把两者辨别明晰，你们对梦的了解之深，恐怕就是《释梦》的大多数读者远不及的了。然而下面这一点有必要再次提出：即由梦的隐意变成梦的显意的过程称为梦的工作，反之，由梦的显意追溯至其隐意的历程就是梦的分析；因此说梦的分析的目的就是揭示梦的工作。对儿童的梦来说，梦是愿望的满足自然是容易理解，但梦的工作必定有活动的过程，常常是白天的愿望入梦而成为现实，视觉的意象即代替了思想。儿童的梦无须解析，而我们也仅是追溯这两个变化的经过即可。关于其他的样式的工作程序较为复杂的梦，可称之为梦的伪装加以区别。我们对于经伪装的梦，就必须作出解释以还原出梦的原来的隐藏之意。

前面我们已进行了许多种梦的解释的比较研究，现在我们就可以将梦的工作如何处理梦的隐意的信息进行详细地讲述了。但请你们亦不要抱过大的希望：必须静心聆听下面的一段话。

梦的工作第一个成果即凝缩作用。凝缩作用也就是指梦的显意其内容较隐意简单，就像是隐意的一种缩写。虽然梦有时也可能没有经过凝缩的作用，然而一般而言都会有的，而且有时候凝缩的程度很高。至于说梦的显意较隐意范围广，或者其内容比梦的隐意更丰富，那是绝无仅有的。关于梦的凝缩作用的方式，大概有以下几类：一是某一种的隐意完全消失，二是在隐意的众多思绪中，某一个片段进入了梦的显意之中；三是性质相同的一些隐意成分融为一体呈现在梦的显意之中。

如果愿意，在第三种方式的叙述时不妨保留"凝缩"二字，这类的例子不难列举。对于你们自己的梦来说，也可发现"多人合为一体"的凝缩的事例。这类融合而成的影像，外形像甲，衣服像乙，职业又像丙，你却知道他其实是丁。四人的共同特性也因此非常明显。因此，某物件或地点的混合的影像也可出现，而如果物件或地点有几个共同点以供梦的隐意使用即可。因此以这些共同属性作为核心，似乎构建了一个新的非稳定的概念。凝缩作用后的各成分相互融合，往往形成一些模糊的画面，仿佛在一张感光胶片上同时投射数个影像。

形成混合影像是梦的工作的极其重要的一个部分，我们可以证实，最初那些混合影像所需的共同特征是不存在的，都是有意而制成的，比如为一种思想选择一种特殊的语言。在之前的实例中，我们也曾见过这种凝缩或混合现象，是它们是口误形成的重要诱因。你们总该记得，那个年轻人"送辱"某女士的例子，即是"侮辱"与"护送"相混合而致的口误。一些诙谐的语言也较利于凝缩。此外，我敢说凝缩的例子并不常见。在许多的幻想中，与梦中数人合为一体的现象自然也确有很多，许多的成分其实并没有相互隶属的关系，却通过幻想合而为一，如古代神话中的半人马（半人半马的怪物）或奇异的动物或者柏克林的画作之类等。所谓"创造性"的幻想实际上并没有发明新的事物，只不过是各方面材料的重新配合罢了。梦的工作过程有这样一个特色：在梦的工作材料中，尽管有些不愉快甚至是可斥责的思想，然而，梦却赋予了这种思想以正确的表现形式。梦的工作把这些思想转变为另一种形式，然而在这个翻译为他种文字或语言的过程中所采用的竟然是一种混合法，不能不令人惊奇。在别处，翻译者总是保留了原文的所有区别，特别是大同小异的事物的差异；而梦的工作正如诙谐之语，一语双关，同时表达了两种思想，也因此将两种不同的思想凝缩而为一。对梦的这一特色我们不希望即刻了解多深刻，但它在我们对梦的工作的分析中，地位极其重要。

虽然凝缩作用使梦模糊难解，然而它却不会让我们感受到梦的检查作用那样的影响，反而会使我们认为由于机械的或经济的原因才有凝缩作用。然而，不管怎样，检查作用的影响都是存在的。

有时凝缩作用会呈现出意外惊人的成果：由两种截然不同的隐意往往混合成为一个梦的显意，所以对于梦我们似乎有了一个稍稍满意的解释，却又疏忽了其另一个可能的含义。

关于梦的显意和隐意，凝缩作用对两者的关系还有一种影响，那就是两者各元素之间关系异常复杂；由于元素间相互交错，使得一个显意的因素同时代表几个隐意的元素，一个隐意元素又可以化作数个显意的元素。解析梦的时候，我们又看到梦的某一显意元素的各种联想，大都不会依次呈现；如果我们想要它呈现，则不得不等到分析完全的梦之后。

于是，我们说梦的工作乃是用一种特殊的方式表示梦的思想，并非单个字的对照，或一个符号翻译为另一符号；亦非有规律可循的选择作用，如删去母音而保留子音，还不是某一常用的元素代替数个其他元素的代表作用。它采用的是与之迥然相异又极其复杂的方法。

"转移作用"是梦的工作的第二个成果。这里并不会出现新的问题，实属侥幸，我们了解这些都是梦的检查作用的工作。梦的转移作用有两种方式：其一，隐意中的元素不以自身的一部分来代表，而是用关系甚远的他物来替代，与暗喻较为接近；其二，梦的重心可由一重要元素移至不重要的成分，重心既已转移，那么梦就仿佛以一种异样的面孔出现了。

在清醒时我们的思想也常常用暗喻替代原意，但梦的暗喻与之有重大不同；清醒时的暗喻其意义显而易见，替代物的内容与原意关系相当。诙谐讥诮之语也常用暗喻之法，然而此时已经省去了内容的联想，以不常见的表面联想取而代之。譬如，取谐音或双关之意。这种联想仍然是大家可以理解的：假如暗喻所指代的真实意味难以领会，也就意味着失去了笑话的原意。梦里所用的暗喻，丝毫不受此类限制，它与原意的关系浅薄而又疏远，因此理解起来相当困难；一番解释之后，便会感觉到不像笑话那般，释意难免会有牵强生硬之感。只有在我们从暗喻无法回溯至梦的原意时，梦的检查作用的目的才算得上实现了。

如果我们以表达思想为目标，重心转移的方式并不是合理的，尽管我们清醒时也偶尔用这一方法收到诙谐的效果。我们可用下面的故事来解释这一点。村子里有个犯了死罪的铜匠，法庭宣判其有罪。然而村子里只有一个铜匠，裁缝却有三人，所以铜匠不会被处死，而是由一个裁缝代替他的死罪。

梦的工作的第三个成果，从心理学的观点看最为有意思，即把思想转变为影像的方法。我应该知道，在梦里并不是所有的思想都会发生这种转变，许多的思想仍然保留原形，在梦的显意中表现为思想或知识的形式；并且影像并不是思想变形的唯一可行之法。然而却是梦的重要特色，有一种情况要排除掉，即这部分的梦的工作几乎一成不变。影像成为梦的元素也是我们都熟悉的了。

显然，这种方法并不容易。对于它的困难你要了解，可以假设你们正准备说报纸上的一篇政治论文，要求尽量化文字为图画。文中所有的人、事、物描画都不难，并且可以使表达更为圆满；然而假如要求将所有的抽象文字转换成图画的形式，将指代种种思想关系的各关系词、连接词等全部转变为图画，困难即刻就会显现。对于抽象的文字，你们或许能运用其他的若干种方法，比如将文章的内容首先翻译成其他的词语，或许这些词是不常见的，然而它的"基础语言"却非常具体，具备了易于转化为影像的可能。也许你们会因此想到这样的事实，即抽象的文字原来却是很具体的，只是在发展中那个具体的原义已经消失了。因此，有了可能，你们就不免要追溯它们原有的具体含义。如"占有"某物，其最初的具体意义指"坐"于其上，这就是梦的工作的方法。就这种情形而言，我们自然不能苛求其精确地表达出来，也不可抱怨梦的工作将较难图形化的元素进行替换。例如，破坏婚约的思想可还原为他种的伤害，如断臂膀或伤腿，以此克服化字为图的难题。

一些词语如"因为"、"所以"、"然而"等表示思想之间的关系，如果你们想化文字为图形，实非易事，于是这些部分只有略去了。同样的，梦的思想的内容，也由于梦的工作转化为包含了事物与活动在内的各种"原料"。假如你们可以把一些非图画能形容的关系用更明确的影像呈现出来，或许就会满意了。同理，梦的工作凭借梦的显意的形式特色，如明晰或隐晦以及各不同部分的划分，准确地表达了绝大多数的隐意。梦的分段的多少往往与梦的主题或起伏的隐意的数目相当。一个起初简短的梦，往往成为后来长的梦的先导或起因。梦里的情境的变化，出自次要的隐意的代表。所以，梦的形式也是很重要的，其本身仍然需要进行分析。一个晚上的多个梦常常意义是一样的，它表示了做梦者努力地逐渐控制住某一不断加强的刺激干扰。对于一个单一的梦来说，特别难以理解的元素，常用"双重"象征，即一个以上的象征代表它。

如果我们继续将梦的隐意和显意相互比较，无论在哪个方面都将有意料之外的发现，即使梦里的无比荒谬的事实也各有意义；关于这一点，医学家分析梦与精神分析学家分析梦的差别较之以前更为突出。医学家认为，梦的荒谬是因为做梦时心理活动是暂时停止的；而我们的精神分析学说认为，梦的荒谬则是其把梦的隐意所包含指责"它是荒谬的"的意见宣示出来。前面的例子"去剧场看戏一个半弗洛林买三张戏票"，所宣示的意见即："结婚这么早，未免太荒谬了。"

在分析梦的时候，我们曾以发现做梦者常会怀疑一个元素是否入梦或入梦的是否确实是这一元素而非别的元素。一般来说，这些与怀疑相当的事物在隐意并不存在；怀疑完全由检查作用引发的，这是压抑并不完全成功而致。

在研究中我们最为惊人的发现之一，是梦的工作对梦的隐意中相反观念的处理方法。前面我们已经了解到，梦的隐意中各种共同成分在显意中凝缩为一。然而相反的观念也和共同的成分处理方法是一样的，尤其是常用同样的显意成分表达出来。如果显梦的成分有一正一反两面，那么它就代表了三种不同的意义：一是仅代表自身；二是代表相反的意义；三是正反两面的意义兼而有之。如何进行梦的分析，则由前后的关系来判定。因此，梦中没有"不"字的代表，有的至少也会是双关之语。

幸运的是，梦的工作的这一怪现象可在语言的发展史中发现类比的情形。大多数语言学家都主张最古的语言，比如一切互为反义的词：强弱、明暗、大小等，都用了同一语根来表示，即原始文字的两个极端。再比如古代埃及语"ken"原本就表示"强"与"弱"。在说话时，辅以不同的音调和姿势，不会引发歧义而产生误会；书写时，就会加上所说的"限制定语"，即加上图画，比如，"ken"的后面画上一人类，挺胸直立者是"强"，而屈膝下跪的就是"弱"的意思。只不过以后的各代，逐渐采用语言要素的微小变化来表示同一原始文字的相反的两种不同的意义。所以，原义"强"与"弱"兼而有之的"ken"就演变成为"强"者（ken），"弱"者为"kan"两个字了。这不仅是古老的语言中的现象，近现代亦是如此，或者是另一种情形，即如今的通用语言发展到最近期间，仍保留着众多早期的两歧之字。请看C.阿贝尔列举的几个实例：

拉丁语中有以下的两歧字：

altus的意义是"高或深"，sacer的意思是"神圣或邪恶"，它们的语根慢慢转变。其实例如下：

clamare = 高呼；clam = 静静地，默然，秘密地；siccus = 干燥；succus = 液汁。

而在德语里，则是stimme表示"声音"，而用"stumm"表示"哑"。

假如把意义相近的词语进行类比，那么这样的实例将会非常多。比如：

英文：lock = 关闭；而德文：Loch = 洞，穴，Lücke = 裂缝，沟。

英文：cleave = 分离，德文中：kleben = 黏着、附着。

英文中的"without"最初兼有正反两种含义，而现在只用来表示否定。然而"with"，不但有"在一起"的意义，还有"剥夺"的意思。我们只需观察"withdraw"（取消）、"withhold"（阻止）等词语，便可明白。

梦的工作的其他特点也可以在语言发展中得以证实。在古代埃及以及后来的语言中，以音的位置变换，一前一后，来形成不同的字，然而所表示的基本观念并没有变。相同的基本观念，在英文与德文中，平行的例子，如下所示：

Topfpot – pot（锅）；Boat – tub（桶）；

Hurry（匆忙）– Ruhe rest（休息）；

Balkenbeam（横梁）– Klobenclub（棍）；

wait – tuwcntoWait（等待）。

以下是拉丁文和德文平行的例子：

capere – packen（toseize）（捉住）；

ren – Niere（kidney）（肾）。

梦的工作转换单字音节的方式有很多种，包括我们早已很熟悉的有意义的倒置或者是反义字的互相替代。此外，梦中还有情境的倒置以及亲属关系的倒置，就像进入了一个荒诞奇妙的世界。在梦中常常是兔子在追赶着猎人。事件的先后顺序也发生了颠倒。因此，梦中的情形大多是先有果而后有因，这使我们想起了在三流剧院中上演的故事，主角开始便倒地死去，然后才是从两边射来的枪声。有时候，梦里的元素的位置全部倒置，因此我们在分析梦时，要把整个的顺序还原，才有意义。你们该记得，梦的象征作用也会出现这一现象的，如落水和出水都是分娩或生产的象征，意义相同的还有下梯与上梯。表示隐意的形式没有限制，如此对梦的伪装更加有利。

我们可用"最原始"称呼梦的工作的这些特点。它们所依据的是语言文字，其表达方式是古代的表现体系，它们的难解并不输于原始的语言，我们将在后文对这一点加以详述。

现在我们要对这一问题的其他方面展开讨论。显然地，把隐意转换为知觉的形式，特别是视觉影像，就是梦的工作的最终目的。我们的思想原本就是这样的表现形式。它们的"原料"和最初的发展阶段就是感觉的印象，更准确地说是一些感觉印象的"记忆画面"，然后才出现了以这种图画为基础的文字表述，相互连贯以形成思想。因此，梦的工作致使我们的思想产生一种倒退的作用，返回到其发展经历过的老路上；而在这个倒退的历程中，记忆的画面升华为思想时的那些所有新生事物都随之消失了。

梦的工作的意义即在于此，理解了梦的工作的进程以后，我们将会把对显梦的兴趣放置在次要的位置上。由于显梦是我们梦里唯一的直接知觉部分，因此我仍想在此对显梦加以概述。

很明显，显梦已不再是我们眼中最为重要的对象，无论它是慎重地组合而成，或者分裂而形成一系列不相干的图画，对我们都没意义了。虽然梦的表象也很有意义，但我们已了解到这些表象是由梦的伪装所形成的，与梦的内容并无必然联系，就如意大利教堂的大门，由此并不足以获知教堂的大体结构和地基的设计。偶然地，梦的表象也具有意义，清清楚楚地呈现出隐意的要素。然而，我们将不得不经过梦的分析而掌握其伪装的程度之后，方能明了这一点。有时候两种成分似乎关联密切，也可导致相似的疑惑产生；也就是说，分析这种联系，也可推断出隐梦中的相关成分也存在相似的联系，但我们深知在隐念中的相关成分呈现于梦中的情形却是相距甚远。

一般而言，我们不能以梦的显意的一个部分去解释其他部分，就好像梦是前后连续，表里如一那样。大多数的梦的构造与粘石相比并无不同，用水泥将各式的石块粘在一起，使其表面的界线与内部各石块原有的界线并不相同。我们以"二度润饰作用"命名梦的工作的这种机制，它的目的在于把梦的工作的直接成果融合而成为一个贯通的整体；润饰作用往往使得梦的原料排列成与隐意大相违背的顺序，为实现这一目标，交错穿插无所不用其极。

但是，我们不要把梦的工作的可能的成就无限夸大。它的活动只有本章节所说的四类：即梦的凝缩、转移、意象和润饰。再无其他能力可言了。梦里的一切判断、批评、惊奇，以及演绎推理的表现都不产生于梦的工作，并且很少是后来对梦的回想的表达；然而，它绝大多数是隐意的片断，经由改造与梦境相合，从而侵入显梦得以表达出来。另外，梦里的会话除了极少数以外，大都不是梦的工作的创造，而是做梦者模仿或补充自己日前听到及说过的话，进入了隐意形成梦的"原料"或诱因。数的计算同样不属梦的工作，即便在显梦中有计算，大都是数目的混合，或者是名不副实的估算，再者也只能算隐意里某个计算的副本而已。正因为有了这样的情形，难怪我们由梦的工作激发的兴趣，很快就转移至隐意上来，隐意即经过一番伪装在显梦中表达出来。然而，我们从事理论的探讨，亦不能将兴趣过多转移以致用隐意替代全部的梦，把前者的评论加诸后者之身。他人因此误用了精神分析的结论，使两者混淆不清，不足为怪。我们应该了解到"梦"一词只可用于梦的工作的结果，或者是用来称呼隐意在梦的工作处理后所得到的形式。

这项工作别致而有趣；在精神世界堪称绝无仅有的。所谓的凝缩、转移，及思想转换为还原的视觉影像，都是我们的新奇发明，是我们精神分析上收获的成果。你们更能通过与梦的工作相平行的现象，进而推断出精神分析和其他科学的关系，特别是关于语言与思想发展的研究。将来你们理解了梦的工作是神经病症状的典范时，即可知这发现是何等重要了。

我们暂时仍然不能充分认识梦的分析的研究为心理学所做的新贡献。我们至少可提出两点：其一我们的研究证实了潜意识的精神活动，即梦的隐意的存在；其二梦的分析结果使得我们认识心灵的潜意识活动的范围如此广阔，确实出人意料。

现在，我们应该列举若干简短的实例来说明梦的各个特征了。

第十二讲　梦的举例及其分析

诸位，现在我对你们讲的仍然是梦的分析的片断，而不邀请你们参与长梦的解释之中，你们不要失望。也许你们认为在长时间的准备之后，总应该可以去分析一个长长的梦；或许认为我已经成功地分析了成千上万的梦以后，应该早早拿出很多好的例子来，以证实自己对梦的工作及隐意的理解。这当然不错，然而想满足你们的愿望，还是有诸多困难的。

第一，我不得不承认我们的主要任务绝对不是梦的分析工作。但是，究竟在什么样的情况下我们才分析梦呢？有时候我们或研究朋友的梦，或长期地分析自己的梦，都没有特定的目标，只是用以精神分析的训练而已。我们的主要任务是研究神经病患者的梦并实施精神分析治疗。病人的梦其材料的丰富较正常人毫不逊色，我们以治疗为目的去分析这些梦，我们只要从梦里得到有利于治疗的事物即可，其他的则不再去解释了。另一点，有许多的梦在治疗时都不能充分地去解析，对于这些源于潜意识的材料，我们尚不能全都明白，因此在治疗未能有成效之前，便没有了解梦的可能了。要想将这些加以论述，就不得不将神经病患者的所有秘密全部暴露；这对我们而言是不可能的，我们研究梦的目的只是为了神经病症的研究做准备而已。

现在，我更愿意你们主动放弃这些材料，对正常人或你们自己的梦解析一番。但是对这些梦的内容的分析却是被允许的。梦的分析若要彻底，便要打破诸多忌讳，你们了解梦常常会侵入到内心最为隐秘的部分，而这于人于己都是难以接受的。除了梦的"原料"造成的困境，如何说梦也是一种困难。做梦者自己对梦已感到惊奇，而在不相关的他人看来更觉惊心了。在精神分析的著作中,也有很多精巧而详尽的梦的分析;我所发表的精神分析实例,也说明了整个病态的发展史。关于梦的分析的最佳实例,也许首推兰克发表的对一位少女的两则有关的梦的分析。在这个事例中,梦的记载约有两页,然而却有长达七十六页的梦的分析的表述。若要详加讲述,怕是需要花掉整整一学期的时间。假如我们选择了一个冗长的、多伪装的梦,就必须进行多重分析,从如此众多的材料着手自由联想及追溯回想,曲径通幽,求得印证,如此一来,一次演讲必然不足以使我们对梦形成一个清晰完整的概念。因此,我不得不请你们少安毋躁,如果我要选取比较容易的办法,摘取几段神经病人的梦略做叙述,便可发现梦的一个个独立的特点。其中象征最显而易见,接着是梦的表象作用的退化还原程序的各种特点。下面的每个梦都值得一述,我会告诉你们其价值在哪里。

其一,一个梦只包含了两个简短的画面,做梦者的叔叔在抽烟,尽管那天是星期六。有个妇女正怀抱做梦者并加以安抚,把他当做小孩子一样。

就第一个画面来说,做梦者是犹太人,叔叔为虔诚的教徒,从不曾在安息日抽过烟,将来也绝不至于如此妄为。而第二个画面里的妇人让做梦者想到了母亲。显然,这两个画面相互关联,但它们是如何关联的呢?他曾明确表示,事实上他的叔叔绝不会出现梦里那样的行为,因此"假如"一词可立即插入梦中。"假如我的叔叔作为如此虔诚的教徒,竟然在安息日吸烟,那么我的母亲抚抱着我也就无妨了。"这个梦显然在暗示,母亲的抚抱,在安息日抽烟,都为虔诚的犹太人所严禁。你们该记得,我之前说过隐意中的所有思想,在梦的工作作用下都将消灭于无形;梦里的思想被分解成最原始的材料,梦的分析工作则是把被消灭的关系还原回来。

其二,关于梦我有许多著作问世,社会上便把我当做了梦的公共顾问,多年来,各方面都有人来信诉说他们的梦,并征询意见。他们也为我提供了丰富的材料,使梦的分析更具可能性,偶尔他们也会提出一些梦的解释,对此我自然感激万分。以下是慕尼黑的一个医学院学生的梦,从1910年开始,当属这一种类。我在此列举这个梦,是想要你们明白如果做梦者不能如实而又详细地告知,他的梦将不易于理解。我猜测你们在心中肯定认为,梦的分析最好的方法必然是翻译象征,因此宁愿不去自由联想，而我希望你们不要秉持这种谬见。

据该学生说，1910年7月13日拂晓，他有梦如下：我在杜平根骑着自行车去街上，突然跑出一只狗从后面追上来咬住我的鞋跟。我前行几步，立刻下了车子，坐在石阶上。由于狗死死咬着我的鞋跟不放，我便用力打狗赶它走。被狗咬到及这整个的经历让我很愤慨。此时对面坐着两位老太太，面带狞笑紧盯着我，我便醒了，和以前做梦一样，我慢慢清醒并明白了这个梦。

关于这个例子，象征对我们并无多少助益，可是做梦者接着告诉我们："最近我在街上见到一位女子，我很爱慕她；却苦于无从搭讪。很希望以她的狗做媒与她相识；由于我原本非常喜爱动物，了解她亦如此，心中大为所动。"他又叙述了曾多次看到争斗并巧作调解，令旁观的人皆大欢喜。我们还了解到他爱慕的那位女子常带着这条狗一同散步。然而，他的显梦之中，只见其狗而看不到那位女子。或许那狞笑着紧盯着他看的老太太即为女子化身，然而他接下来的话并不能解开这个疑惑。梦中骑着自行车仅仅是他经历的直接表达，每次遇见少女带领她的狗时，他都骑着自行车。

其三，在我们失去心爱的人后，一段时间里经常会做一种特殊的梦，梦里将其死亡的事实与自己要他复活的愿望互相调和。有时候是梦到死者，虽死犹生。做梦者没有他已死的自觉，像是在自己接受以后，他才能真正死去；有时他像是半死半活，在生与死的夹缝里游荡，每个梦境都有特殊的标志。我们不能说这些梦毫无意义，因为梦和神仙故事中都承认复活的情节，神话里的死而复活往往很平常。我分析，这种梦的结果似乎有一种解释颇为合理，令死者复活的愿望易于有最新奇表现。我愿意将这些梦择其一而详述。的确这些听来很荒谬，但是其分析结果却可以印证前面所讲述的各项理论。做梦者的父亲在几年前辞世，他的梦如下：

我的父亲已死，然而他被挖了出来，面有病色，他继续活下去，我则尽力阻止他的注意。后来再梦到父亲的事，则愈梦愈远了。

我们知道的事实是他父亲已过世，然而尸体被挖掘出来却不是事实，实际上真正的问题与其后各事无关。做梦者还说道，自己送葬归来后一蛀牙开始作痛。犹太人有名格言："牙疼，即可将其拔去。"他也想这么做，于是拜访牙医，医生却说拔牙不是最好的办法，牙疼贵在忍耐。牙医又告诉他："我要在牙内放些药，杀死齿下神经，三天后你再来，我将为你取出已死的神经。"做梦者突然说："'取出'侵入梦里就成了'起葬'。"

他的话正确吗？实际上，这两件事的平行关系并非绝对；取出是针对已死的牙齿下神经而不是牙齿。由我们的经验可知，梦的工作是存在这种遗漏的。我们必须假设做梦者是由于凝缩作用，把已故的父亲与已死却还在口中的牙合而为一。难怪梦的显意如此荒诞，显然关于牙齿的所有话语都不适用于父亲。但是，父亲和牙齿间究竟哪一点相类似呢？

这种相似点必然存在着，因为做梦者又告诉我们，他知道"做梦掉牙，乃家中死人的先兆"这句俗语。

我们都清楚这俗语的解析是不对的，也许只是一种谬论而已。于是，我们可以通过梦的内容发现梦的真正意义，就不能不使人感觉到震惊。

我们没有继续追问他，但做梦者却开始详述父亲的生病、死去及他们的关系。父亲久卧病床，病人的侍奉和治疗费用使得儿子负担很重，然而他恪尽孝道毫不介意，绝没有希望父亲早死的念头。他自诩坚守犹太人的信条，不能违背犹太人的孝敬观念。他一方面用犹太人的方法治疗牙痛，另一方面又以犹太教义自律孝敬父亲，身为人子不必顾惜金钱和劳累，照顾父亲并且不会心生怨恨。假如做梦者对于生病的父亲和疼痛的牙齿感情相同，或者说，假如他希望父亲早死，更快地结束痛苦和庞大的费用，那么两者情境的相同岂不更使人信服？

我不怀疑，它的确是做梦者对久病的父亲的态度，我也相信，他为之自豪的孝顺阻止了自己的这一念头。同样的情形下，人们常难免希望生病者早死，但在表面上又文饰其词，认为"对于父亲这也是一种幸福的解放"。我希望你们特别注意的是，此时隐意上的樊篱已然塌陷。我们能相信他思想的第一部分只是暂时性的、潜意识的，只有在梦的工作的进程中，才是这样；另一方面，他对父亲的厌倦才是永久性的、潜意识的，可追溯至他的孩提时代。在父亲生病的日子里，他的这个隐意经过伪装侵入潜意识里。关于形成梦的其他"隐意"，我们更能确定这个主张。尽管梦里他并没有表示怨恨过父亲，然而做梦者在儿童时期有手淫行为，屡遭父亲的严厉禁止,青春期亦然,因此他怨恨父亲,畏惧父亲。这就是他们的父子关系,做梦者对于父亲的感情带有敬畏的色彩。这一情感特色乃源于早年手淫的管教。

现在,我们将依据"手淫情结"来分析梦的其他情节。"他面带病色"暗指了医生另外的一句话——"这里如果没有牙未免太不好看了。"同时还暗示了他在青春期过度纵欲而流露出来或害怕自己流露"病容"。在梦的显意中将病容转移至父亲身上,于是在精神上如释重负,这是梦的工作的拿手好戏之一。"他继续活下去",这一方面表示求父亲不要死的愿望,暗合了牙医的承诺——不拔牙。"我尽力地去阻止他的注意"也很巧妙指引我们用"他死了"来完成这句话,然而这一补充事实上又暗示了那一"手淫情结"。自然地,青年要尽力掩盖其性生活,不令父亲查探到。最后,我将要告诉你们的是,"牙痛"的梦往往暗示手淫以及对手淫的惩罚。

你们由此可知,这一不可解的梦,是如何由下面的三件事构建而成:第一,凝缩作用引人误入歧途;第二,完全消去隐意中的一切中心思想;第三,构造双关的替代物,表示最早起源的隐意。

其四,一些普通又直接的梦本身并没有丝毫的怪诞荒谬之处,然而却会引发我们的疑问:为什么我们会梦见这些琐碎又无聊的事情?之前我们有很多次想探讨它的原因,所以,我要引入这样的一个新例子。该例是发生在同一夜晚的三个梦,相互联系,做梦者是一位少女。

1.她正走过自己屋里的大厅,头部忽然猛撞灯架子,血流如注。在现实的经历中她从未发生过这类事情,她的解释却意味深长:"你知道,那时候我的头发可真是让人害怕。前一天,母亲对我说:'真的长此以往,我的孩子,你的头很快就会像光得像屁股了。'"由此可知,头部作为身体下部的替代物。而灯架的象征,无需做梦者说明,我们自然了解:此当属可拉长的物品,为男性生殖器的象征。所以,这个梦的真实意味是指接触阳具的身体下部流血不止。这个梦还可有其他的解释,从做梦者的进一步联想来看,这个梦与她以为月经来潮是因为与男子性交的结果的认识有关。对少女而言,这是她们对性事件的一个普遍的看法。

2.做梦者在葡萄园里发现有一个深穴,她知道这是由于树根被拔掉了的结果。对于这一点,她说:"树已经不见了。"即在她的梦里没有看到树,然而这句话却暗示了另一思想,也就是我们不要去怀疑象征的解释。这个梦与性的另外一个荒唐的认识有关——女孩与男孩本有着相同的生殖器,后来由于被阉割掉根状物,致使其形状不同。

3.做梦者在书桌的抽屉前面站立,那个抽屉她非常熟悉,一旦有人触动了抽屉,她立刻便会知晓。书桌的抽屉,当然也包括书桌的抽屉箱盒,都是女子生殖器的象征。在她的认识里,交媾或任何的其他接触后,生殖器便会留下此事的痕迹,而这是她一向所害怕的。这三个梦的重心我认为都在强调着"知道"这个观念。她记得自己孩提时对性的事件的探索,并且为自己由此所获得的知识感到骄傲。

其五,这又是象征作用的一个实例。然而,在此我要对梦前的心理加以略述。有一男子与妇人相互爱慕,一夜同眠;他说那妇人有母性的品质,每次的拥抱都会有生育孩子的念头。因此他们俩幽会,都必须设法避孕。第二天早上醒来,妇人做了这样一个梦:

大街上,她正被一个头戴红帽子的军官追赶,她竭力逃脱,甚至跑上了楼梯,而他却紧紧跟随,她气喘吁吁地跑进房间,锁紧了门。从锁眼里,她看见他流着泪坐在门外的凳子上。

显然,红帽子军官的追赶和女子气喘着上楼梯乃是交媾的象征。关于做梦者把追逐者关在了门外边,则是梦的转移作用的常见例子,事实是男子在交媾结束前立刻抽身而退。同理,她将自己悲痛的心情,转移至男子的身上,因此他在她的梦中流泪哭泣,男人的眼泪又暗示了流出的精液。

也许你们常听人说,精神分析认为所有的梦都有性的意义。而今你们总该了解这一谴责是错误的。你们已经明白了,梦所满足的愿望,则是那些最显著的需求,比如饥渴、自由等,也包括了享乐的梦、忧心的梦以及贪婪自私的梦。而你们一定要记住,精神分析的结论显示,如果梦的伪装非常明显,大都是性欲的表达,自然也略有例外。

其六,我之所以在此举出很多梦的象征的实例,实际上是有特殊用意的。我曾在第一讲里说过,要你们相信精神分析的发现,实在是很困难的工作，你们总该同意了吧。然而，精神分析的各理论之间彼此关系密切，因此相信了一点，对于你们接受整个理论的其他部分就变得容易了。也可换句话说，现在你们要是对精神分析举一个小拇指赞成，很快便会举五指了。关于过失的解释，如果你们承认它是令人满意的，在逻辑上，你们就不至于对其他的部分有所怀疑。梦的象征作用称得上是激发这一信仰的又一捷径。现在，我再告诉你们一个已经发表的梦。做梦者是社会底层的一个妇人，丈夫以打更养家。你们应该相信，这样的一位妇人是不可能听说梦的象征作用及精神分析的。你们也可由此推定我们的性的象征的解释，究竟是否可视作胡说或牵强。她的梦如下：

有人破门而入，她惊恐万分呼唤丈夫，然而此时更夫已走到教堂里，有两个游民与其同行。教堂的门前是几阶石梯，后面是一座遍布着森林的高山。她丈夫身穿铠甲，下颌蓄着黄棕色的胡子。那两个游民下身穿着口袋状的围裙，安静地跟在更夫的两旁。教堂至高山有一条小路，两旁丛生着杂草和小树，愈高愈密，至山顶就成了茂密的森林。

梦里所用的象征很容易辨认：男性生殖器的象征是三个人，而女性的生殖器则以高山、密林和教堂的风景作为象征。登阶在此则为性交的象征。梦里所描述的"高山"在解剖学中也可称"阴阜"。

其七，现在我再讲一个也可以象征作用解析的梦。尽管做梦者理论知识匮乏，却能分析梦里的一切象征。因此，这个梦更加值得注意和引证了。其梦境曲折离奇，对于梦所由起的情形，我们还缺乏明确的观念。

他好像正同自己的父亲在维也纳的公园里散步，见到一个圆形大厅，前面是所小屋，屋里有只被绑着的氢气球，看上去很松软。父亲便问儿子这氢气球有何用途；儿子对父亲的问题很奇怪，却也解释给他听。接着，他们进入一个天井，天井铺着一张很大的金属薄片。父亲撕了一大片，同时向四周看了看，担心被人发现。他对儿子说，自己只要和管理员说一声，就可直接拿走金属片。从天井下去，踩过几个石阶，即到达一个洞穴。洞穴两旁铺有皮座椅那样的软垫，洞穴底部是一个长形的平台，平台后面又是一洞穴。

下面就是做梦者自己对梦的分析："圆形大厅是我的生殖器的象征，而那只被绑着的氢气球则代表了阴茎，由于我曾嫌它软弱。"更为详尽的解释则是这样的："大圆厅常表示臀部，小孩子往往认为臀部也属于生殖器，前面的小屋代表阴囊。父亲询问儿子生殖器有何功用。显然这个情境应该倒过来，是儿子询问父亲才合理；由于实际中不曾问过这类问题，于是我们可把梦的隐意解析为一个假设的愿望：'假如我向父亲请教——'"这一隐意的结果就容易获知了。

这里不能用象征作用去分析铺着金属片的天井，却暗示出父亲的营业场所。由于儿子心怀顾虑，于是以金属片代表了父亲的真正的商品。另外，梦里的用语不曾改动只言片语，做梦者曾承袭父业，很反感他曾用不正当的手段赢利，因此，这个梦似乎要说："如果我问，他是否像欺骗顾客那样来欺骗我？"而撕下金属片则象征了营业中的欺诈，然而做梦者却有别的解释：即用于暗指手淫。我们不仅早已熟悉这一分析，而且偷偷地手淫则用相反的观念作以表述，即"我们可大胆地去做"，这恰恰在我们的意料之中。做梦者又分析说"洞穴表示了阴道，因为其四壁皆有软垫"。对我们而言，进出洞穴乃是性交的象征。

做梦者依据自己的经验还解释了洞穴底部的平台，以及平台后面的第二个洞穴。由于他曾与女子交媾，却因过于软弱难以畅所欲为，如今希望借助治疗以恢复性的能力。

其八，下面尚有两个梦，做梦者是外国人，有很明显的多妻倾向。因此这两个梦可证实一个说法，即做梦者自身将会陷身于梦中，即便是梦的显意发生了伪装作用，梦里的皮箱都是女性的象征。

1.做梦者正要长途旅行，用马车把行李送往车站。他的皮箱非常多且互相叠压。其中有两黑色皮箱似乎是商人和旅行家专用。他于是宽慰某人："那些皮箱送到车站就可以了。"

事实上，他的行李确实非常多。在接受治疗时，他又讲述了很多关于女人的故事。梦里的两个黑色皮箱表示了两个黑女子，而她们在做梦者的性的生活史上地位显要。其中一个也跟他去维也纳，由于我的建议，他发电报劝阻了她。

2.这是海关里的一幕，另一个旅行家把皮箱打开，边抽烟边毫不在意地说："箱子里可不会有违禁品。"海关人员似乎也是相信的，然而，再次检查突然发现一件严重的违禁品。旅行家妥协了："我不知道了。"梦里的旅行家代表着做梦者，海关职员却是我。对于我他本就非常坦率直爽，然而，他最近和某女人发生性关系，由于担心我认识她而决定向我隐瞒。因此，他把被人发现的羞愧之境转移至陌生人的身上，而自己便似乎未能入梦了。

其九，这还是一个象征的例子，之前我从没有列举过这一类型：

做梦者在路上遇到他妹妹与两个朋友同行，两个朋友是姐妹。他与两姐妹一一握手，却忘记与自己的妹妹握手。

事实上他已经不记得这件事了。相反，他回忆起自己曾经在某个时候对于某位女子的乳房发育缓慢很是惊讶。因此，梦里的两姐妹实际是两个乳房的象征，如果那不是自己的妹妹，恐怕要伸手抚摸了。

其十，这个例子是关于梦里的死亡的象征作用。做梦者正跨越一座很高且又非常陡峭的铁桥，有两人同行，他原本就认识这两人，醒来时却把他们的姓名忘记了。突然，两人消失了，他看见一个头戴小帽、身穿套裤，像鬼一样的男人。他询问那人是不是送电报的。那人回答："不是。"他又问他是不是马车夫。那人又说了"不是"。于是梦境继续进行。做梦者在梦里感到极其恐慌。梦醒后，他仍然在幻想中，回忆着铁桥突然断裂，自己坠落深谷。

做梦者特别强调他不认识梦里的人物，或者忘记了他们的姓名。事实是做梦者和他们关系甚密。这个例子中，做梦者是三兄弟，如果他惧怕其他两人死去，这就代表了他希望他们死去。对送电报的人这个情节，他解释说电报带来的常常是坏消息。根据他的制服，可知他似乎是位管灯的人，他能像死神毁灭生命之火那样将灯熄灭。马车夫使他联想到乌兰德歌颂卡尔王航海的诗歌，想起了大海上风浪的险恶；有两人随行，即做梦者自比诗中的卡尔王。至于铁桥他又联想到一件与新近事件相关的俗语："生命就像一座吊桥。"

十一，这也可看做死亡之梦的又一例子，一位陌生的先生给做梦者一张有黑边的卡片。

十二，另外一个梦的多个方面都将使你们感兴趣；然而，这个梦是因了做梦者的神经病状态所引起。

他在一辆停在旷野中的火车里，他觉得马上就会发生意外，必须努力逃开。于是，他穿过一个个房间见人就杀，被杀死的有司机和乘警等。

这个梦让他想起了以前，朋友给他讲了一个故事：在意大利的某条铁路线上，火车的小房间里有一个正被护送的疯子。由于出现了错误，与他同房间的还有一名普通旅客。疯子于是杀死了这位旅客。做梦者便自诩为疯子，他患有"强迫症"，总觉得应该把知晓自己秘密的人们一一杀死。后来，他又讲述了一个良好的梦因。前一天，他在剧院里看到一个女子，原本想要娶她做妻子，然而他却非常嫉妒她，于是抛弃了她。他清楚自己极易嫉妒，娶她会使自己发疯的。因此他说："虽然我认为她不可信，而我的嫉妒或许想杀死一切的竞争者。"而穿过很多房间的情节，我们已经知道，那是结婚的象征以其反义表示了一夫一妻。

他又告诉了我们下面的故事，来解释火车停在旷野中以及对出现意外的担心。

某一次，火车在车站的铁路线上突然停车，于是一位女乘客说恐怕是要出车祸，最好的办法是提起双腿。"双腿提起"的话，令他想到昔日他与梦里的女子爱意最浓的时候，曾多次到此地郊游，他又讲述了一个新观点支持下面的结论：那就是现在他娶她简直是疯了；而实际上我们了解到他至今尚存有娶她为妻的疯狂念头。

第十三讲　梦的原始的及幼稚的特点

诸位，前面我们讲由于检查作用的影响，梦的工作会把梦的隐意伪装呈现为其他形式，这一讲就由此开始。这些隐意原本就与清醒时普通的、有意识的思想是相同的，然而，其伪装后的有许多特点的新形式，让我们难以理解。我们也说过，这种呈现方式常会追溯至文化发展的最原始阶段，如象形文字、象征的关系，更有甚者是文明未开化前的蒙昧状态。我们也因此把梦的工作的这种表现称为"原始的或退化的"形式。

于是，我们也可有这样的一个推想：假如我们更深入更精准地研究梦的工作，那么就可以得到一些至今仍不甚了解的原始文化的、有价值的发现。我希望这是可行的，而时至今天尚没有人去尝试这一工作。梦的工作其回溯的时期之所以是"原始的"，有两种含义：一是个体的幼年，二指种族形成的最初。个体的幼年，也是把人类的整个发展史作一简约的重演。我相信，区分那些属于个体幼年的与根植于种族初期的潜在心理发展并非不可能。如同象征的表示，可看做是种族发展的遗留，因为它从来就是个体所习得的。

但是，这并非是梦的唯一的原始特点。据你们所得的经验，总该了解幼年时的经历很容易忘记。在记忆里，一岁至五岁、六岁或八岁的经验，与以后的经验是不同的，不曾留下相同的痕迹。或许某些个体自诩能记起幼年到现在的经验，且无所间断，但是最普遍的恰恰与之相反，记忆里幼年的经验只是一片空白。我认为，人们还没能充分注意到这件事。两岁的儿童就学会说话了，可以适应复杂的心理情境，但是话一说过就被忘记，若干年后，即便他人提及也记不得了。因此，幼年时几乎没什么经验负担，记忆力相对于以后要强一些。况且我们又不能证明记忆力是多么高等的或困难的心理过程；相反，理智程度低的人，记忆力却更加优异。

现在，我要提醒你们注意第三个特点，那就是幼年早期的经验虽经遗忘，却仍留下了一些回忆，大多形成了意象，至于被保留的缘由尚不清楚。成年人在生活中接受的各种印象，会选择性地去记忆，重要的保留而不重要的则遗忘；而由幼年保留下的记忆则不然。幼年时的记忆不必是当时的重要经验，也并非幼儿自己认为其重要，它常常是一些丑恶的、毫无意义的经历，以致我们非常奇怪，为什么如此特殊的经历偏偏被记住了。我曾以分析法来研究幼年时的遗忘及回忆的片段这一问题，却发现其结果与表象正好相反，事实是幼儿也与成人相同，记忆里只保留着重要的经验。然而，所谓的重要的经验，由于凝缩作用，尤其是转移作用的影响而被一些貌似琐碎的事物所取代，保留在记忆之中。鉴于这一原因，我把这些幼年的回忆称为"屏蔽记忆"，经彻底的分析之后可还原所有被遗忘的经验。

在进行精神分析治疗时，我们往往把幼年时的记忆空白重新填补起来，若治疗有效果，那么，我们常常可以重新唤回那些已遗忘的幼年经验，再见天日。这些印象实际上永远忘不掉，只是转化成潜意识的一部分导致其无从接触而已。但是，这些经验也自然流露于意识之外形成幻梦。因此，梦中生活可以恢复这些被屏蔽的、幼稚的经验，在精神分析的著作中，这样的例子屡见不鲜，我自己就举过一例。有一次我梦到一个人，他似乎曾于我有恩，我能清楚地看到他。他仅有一只眼睛，身材矮胖，双肩高耸；依据情形分析，我得知他是医生。幸运的是，我母亲当时仍在世，我也曾听闻，在我出生到三岁离开故乡时的那位来我们家的医生的相貌；他仅有一只眼，身体矮胖，两肩高耸；我也清楚是为何要请他前来，然而却全部遗忘了。这种将幼时遗忘的经验唤回，是梦的"原始"特点的又一表现。

这一知识与另一问题有相当的关系，只是所说的另一问题就目前而言仍是悬而未决。梦的起源本是恶念或强烈的性欲，因此梦的检查作用和伪装作用则是必然；你们总还记得这一理论带来的震惊。假如我们要分析这样的一个梦，对梦的解释本身做梦者虽不予辩解，他却一定会问这些愿望是如何侵入他心里的，而他对此事竟一无所知，意识之中的愿望却恰恰相反。我们可以坚定不移地告知：他所不愿承认的、邪恶的愿望起源于过去或不远的过去。我将证实他曾知道这些冲动，而现在却忘得一干二净了。

例如，一位妇人做过一个梦，希望当时十七岁的独生女死去。在我们的分析帮助下，她才承认自己曾有这样一个恶念。结婚不久，这对夫妇便离婚了，女儿便是来自这段不幸的婚姻。在孩子尚未出生时，她曾因夫妻吵闹，盛怒中举拳猛击腹部，想要杀死胎儿。事实上，有很多的母亲都和这位妇人一样，现在她们甚至是溺爱着孩子，然而从前并非甘愿怀孕，怀孕后也不愿胎儿长大，并且会有种种行为实现这一愿望，幸好并未带来严重的后果。因此，这一希望心爱之人死去的愿望，尽管让人惊讶，又的确是源自其过去的关系。

一个男人，曾梦见他希望心爱的长子死亡，并且承认自己有过这一恶念。他的婚姻原来并不那么幸福。因此在他的儿子还是个小婴儿时，他常希望他夭折，而他也可重获自由，随心所欲。许多类似于这种怨恨的恶念，都有相同的源头，它们都源自过去，或者是曾在意识和心理生活有相当地位的事情。或许你们会因此得出结论，假如他们的感情始终如一，那么就不会产生这样的愿望及这种梦了。我觉得你们的结论可以肯定，但我也警示你们，不能凭梦的表面意义去作论断，而要依据分析得到的意义才行。显梦里希望亲爱的人死亡或许是一种面目狰狞的伪装，其实际意义是大不相同的，或许另有他人只是以亲爱的人替代而已。

然而，这个情形将在你们心中引发另一重大的问题。你们会说：纵使这类愿望真的曾经存在，也可以通过回忆印证，但仍然不是真正的解释，它现在仅是一种存在于潜意识里的回忆而已，因为这个愿望早已克服了，它失去了情感的价值，已不可能形成足够强的刺激。因此，上述的假设证据尚不充分。是何原因竟想起那样的一个愿望呢？你们也的确有理由提出这一问题；若要索求答案，牵涉的难免太多，因此我们必须确定自己对于梦的学说的其中最重要的一点态度，设定我们的讨论范围，暂且抛开这一问题，还请谅解。现在如果可以证明这些早已克服的愿望是梦的起源的话，我们也就满足了；我们就可以继续研究其他的恶念是否同样回溯至往昔。

我们暂且以"死的愿望"为限。我们都明白，这一愿望大都源于做梦者无限膨胀的利己主义，往往是梦的主因。假如任何一个人在我们生活中成为了障碍，由于我们人类彼此间的关系极其复杂，这样的情形难免常有，于是我们便立刻在梦中把他们驱除，而不去管这个人是父母、夫妻或兄弟姐妹。这种邪恶的冲动竟为人性所固有，实在过于奇怪，因此如果没有更多的证据，我们必然不能忍受梦的这种解释是对的。然而，假如我们知道了这样的愿望源于某一段过往，便不难知道做梦者的过去某一时期，这种即便以最亲爱的人为目标的愿望和这种利己主义，也是毫不奇怪的。一个孩子在幼年时常毫不退缩地表现出赤裸的利己主义。一个孩子总是先爱自己，然后才懂得爱别人而牺牲自己。即使他爱别人也是出于自私的动机，仅仅为了满足自己的需要。只是到了后来，才有了摆脱利己主义的爱的冲动，实际上，孩子先是充满私念而后才学会了怎么爱人。

在这里，我们最好把孩子们对待兄弟姐妹与对待父母的态度加以比较。对于兄弟姐妹，小孩子不一定爱恋，也常坦率地承认；他视他们为敌人，因此仇恨他们；这一态度往往好多年如一日，直到成人或成人期以后。这时常为柔情所取代，或者常被一种比较亲爱的感情代替或掩盖。然而，敌视的态度似乎是最早开始的。孩子在两岁半到四岁时，常常对刚出生的小弟弟或小妹妹不友好，会说自己不喜欢小孩子，希望鹳鸟把它们衔回去。之后，他们一有机会就借故欺负那新生儿，甚至是想办法攻击和伤害他们，这类的事情有很多。如果年龄相近，在孩子的心理活动充分发展后，认识到视作敌人的弟妹确已存在，就只好适应了这样的情形；相反，如果年龄悬殊，大孩子或许会对新生儿非常温柔和仁慈，当做是有趣的对象或者活的玩具；假如两者年龄相隔超过了八岁，而大孩子又是女儿，则会激发其母性的保护欲。说实话，如果我们梦里出现希望兄弟姐妹死去的愿望，没什么可大惊小怪的，我们很容易就在幼年时寻到其源头，或者是如果他们至今仍一起住，那么也可以在童年后期发现起源。

育儿室里，孩子们常常会有激烈的冲突，争夺父母之爱，抢占玩具物品，甚至互相争夺屋里的空间。他们敌对的目标，可以是哥哥姐姐，也可以是弟弟妹妹。萧伯纳曾说:"一位年轻的英国小姐,如果怨恨什么人比她的母亲更厉害,那当然是她的姐姐了。"这一警语足使我们惊讶,兄弟姐妹竟成仇怨尚且使人费解,那么母女和父子之间又如何会有仇恨呢?

用儿童的眼睛来看,母女和父子的关系自然比较亲密,这也是我们所期望的:我们认为父母子女之间如果没有爱的感情,那要比缺乏兄弟姐妹之爱更罪恶。后者的爱是凡俗的,而前者的爱却被我们视作神圣的。然而通过观察日常的生活,父母与成年子女之间的感情,往往并不如社会所规定的那般理想而崇高;他们之间也暗藏着敌意,假如子女不受孝道的束缚,父母没有慈爱的观念,他们之间的敌意总有一天就爆发了。对于这种互相敌视的动因众所周知。我们都明白,同性的亲属如女儿与母亲,儿子与父亲,彼此间较易于相互疏远。女儿怨恨母亲对其意志的限制,因为母亲总拿社会的要求限制女儿性的自由;有时候母亲仍要争宠,不愿意被遗弃。而父子之间的情形则会更糟糕。儿子认为父亲正代表了他不愿承受的社会压迫,由于被父亲所限制,作为儿子才不能随心所欲,不能过早地纵情享乐,也不能享有家庭财富。假如父亲是位国王,那么儿子期盼父亲死去的愿望更为强烈。父女与母子之间似乎较难会有如此悲剧的局面,这里面只有满满的慈爱,不被任何自私的想法干扰。

也许你们会问我,讨论这些众所周知却又无人敢言的现象有什么意义呢?人们总是否认现实生活里这些事实的重要,却过分地夸大社会理想真正实现的次数。但是,相比于说风凉话,真话还是让心理学家来说更为稳妥。而这样的否认也只以实际的生活为限,至于小说、戏剧早已将这些理想彻底地摧毁,赤裸裸地呈现这种动机了。

因此,假如很多人都梦见表示排除父母,特别是排除同性的父或母的愿望,一点儿也不奇怪。我们假设这样的愿望清醒时也有,且是有意识的。如果有另一动机可提供藏身之所,比如之前所讲的第三个例子,做梦者将其本意潜伏于怜惜父亲病痛的孝顺背后。这种敌视的态度极少独占优势,常被比较温柔的情感征服,压抑不动,于是在梦里独自呈现。由于梦的隔离作用会将这一愿望放大,我们的分析则恢复其在做梦者其他生活中所应有的地位。然而,有时候这种希望亲人死去的愿望在生活中可能毫无理由，成年人在清醒时绝对不会产生这一念头。因为这种敌对的态度，特别是儿子对于父亲、女儿对于母亲皆源于幼年时期。

显然，我所说的情感竞争充满性的色彩。男孩子很早就对母亲有一种特别的柔情，把母亲当做自己的所有物，父亲则成为争夺母亲的敌人；同样，小女孩也认为母亲侵占了她的领地，干扰她对父亲的柔情。我们把这些情感称之为"俄狄浦斯情结"，据考证可知其源头甚为古老。俄狄浦斯的神话中，由儿子一方产生的两种极端的愿望：即弑父和娶母，只是其表现方式略有变化而已。原本我就不主张，"俄狄浦斯情结"完全表示了亲子间的所有关系，这些关系或许更为复杂。再说了，这一情绪有时发展，有时隐退，甚至出现了颠倒，然而儿童心理总是其中最为重要的部分；我们却总是容易忽视或毫不重视它的影响及结果。为人父母者也往往偏爱异性的孩子，因此父亲总是宠爱女儿而母亲往往更疼爱儿子；或者假如夫妻间深爱不再，那么，孩子就被视作失去的爱人的替身。子女也由此更易于产生这种"俄狄浦斯情结"。

精神分析在提出了"俄狄浦斯情结"后，并没有引起世人同情；恰恰相反，成年人对此表达了最为强烈的反对。一些人并不否认这种被忌讳的情感的存在，而他们给出的解释虽违背了事实，却也剥夺了这一情结应有的价值，结果仍然是否认的。我一直相信，它无须否认，亦无须遮掩。我们的选择只有对事实的坦然承认，因为在希腊神话中，已经由事实看到那不可避免的命运。"俄狄浦斯情结"尽管为实际生活所排斥，被放逐于稗官野史，然而耐人寻味的是，它最终在那神话故事里展现出来。兰克精心研究了这一问题，深刻论述了这一情结带给诗歌和戏剧的许多刺激，经过无限的变化、改造和伪装，具备了与梦的检查作用所引发的同样的变形。所以，一些做梦者成年时，尽管很幸运与父母没有冲突，也可出现"俄狄浦斯情结"。与这一情结密切相关的是所谓的"阉割情结"，那就是源于父亲对幼稚的性生活的威胁所引发的反应。

我们可凭这些已查明的事实，进一步研究儿童的精神活动。希望现在或随后对梦里的另一种禁忌的愿望，即过度的性欲，同样地发现它的源头。因此，我们仍需要研究儿童的性生活的成长，从而由各方面发现以下种种事实。第一，认为儿童没有性的生活或假设青年时生殖器成熟后才会出现初次的性欲的观点都是谬论，不可信。实际上，儿童早期的性生活内容就很丰富，只不过与成人眼中正常的性生活有很多不同之处。成年人所谓变态的性生活与常态相比，有以下不同之处：其一不管物种的界限，比如人兽之别；其二没有厌恶之感；其三打破亲属的界限，即乱伦；其四打破同性的界限；其五将身体的其他器官及其他部分和生殖器等视齐观。这些界限最初并不存在，是在发展和教育中逐步形成的。儿童却不受这些界限的制约，尚不懂人兽之间的差别，只是伴随着成长，才觉得高于其他动物。在生活的伊始，他对粪便也没有厌恶感，由于受了教育才产生了厌恶的情感；他在最初也不是特别注意性别，反而认为男女的生殖器构造是相同的；儿童早期的性欲及好奇心，其目标都是自己最亲近的人或自己认为最喜爱的人，如父母、兄弟、姐妹或保姆等；最后，我们在儿童身上还发现另外的特性，在以后恋爱关系到达高峰时，这种特性也可以显现出来，即他不但要追求生殖器的快感，而且认为身体的其他部分也会有同样的感觉，进而产生相似的快感，也因此具有与生殖器相同的功用。因此，我们认为孩子是"多形变态"的。纵然我们发现他们身上留下了这些冲动的痕迹，也是一方面他们较之后来的性生活并不强烈，另一方面也是由于教育马上对儿童所有性的表现抑制，以致渐渐成为一种理论。成年人往往竭力忽视这些表现，或者因误解而剥夺了其中性的意义，到最后，则是完全否定了这些事实。这些人常在育儿室训斥儿童的性活动的顽皮，但在坐到写字台旁时却又极力辩护儿童在性方面的纯洁。实际上，儿童在独自一人或被引诱时，常表现为极其变态的性的活动。这种活动被称为"小孩子的诡计""花样"，并不严加处分，这自然正确，因为不能用道德或法律来评价儿童的行为，好像他们已成人要自己完全负责那样；但确实存在着很重要的一些事实，一方面可印证其先天的倾向，另一方面可造成以后的发展；我们也由此可获得儿童的性生活及全人类的秘密。如果我们在梦的伪装背后发现这些变态的愿望，也不过表示梦在这一方面完全退化至婴儿的幼稚状态了。

关于乱伦的欲望在所有禁忌的愿望里尤其重要，即希望与父母、兄弟和姐妹交媾的欲望。你们了解人类社会如此憎恶，或者至少宣称自己如此嫌恶这种兽欲，视之为禁忌。学者们对关于乱伦的憎恶曾作过最荒诞不经的说明：一些人认为近亲的婚姻将导致种族退化，严禁乱伦乃是造物主保存物种的一种方式；另有一些人认为幼儿时面对亲属关系，便已回避了性欲。假如这些情况是事实的话，自然人类就没有乱伦的行为，当然社会也没有将此设为禁忌的必要，这不是我们能理解的了；由此严禁就足以证实确有一种强烈的欲望存在。精神分析在研究中已明确证实，儿童的性爱对象首先必然是其亲属，后来才反对这种观念，这一观念因何而起，却是无法由个体心理学而求得的。

现在，我们对儿童心理学的研究如何应用于梦的分析的结果加以总结。我们已了解到，已经遗忘的儿童的经验可以入梦，儿童的心理生活和特性如利己主义、乱伦对象选择等都可在潜意识中留存。因此，我们可由梦里回复到这种幼稚的生活时期。"潜意识乃是幼儿的心理生活"这一信念，由此得以证实，同时"人性本恶"的恼人印象也就慢慢减弱了。这一可怕的罪恶只是精神生活最初的、原始的和幼稚的部分，并且只出现于儿童时期。因为它所占比例不大，因此我们一方面不去重视，另一方面我们也不要求儿童遵守一种高级的伦理标准。因为我们的梦退化到了这一幼稚的时候，似乎是这一邪恶再次出现，但这个表象是不可信的，尽管我们对此也很惊讶；我们并没有像梦的分析假设的那样罪恶。

如果我们梦里的罪恶欲念仅仅是幼稚，或者仅是回到了原始的伦理发展之初，梦也不过是让我们在思想及情感上再次成为孩子，按理说这些罪恶的梦不应该使我们感到可耻。其实理性只占了我们心理活动的一部分，许多非理性的成分依然存在，尽管明知不合理，却仍然为这些梦而深感惭愧。我们让这些梦受到制度的检查与束缚，假如这其中的一种欲望意外地侵入了我们的意识且毫不伪装，我们认出了它，就难免恼羞成怒；而我们对于已经伪装的梦，在了解之后仍会羞愧万分。你们试想，那位高尚的妇人对于"爱情服务"的梦，尽管她不了解梦的意义，就怒斥了梦的荒唐。因此这一问题仍是悬而未决；如果我们更深入地研究邪恶的梦，那么我们或许将以其他的结论或估计来评价人性了。

我们已从所有的研究中获得两个结果，但是这两个结果也只能算是新问题或新疑点的基础。第一，梦的退化作用，既是形式的又是实质的；它不但以一种原始的表现方式呈现我们的思想，又唤回了原始的精神生活的特点，性生活的原始冲动及自我的原始支配权。第二，梦的这些原始的幼稚的特点，虽在人类发展初期曾占绝对优势，而现在只能退隐于潜意识里，改变扩展我们对于潜意识的认知。"潜意识"一词已改变其在别处表达的观念，现在乃是一种特殊的领域，有着自身的欲望、表达方式及特殊的心理运作机制。而因梦的分析产生的潜在思想并不属于这一领域；倒不如说其类似于清醒时的那种思想，尽管它们仍然属于潜意识；那么该如何解释这一矛盾呢？我们知道要在此辨别清楚十分重要。一些源于潜意识却有着意识的特征的观念，可称为前一日的"残念"，与一些源自潜意识的观念聚集而成梦，梦的工作便在这两个区域之间完成了。潜意识对这一残念的作用，或许构成了退化作用的条件。在没有进一步探索心灵奥秘之前，这就是我们对梦的性质最为深刻的认知；而我们不久便会对梦的潜意识特性赋予新的名称，以区别于因幼稚性而起源的潜意识材料。

当然我们还可有这一疑问：我们在睡眠时的心理活动，到底是因哪种力量的胁迫而出现这一退化作用的？没有这一退化作用便无法对那些会打扰睡眠地刺激吗？假如梦的检查作用使得心理活动必须伪装起来而运用古代通行而今天不可解的表达方式，那么这些今天已克服了的旧的冲动、欲望及特点为何要卷土重来呢？总而言之，这种形式上和实质上的退化作用究竟有何意义？我们也只好用这是梦的形成的唯一可行之法，来圆满地回答这一问题，就像动态的考虑引起梦的刺激，除此以外，并没有其他消除刺激的方法。但我们目前还没有充分的理由支持这个答案。

第十四讲　欲望的满足

诸位，在此有必要再次提及我们的研究经过。我们正要运用分析疗法时，便遇到了梦的伪装，我们决定暂且搁置这一问题而去研究儿童的梦，希望对梦的一般性特点能有所了解。在儿童的梦的研究已有结果后，再来研究梦的伪装，但愿我们对梦的伪装的研究已经渐有把握。然而我们必须承认，这两个方面所得的结果还没有融合连贯，因此，我们此时的工作就是将其结果融会贯通。

上述两种研究都很显著地表示了，梦的基本性质乃是将思想转换为幻觉的经验。而如何完成这个过程，则是令人惊奇的。对于这样普通心理学的问题，我们不必在此多说。通过研究儿童的梦，我们了解梦的工作的目的就是获得某种欲望的满足，排除刺激对睡眠的干扰。至于梦的伪装作用，在尚未获知如何说明之前，我们自然不能妄下断言，在开始时我们希望把梦的这些观念与儿童的梦的观念相互贯通起来。如果我知道一切梦其实就是儿童的梦，都利用了幼稚的"原料"，并且梦的特点也与儿童的心理本能冲动和心理机制相同，则我们的愿望就能达成。现在我们如果对梦的伪装作用已经有了解了，我们就要进一步追问："梦是欲望的满足"的观念是否也可解为伪装了的梦？

之前我们已经分析了众多的梦，却没有讨论过"欲望的满足"这个问题。我想我们前面分析梦的时候，你们必然多次察觉到了这个问题："梦的工作目标既然是满足欲望，那么这些梦是否已有欲望地满足了呢？"这一问题很重要，它就是那些外行的批评家经常提到的。你们知道，人类生而就对新知与创见有嫌恶的情感，其表达方式之一就是把任何的新理论无限缩小直到再无减少的范围，如有可能，还要加上一个符号。"欲望的满足"就成为了这样一个符号，用以概括我们关于梦的新理论。他们但凡听到"梦是欲望的满足"，就要问："梦里如何形成了欲望的满足呢？"他们的这一提问可算是推翻了这个观念。立刻他们便会想到自己的很多的梦，大多都感觉不愉快，甚至有时感到恐惧；由此觉得精神分析梦的学说好像不可信。其实这个疑问不难解决；伪装了的梦并不公开表现欲望满足，而要我们去寻求，因此便要等到经过分析得到梦的解释以后，才能证明它。我们也了解到，潜藏在梦的伪装背后的欲望皆为检查作用所排斥，正由于这些欲望才构成了梦的伪装作用及检查作用的动机。然而，要使外行的批评家明白这一点很难；即在梦未经解析前，我们一定不要去问梦究竟是满足了哪种欲望；他们总把这一点忘记。实际上，他们之所以不愿意接受满足欲望的观念也正是受梦的检查作用的影响，由于梦的检查作用才使得他们以质问代替真正的思想，因而否认被检查了的梦的欲望。

对我们自己而言，自然有必要解释为什么有很多内容不愉快的梦，并且我们更希望了解为什么会有"焦虑的梦"。我们在此第一次谈到了梦的情感；这一问题非常值得去研究，然而遗憾的是，现在我们不能加以讨论。假如梦是欲望的满足，不愉快的情绪自然没有可能侵入：关于这一点那些外行的批评家似乎正确。而这个问题非常复杂，其原因是他们忽视了三个方面。

第一，有时候梦的工作并不能很好地完成欲望满足的局面。所以，梦的显意中会有隐意中的部分不愉快情感。经分析可知，这些隐意的不愉快情感远比由这些隐意形成的梦更为强烈。这一点可从任一实例中得到证明。因此，我们承认这时候梦的工作已无法实现目标，正如口渴者梦见喝水并不能解渴那样。做梦者依然口渴，因此会起来找水喝。这些梦依然留有梦的特征，不失为适当的梦。我们不得不说"尽管力量有限，仍不失为欲望满足"。不管怎样，明晰可辨的意向使之仍然值得赞美。梦的工作失败的例子也不在少数；而失败的原因在于，其一梦的工作较长于事实的改造，而苦于产生满足需求的情感转换；情感常常是非常倔强的。因此，梦的工作运行时不愉快的隐意内容转化为欲望的满足，而不愉快的情感依然不变。于是情感与内容不相协调，批评家抓住时机指责梦根本不能满足欲望，并且无害的内容却常伴随着不愉快。关于这些并不明智的批评，我们说正是这样的梦里，其满足欲望的意向才最显而易见。正是在这样的梦里这种倾向才呈现为分离的状态。他们的批评是不正确的，因为他们根本不了解神经病患者，认为内容和情感的关系要比实际存在的关系还要密切；因此他们无法理解内容发生了改变，而伴随的情感竟然始终如一。

第二，这一点尤为重要，却同样被一般人所忽视。欲望的满足本可心生愉悦，然而我们要问："究竟什么样的人心生愉悦？"当然是有此欲望的人感到快乐。我们却了解到做梦者对于其欲望的态度极其特殊：排斥、指责这些欲望，更有甚者不愿意有这些欲望。因此，这些欲望的满足反而使其不快。由经验可知这样的不快尽管有待于分析说明，但却是焦虑形成的主要原因。以其欲望观之，做梦者就像由于某些共同的要点拼在一起的两个人。我不愿意继续引申这一问题，只想告诉你们一个很有名的神话故事。你们在故事里便能发现所讲的这些关系。一个心怀慈悲的神仙答应一位穷人和他的妻子，满足其前三个愿望。他们非常高兴，选择愿望时极其谨慎。闻到邻居烧烤腊肠的妻子愿有两根腊肠，心念一动，腊肠出现面前，第一个愿望得到了满足。丈夫不以为然很生气，于是他愿这两根腊肠挂在妻子的鼻子上，第二个愿望也满足了，腊肠就挂在妻子的鼻子上无法移动；然而对于丈夫的愿望妻子却非常痛苦。故事的结局你们可想而知，毕竟他们是夫妻，那么他们的第三个欲望就使腊肠离开妻子的鼻子。也许我们会用这则神话来比喻别的事情；在此我只想说明一个事实：即一个人欲望的满足，可使另一个人很不高兴，除非两个人心意完全相同。

如此对于"焦虑的梦"我们就较容易解释得更为圆满了。此外仍要顾及一点，之后方可采用被许多观念所拥护的假说。那就是——焦虑的梦其内容常常少有伪装；似乎躲开了检查作用的注意。这些梦往往表露出赤裸裸的欲望的满足，然而做梦者却不承认这个欲望，他已是完全排斥它了；因此焦虑就乘虚而入，对检查作用取而代之。儿童的梦是欲望的公开满足且为做梦者所承认，一般的伪装的梦是被压抑的欲望的隐形满足，而焦虑的梦的方程式则为压抑的欲望的公开满足。因此，焦虑表明了被压抑的欲望力量何其大，梦的检查作用已无法制服，虽有检查作用的干扰，仍然求得了或几乎求得了欲望的满足。我们以检查者的立场来看，知道了被压抑欲望的满足会使做梦者的情绪发生不愉快，进而激起抵抗。因此，在梦里表现为焦虑，这是由当时不能抑制欲望的力量所引发的。这个抵抗成为焦虑的原因，仅由对梦的研究，我们是不能完全获悉的，很明显，我们也要从其他方面进行讨论。

没有伪装的焦虑的梦所适用的假说，也可用来分析那些只经过少许伪装的梦以及其他原因引起的不快或焦虑相当的梦。大致上说，我们常被焦虑的梦所惊醒；在梦的背后被压抑的欲望不能克服检查作用以获得完全满足前，我们常常就惊醒了。关于这些梦，尽管其原有的目标并未实现，却不因此而改变它的主要性质。曾经我们把梦视为睡眠的保护者，其目的是保护其免受干扰。这个保护者的能力显然不足够独自抵御干扰或危险，因此不得不和梦一样唤醒睡眠的人；然而有的时候，我们尽管在梦里深感不安、焦虑，却依然酣睡。我们会在睡眠里自我安慰："这只是一个梦而已。"所以就由它去，从而再次入眠。

或许你们会问，梦的欲望什么时候才可以克服检查作用。这要依据欲望大小和检查作用两者而定；欲望的力量可因某些理由而变得非常强大；而据我们的印象可知，两者在势均力敌时，检查作用的态度往往是发生变化的原因。我们已经了解检查作用的严厉态度不尽相同，而根据不同的梦的成分随时改变强度；我们现在再加上一句，检查作用的一般行为很不确定，对于同一成分其严厉的程度也常有不同。假如检查作用突然力不从心难与一种欲望抗争，它将抛开伪装，而采用最后的办法，即激起做梦者的焦虑使其惊醒。

为什么这些邪恶的、被排斥的欲望偏偏要在夜间骚扰我们安睡呢？尽管我们对此很奇怪，却还不能解释它。回答这一问题，我们只能利用另外一种基于睡眠的性质上的假说。白天，检查作用的强大力量抑制了这些欲望，使其不可能侵入到意识之内。然而，夜间的检查作用或许因睡眠而松懈，或者至少是力量大大削弱了，正如精神生活的其他作用一样。既然检查作用松懈下来了，而被压制的欲望伺机而动。一些有失眠症的神经病患者认为其最初的失眠是自动的；也就是他们因为担心做梦而不敢入睡，即他们对检查作用松懈导致的结果感到恐惧。你们很容易了解，检查作用的减弱本无大碍，睡眠就降低了各项活动的机能；因此邪恶的念头即使此时伺机而动，至多也只能形成梦，事实上无丝毫的妨碍。正因为如此，做梦者才可以在夜晚安慰自己："这只是个梦罢了。"且由它吧，继续入睡。

　　第三，你们该记得做梦者驳斥自己的欲望时，就如两个不同的人由于密切的关系而拼凑到一起；于是你们就明白还有一种情况可使欲望的满足同时引发不愉快的事情：那就是惩罚。我们再借用上次说的那则神话故事来解释这个问题。前面盘子里的腊肠是第一个人即妻子的欲望的直接满足；鼻子上挂着的腊肠乃是第二个人即丈夫的欲望的满足，同时这也是对妻子的愚蠢欲望的惩罚。在神经病的病例中，我们也会发现与这则神话里第三个欲望类似的欲望。在人类的精神生活中，这样的惩罚倾向相当多，且都非常强大，被视为某些痛苦的梦的主因。现在你们也许认为对于这些梦而言，所谓"欲望的满足"其实并无满足可讲。但仔细分析，你们的结论是不正确的。现在，我们暂且把梦视为什么内容的各种可能性放到以后再作讨论比较，那么欲望的满足、焦虑的满足及惩罚的满足等，这些说法其意义当然是非常狭隘的。但是，原本焦虑就是欲望的反面，反面与正面又极易于形成联想，我们已知二者在潜意识之内为同一物，并且惩罚本身就可看做一种欲望的满足，不过它满足的乃是检查作用的欲望而已。

　　所以大致说来，你们尽管反对"欲望的满足"这一理论，而我却从未妥协；对于这个工作我们向来不愿意推诿：即要证实每个经伪装的梦里存在着欲望的满足。现在，让我们回过头来分析前面曾经解释过的一个梦，即一个半弗洛林买到三张坏座位戏票的梦，我们也因此获悉了许多的梦的知识。希望你们记住它。那位太太某一天听丈夫说，年龄小他三岁的好友爱丽丝订婚了，当晚她就梦见和丈夫一起去看戏，剧场一边的座位几乎都是空着的。丈夫告诉她，爱丽丝与未婚夫原本要来的，最终没到的原因是他们不愿意用一个半弗洛林去买三张坏座位的戏票。她说这对他来说，并没有什么损失，反而是捡了便宜呢。我们了解到她在梦的隐意里对丈夫不满,后悔自己太早结婚了。我们可能感到奇怪,她的悔恨的思想是怎样变成了欲望的满足呢?在梦的显意里又如何表露诸多的蛛丝马迹?我们已知"太早了""太匆忙了"等词因检查作用而隐形了;此时剧场里的座位就成为这一元素的暗示。"一个半弗洛林买三张坏座位的戏票"这句话本来模糊不清;然而在我们了解象征作用后,很容易知道"三"实际上是男子的代表,因此显然梦的这一显意可翻译为:"用嫁妆买一个男子做丈夫","如此丰厚的嫁妆应当买一个十倍好的男子"。"去剧院"显然是结婚的象征。"票买早了"暗示着结婚太早了。这一替代的过程便是欲望满足的工作。做梦者尽管不满意自己结婚太早,然而并不总像听到女友订婚的那天强烈。她曾经夸耀自己的婚姻要比女友更幸福。我们也常听到年轻的女子在订婚的日子来临时,由于可以去看以前不被允许看的各种戏剧而充满喜悦。

毫无疑问,好奇心的表现和"偷窥"的欲望源于对性的"偷窃冲动",特别是关于父母的更甚,这一冲动乃是促成子女早婚的强大的动机;所以,去剧院自然就成为了结婚的替代物。现在她既因结婚太早而悔恨,于是她便回想结婚同样满足了自己的"偷窥冲动"的情形,在这个原始的欲望的支配下,以到剧院去的念头去代替结婚的念头。

或许你们认为,刚才的例子似乎不容易解释潜在的欲望的满足;实际上,对于任何一个伪装的梦,我们都不得不进行如此曲折迂回的解释。我们不能在此详加讨论,我们只能声明这种研究方法肯定是卓有成就的。而从理论上看,我非常愿意这一点有更深入的探讨;根据经验,我们可知这是梦的整个理论中最容易引发矛盾和误解的一个观点。并且你们也许由于我说过梦可是欲望的满足,也可成为欲望满足的反面,比如焦虑或者惩罚,你们可能觉得我撤回了一部分的学说;你们或许觉得这也是一个良机,可以迫使我作更多的让步。同时又有人斥责我把自己采用的事实表述得过于简略,以致不能使人信服。

你们已将梦的分析的研究进行至此,接受我们的理论也到达了这样的程度,然而关于"欲望的满足"这一问题,仍难免感到困惑,会问:我们承认了每个梦都有其意义,而精神分析法可研究发现梦的意义,然而我们为何对一切反面的证据都予以否认,却勉强地把这一意义置于欲望的满足的公式之中呢?为什么黑夜里我们的思想不像白天那样多彩多姿呢?同一个梦为何不会有时是一种欲望的满足,而有时又是欲望的满足的反面,比如惊恐,有时还会成为一种决心、警告,一种问题的正反两面,或者是一种谴责、一种良心的痛苦,又或者是对某事业的一种预备,再或者其他?为什么硬把它说成一种欲望,或者充其量不过说是欲望的反面呢?

或许我们能这么说,若是赞同了其他任何一点,而只一个点保持异议,则是无关紧要的。既然我们已知道了梦的意义及分析其意义的方法,岂不是可以满足了?假如我们要过分地限制了梦的意义,那么我们过去所取得的成就都要付之流水了。但这个方法显然不正确。由于对这一问题的误解和我们关于梦的知识关系非常重要,这一问题的结果将会威胁到这种知识对神经病的了解上的价值。还有一点,"屈己从人"对于处世是有价值的,而对于科学却是有害无益的。

为什么梦的意义不是多方面的?这一问题的第一个答案是很普通的,即我们不知道为什么如此,我们也不反对其果真如此。对于我,它们也未必不能如此。然而,这个很宽泛的梦的概念却存在着一个很小的障碍,其实梦的意义并不是多方面的。我的第二个回答将着重于一点:即梦代表了思想及理智作用的多种假设,我认为这绝不是一种虚幻的观念。某次我对一种病的病理发展史进行研究,记载过一个持续三夜尔后不再出现的梦。根据我当时的解释,这个梦表示了一个决心,当决心成为了事实,做梦便已没有必要了。之后,我又发表了一个梦,分析认为它是表达了一种忏悔的。而今我为何会自相矛盾,总说梦只是欲望的满足呢?

我宁愿自相矛盾,也不去承认一个愚蠢的歪曲,这个歪曲或许会使我们丧失掉梦的研究的一切成果;并且会把梦的显意与其隐意混为一谈,觉得梦的隐意是这样,那么梦的显意必定亦然。的确梦可以表示或还原成上述所说的诸多思想表现,比如决心、警告、反省以及行为的准备和计划等。然而,如果你们观察足够用心,就能知道这些都只是转换为梦的各种隐意。依据梦的分析的经验,你们能了解人们的潜意识进程有很多这样的决心、准备和反省,经梦的工作成为了梦境的"原料"。不管何时,你们的兴趣都要集中于人们的潜意识历程，而不是梦的工作，你们就可以对梦的构成材料弃之不理，而称梦的本身即可代表一种警告，一个决心或别的东西，实际上也未尝不如此。精神分析的研究也常使用它：大致说来，我们仅仅追求打破梦的表现形式，并以梦所由起的相当的隐意取而代之。

所以，在我们对梦的隐意加以讨论时，无意之中了解到我们方才所讲的高级而复杂的心理活动都可在潜意识里完成，这是一个既使人震惊，同时又令人惶恐的结论。

但现在我们要言归正传：你们认为梦代表了种种思想的表现方式，假如你们把这句话替换成更简略的表达方式，不用这些思想方式作为梦的主要性质，自然就非常正确。在说到一个梦时，你们所指的或者梦的显意即梦的工作的结果，或者指梦的工作自身，即梦的隐意转换为显梦的心理路程。如果你们认为还有其他的意义，都是要使思想混乱、谬误立见的。假如你们想说的是梦的隐意，就要表达清楚，莫要用词模糊而增强问题的隐晦性。梦的隐意是梦的工作形成显梦而用的材料。你们为何偏偏把材料与制造材料的方法混淆起来呢？一些人只了解梦的工作的最终产物即显梦，却无法解释它的由来，即梦的起源和造梦的历程，即梦的工作。假如你们无从辨别显梦与隐意，你们的过失与他们是相同的。

梦本身的唯一要点，就是指处理思想原料的梦的工作，说到理论方面，我们并没有权利忽略此事，尽管在一些现实的情形之下，其未必不被忽略。另外，由分析的观察显示，梦的工作一向不只是把隐意翻译成之前所说的原始的、退化的表现形式。相反，总会存在"虽不属于白天的隐意，而实际上却成了形成梦的动机"的事物附在上面，这便是潜意识的欲望，一个不可或缺的元素；梦的内容的改造即是为了这一欲望的满足。因此，你们若是只讨论梦表示了思想，那么梦即可为任一事物：一种警告、决心或一种准备，等等。然而，除此以外，梦本身也往往是一种潜意识欲望的满足；假如你们认为梦只是梦的工作的产物，抛开欲望的满足就不再有其他意义。因此，梦必然不仅为一种决心、警告的表达；而且决心或别的什么，梦里常利用潜意识的欲望退化成最原始的形式，而翻译的结果就是该欲望的满足。总的来说，梦的主要性质乃是欲望的满足这一特性，其他的则可有可无。

　　这一切我都很了然，只是不知道你们是否也已了然。要证实这一点并不容易；一方面需要证据，而且证据就要对诸多的梦慎重分析之后方可求得；另一方面，对于梦的概念的最重要的一点，只有与其他现象连带着讨论方能使人信服，然而这些讨论暂且留待于未来。如果你们了解这些现象之间的关系如何密切，你们就可知这一现象有什么样的性质，如果没有研究，就无法知道这另一现象的性质。由于我们尚不了解与梦的现象相类似的神经病的症候，因此不得不暂时把了解的那部分看做为满足，现在要再列举一例，以此予以一种新推论。

　　我们仍然再次列举已讨论过几次的"一个半弗洛林买三张戏票"的梦为例子，坦白地讲，之所以选择这个实例，并没有什么特别的原因。我们已经了解到这个梦的隐意是：做梦者听到她的朋友刚订婚，即已深深后悔自己结婚过早了，认为如果自己能耐心等待，或者会嫁一个更好的丈夫。所以，她有些看不起现在的丈夫。我们还知道这些梦的隐意促成一种梦的欲望，即一种"偷窥冲动"，想因此可以自由地去看戏，这是一种好奇于结婚后有什么结果的原始冲动的产物。我们知道小孩子的这一好奇心常把父母的性生活作为目标；即这是一种幼儿时的冲动，成年人如果出现这类冲动，那么其必定源于婴儿时期。但是，做梦的前一天听到的消息并不能引起"偷窥冲动"而引发了其懊悔及怨恨之情。这一偷窥欲在最初与梦的隐意并无直接的连带关系，因此，分析时即使排除了偷窥欲，也可获得梦的解释。但是，懊悔不可能由自身形成梦：后悔结婚太早的失策，也不足成梦，然而由于这一思想引发从前要看结婚后有何结果的欲望。这一欲望于是成了梦的内容，而结婚则以去剧院看戏来代替；关于其形式乃是早期欲望的满足："现在可以去戏院看之前被禁止看的戏剧了，然而你却不能，因为我已结婚了，你仍然要等。"如此，现实的情境恰恰成为其反面，以前的胜利又代替了最近的懊悔；结果就是同时满足了偷窥欲和自我夸耀。后者的满足决定了梦的显意；即显梦：做梦者在剧院中端坐，她的朋友却无法看戏。梦的其他部分实际上也是为这一欲望的满足，在此略去。梦的背后仍隐藏着梦的隐意。梦的分析的任务就是寻求背后潜藏的痛苦的隐意，而略去其代表了欲望的满足的部分。

　　上述一大段话的目的也只是请你们注意梦的这些隐意。其一，你们要记得做梦者对于梦的隐意一无所知；其二，这些隐意都十分合理并且相互关联，因此可看做对于引起梦的任何刺激的应有的反应。其三，梦的隐意的价值和任何心理的冲动及理智的活动相当。我们想赋予隐意一个较之前更有限制意义的名称，称之为前一天的"残念"，做梦者对于此既可承认，亦可否认。所以，我可由"残念"和隐意之间形成一种差别，但凡梦的分析所发现的一切皆称作梦的隐意。也正是我们之前所沿用的；"前一天的残念"仅是隐意的一部分。因此，我们可将梦时的经过记述如下："前一天的残念"以外，仍然存在一种强大的却被压抑的潜意识欲望的冲动，正由于这样的冲动使得梦有了形成的可能。因此，这一欲望的冲动影响着所谓的"残念"，而隐意中的其他部分，也就是非清醒时所能理解的部分也就随之而成了。

　　我曾用一个比喻来解释残念与潜意识的欲望之间的关系，现在再次重复于此。每一种企业，总有一个资本家支付其费用，一个计划专家负责设计，并且了解如何实现计划。对于梦的结构来说，资本家往往是潜意识的欲望，为形成梦提供着精神能量的必备资源；而计划家则是为"前一天的残念"决定了能量消耗的方式而已。资本家自身原可兼具计划及所需的知识，计划家自己也可以说资本雄厚。这都能使情境化繁为简，却提高其在理论上的难度；对经济学而言，同是一个人，关于资本家的功能或计划家的能力常进行区分，辨明了差异之后，我们的比喻才有充分依据。梦的形成亦有类似的变化：暂且不说，任由你们去想吧。

　　这一问题至此将不能继续下去了，我觉得你们也许早有疑问在心中了，现在似乎恰逢其时要马上提出了。问道："所谓的'残念'是潜意识的，与梦的形成要有潜意识的欲望果然是相同的吗？"这个问题当然不错：这是全部事件中的最重要一点。两者皆为潜意识的，其意义却是不相同的。梦的欲望是另一种形式的潜意识，如果能用名称以作区分，自然是非常便利的。但是我们却宁愿掌握了神经病的现象后再做研究。假如潜意识的概念已令某些人异想天开，现在我们要断定潜意识共有两种，人们更要大惊小怪了。

　　所以，我们暂且以此结束。你们又一次听到了未完成的话；然而我们正可以希望这方面的知识因我们的努力或别人的研究从而更上一层楼，并且我们已经获得的知识就已足够令人称奇，以至于使人惊讶不已了。

第十五讲　几点疑问与批判的观察

诸位，我们在对梦的讨论结束前，有必要对这一新学说所引起的最普遍的疑问点进行论述。你们在认真听了我的几次演讲后，大概会有下面的各种疑问和批判。

其一，或许你们认为，我们进行梦的分析，即便坚持一贯的技术，而在面临两种暧昧的歧义时却无从决定何去何从。因此，将梦翻译为隐念是很不正确的。第一，你们必然会认为根本无从揣摩梦中的某一元素是取其表面的意义，还是取其象征意义，因为被用为象征后的事物，仍然为原来的事物。断定这一问题如果没有客观证据，那么梦的分析就随意地去解释梦的某一特点了。第二，相反的两种事物在梦的工作中却可合而为一，因此对于每个例子而言，对某一梦的某个元素又很难断定采用正面之义或反面之义，如此便是给了释梦者随意取舍的机会。第三，梦中屡屡出现倒置的现象，此时梦的分析也可假设有无了。第四，或许你们也曾听说，谁也无法断定一个已有的解释是不是唯一可能的解释，并且谁也难免忽略其他可接受的解释的可能。这些情境中，你们会认为梦的分析既然可自由取舍，那么其结果则是客观不可信的。你们也许更加认为是由于我们的概念及前提是有错误的，而不是梦本身的错，因此，我们对梦的分析就无法使人满意。

当然，你们说的话是不可否认的，但是我认为它却不足以证明下面的两个结论：一是我们对梦的分析可任意取舍；二是结果不完满，连累了研究的过程也难免不正确。假如你们不去指责释梦者的随意取舍，而指责其技术、经验和理解，那么我和你们就是一致的了。这样的个人因素自是在所难免，尤其是在解析极其困难的问题的时候。即便是其他各类科学的研究也都是如此；同样的一种技术，一个人在应用时或较优于他人，或较劣于他人，乃无奈之事。比如对象征的解释，看似武断，然而如果你们考虑了梦的隐念的相互关系，做梦者与梦甚至和做梦时的整个心情的关系，只允许我们有一种解释，其他全部无效，如此你们便能够纠正先前的错误印象了。你们将认为解释的不完满是因为假设的谬误，然而如果你们了解两歧性本就是梦的性质，那么你们的结论就失去了力量。

  你们要记住，我曾经说过梦的工作乃是将梦的隐念转换为类似于象形文字的原始的表现方式。而这种原始的表达都免不了两歧性与不确定性；但是，我们并不能因此去怀疑它们实际的应用价值。又比如，相反的字在梦的工作时合而为一，不正与古老文字里的"原始语言"意义相似吗？这是你们已经了解的。这是语言学家阿贝尔氏提供给我们的，他在其著作中论述古代人们尽管用双关语互相通话，却不会引起误会。说话人心中所表达的究竟是反或是正，皆能以说话时的声调姿势以及前后之间的联系猜测得知。而写字是区分不了姿势的，于是以小图画取而代之，如象形文字里，ken这个字，附图里若是屈膝者，为"弱"义，若为直立者，其义为"强"。所以，虽然字音与字符皆为双关之语，却不至于使人误解。

  在最古老的语言里，常有各种不确定的意义，现代文字里却不再有这一现象。如犹太文字，它大多保留子音而略去母音，须由读者依据所知及上下文联系加以补充。象形文字的原则也是大同小异；于是埃及的文字发音便无法揣测。在埃及的那些神圣著作里，尚有多种的不确定性：如关于图画，究竟是由右向左或由左向右来读，都是作者任意决定的，须参照图中的人脸、小鸟或其他的方向才能读懂。作者也可随意把图画排成直行，若要在较小的物品上面题词，作者更加能依自己的喜好及物品的地位，变化符号排列的顺序。文字与文字之间没有空间，是埃及文字的一个最使人怀疑的特点。各页面上的图画间隔距离相同，使我们很难判断一个符号是前字的结尾还是后字的起笔。波斯的楔形文字正与之相反，两字之间就以一条斜线作为间隔符号。

  中国的语言和文字最为古老，而至今仍然为四亿人通用，但是你们不要认为我懂中文，我不过是了解一些中文的知识而已，是因为我希望从中文里寻到与梦类似的各种不确定性；我没有失望，中文里的确有各种不确定性，其情形足令人惊骇。你们知道中文有各种用以表示音节的音，单音或复音。某种方言共四百多个音节，四千个字左右，可知其中每个音平均约有十几种不同的意义，有的多些，有的少些。于是为了避免理解错误，想出了各种方法，那是由于凭上下文不足以判断说话者要传达的是什么。在这些方法里，有一种是两字合为一字，有一种是运用"四声"的变化。为了比较研究的便利，我们要讲一个很有意思的事实，那就是中文在实际上是没有文法的：很难确定这些单音节究竟是名词、动词还是形容词，词语的结尾也没有变化，来表示性、数、格、时或式等。或者我们可以说这种语言所有的只是"原料"，正如我们用来表达思想的语言，在梦的工作的作用之下还原为原料，并不表示这些相互的关系。中文里但凡出现不确定的地方，听话者便会根据上下文就自己的意思进行裁决。例如，中国有句俗语"少见多怪"，它的意思很容易理解。可翻译为："一个人见识越少，那么其所怪越多。"也可译成："见识少的人便难免多有惊异。"这两种翻译在文法结构上略有差别，当然我们也不必对这两者进行选择。但是中文尽管有种种的不确定性，却不失为一种很便利的传达思想的工具，我们也由此可知不确定性未必即为误会的原因。

当然，我们也要承认梦的地位与这些古老的语言和文字难以比肩，后者本就是传达思想的工具，其不管采用哪种方式，目的都在于使人们了解其义。梦却不然，其目的在于隐瞒，它的重要任务就是不为人所了解，因此绝对不是一种表达思想的工具。假如对梦的内容有各种疑难点无法确定，我们也不必感到惊讶或惶恐。比较研究的结果，我们可以确信，人们经常借以否认梦的分析的正确性的这种不确定性，则应该被看做各种原始的语言和文字的共同特征。

我们对于梦的认知在实际中究竟能达到什么样的程度，只能是实践和经验方可决定。我个人认为，这一程度是很高的；假如把那些善于分析的人获得的结论进行比较研究，也足能证实我的看法了。普通人遇到科学上的疑难问题，其态度总习惯倾向于怀疑否定，以此表明自己的优越，科学家也不例外；我认为他们这样做是不对的。你们也许不知道，在巴比伦和亚述的碑文最初被译成现代文的时候，这种现象也曾出现过。一般人认为这整个研究都不过是骗人的把戏而已，那些楔形文字的翻译者都是凭其幻想来判定并完成其工作的。然而，"皇家亚细亚学会"在1857年做了一个判别是非的测试。该学会要求四位最为著名的从事这项研究的学者：罗林生、辛克斯、霍克·塔尔波特和欧伯特，对新发现的碑文各自翻译，密封寄往学会。该学会将四人的译文比较核对之后，公布了判决书，认为其译文大致相同，因此已有的成就真实可信，而将来的进步也是可预见的。从此，那不谙此道的学者渐渐不再妄加嘲讽了，对楔形文字的翻译从此也更加确定了。

其二，一些人认为我们对梦的分析诸多结论，都是牵强附会，甚至滑稽可笑，因此对于精神分析大加批判，或许你们也不免如此。这样的批评疑问非常多，我暂且把最新听到的作为例子。号称自由之国的瑞士，最近某所学校的校长被迫辞职，原因乃是对精神分析感兴趣。他也曾提出抗议。伯恩某家报刊登载了教育局对这件事的决议案，其中有对精神分析的评判，如下："苏黎世大学的费斯特教授，在其书中列举的案例多有强词夺理，使人震惊……这样的理论以及这些证据，竟让一位师范学院的校长深信不疑，的确使人出乎意料。"据说这些论断乃是他们理智判断的结论。我宁愿认为这所谓的"冷静"实际是自欺欺人，现在我们对这些"冷静"的结论加以更精准的研究，我想增添一些知识和思想，总不至于有伤"冷静"。

关于深层心理学的深奥的重要问题，一个人若依据其第一次的印象便能立刻发表正确的见解，的确使我们精神振奋，在他看来，我们的分析似乎是强词夺理的，不足为据的。所以我们的分析也是错误的，整个研究当然也就是毫无意义的了。然而，这些批评家岂不是从未考虑我们的分析使人们产生这种印象也是有着相当的理由的，如果他们能做此考虑，或许会深入探求一些更好的理由了。

这种批评之所以产生，主要与梦的转移作用的效果有关联。你们已经知道，梦的转移作用是梦的检查作用的最强大的工具。由于转移作用的存在，我们称之为暗喻的替代物于是随之形成；这些暗喻本身并不容易辨识，也不大容易追溯到其背后的梦的隐意本身。隐意与暗喻乃用一种最奇特的非本质属性的联想联接起来的。其目的完全在于隐藏梦的隐意，这也就是梦的检查作用的目标。然而，我们并不能奢求在其平常所属的领域，来搜寻这些被隐藏起来的隐意。近期，边境上的稽查员于此事比瑞士的教育当局聪明很多：这些稽查员在搜查文件或计划书时，不仅要检查盛放书信之箱匣；而是想到他或如间谍及走私犯将物品藏于极隐秘之处，如双层靴底等。假如违禁物确在此处搜得，那当然是被"硬拉"出来，却仍然不失为一种很高明的"发现"。

我们既然承认隐梦的元素与其表面的代替物有着非常离奇，甚至是滑稽可笑的联系，于是很多的事例，同样是我们求而不得的，关于梦的解析我们所依赖的便是这些已有经验作指引。我们仅凭自己的努力去解析这些梦，常常是徒劳无益的；因为人们在清醒时是猜不到那些在隐意与显梦间的联系的。这个谜因做梦者自己的直接联想便会揭开，他有这个力量，因为答案就在他的内心；或者由他提供材料，我们不怎么费力地解开它，因为答案会自然而然地显露于我们面前；假如做梦者不以这两种方法予以协助，那么显梦的元素必然永无了解的可能。现在，我要再为你们讲述一个最近出现的例子：我有一个女患者，在接受治疗期间，她父亲突然死去，于是她常在梦里找机会让父亲复活。一次她梦到自己对父亲说："十一点一刻了，十二点半了，十二点三刻了。"我们将如何去解析这种时间的报告呢？她只是说，父亲喜欢看到孩子们按时到食堂去吃午餐。虽然这个联想与梦的成分有联系，却无法解释出梦的起源。而从当时治疗的情形可知，她其实对所敬爱的父亲暗怀有批评的敌对的念头，我们这个怀疑有充分的理由，它也是形成这个梦的原因之一。所以，我们请她自由联想，于是她说自己前一天听过心理学问题的一些讨论，一位亲戚说过这样的一句话："原始人在我们的内心复活了。"这句话使我们对梦的意义豁然开朗。她由此幻想自己死去的父亲也复活了，便在梦里使父亲成为一个"报时者"，一刻一刻报出午餐的时间。"原始人"即Urmensch，"报时者"则是Uhrmensch。

我们当然不能疏忽这些谐音的字或双关语，其实，做梦者的双关语往往属于分析梦的人所有；另外，还有很多的实例，我们难以判断其究竟是梦或是笑谈。然而，你们要记住，某些口误也会出现同样的疑难。某人说自己与叔父一起坐在汽车里，叔父抱着他接吻。做梦者立刻自己解释说，这个梦有自慰的意思。这个人是在编一个笑话来欺骗我们吗？他竟然把谐音假托为梦的一部分吗？我认为不然，他的确做过这个梦。但是梦和笑话为何如此惊异地相似呢？对这个问题，我们曾走了很多弯路，我也因此不得不对诙谐本身的问题加以彻底的研究。其结果认为诙谐源头如下：首先有一个念头受到潜意识的加工改造，然后以诙谐的方式表达出来。鉴于潜意识的影响，也会有凝缩作用和转移作用的支配，也就是说，被梦的工作所控制。梦与诙谐偶然显现出的相似性即是由此而来，不同的是，"梦的笑话"并不像一般的笑话那样可笑罢了；进一步地研究了诙谐之后，便可知道原因。"梦的笑话"只是一种蹩脚的诙谐方式，不怎么好笑，当然也不使人感兴趣。

　　关于这一点，我们所遵循的是古人解析梦的原始方法，这一方法尽管给了我们很多无用的废料，但也提供了很多有价值的分析梦的例子。在此，我以历史上一个很重要的梦来举例。这个梦有两个版本，分别来自普鲁塔克与道尔狄斯的阿尔特米多鲁斯。做梦者是亚历山大大帝，在他围攻泰尔城时，城里的军民抵抗很顽强。公元前322年，亚历山大于某个夜晚梦到一个跳着舞的半人半羊的怪物。军队里的释梦者分析这个梦乃是预祝亚历山大大帝的胜利。于是这一分析激发了亚历山大大帝继续攻城的决心，于是城被攻陷。尽管这个分析有牵强之感，却也正确。

　　其三，我可以想象，如果你们听到一些研究解析梦的精神分析家，也对我们这个梦的学说持反对的观点，你们一定会非常奇怪。实际上，人们凡是有了犯错误的机会就很难改正的。这一方面是因为观念的混乱，另一方面是依据不正确的归纳便作出论断，提出主张，以此导致的结果便犯了医学上关于梦的理论的相同的错误。有一说是你们已经了解的，该学说认为梦是为了适应当时的情境以解决将来的问题，也就是梦有"预知的倾向"或者说目的。这是米德尔的观点。我们说过这一观点混淆了梦与梦的隐意而忽略了梦的工作。假如一些持有"预知倾向"的人用这句来表示隐念领域的潜意识的精神活动，则一方面其所主张的并非创新，另一方面他们的描述也存在挂一漏万之憾，潜意识的精神活动除了应对将来的事情外，尚有各种其他的任务。另外一种谬论，其表达更加混乱，认为每个梦都隐含"希望别人去死"之意；这一假说我还不完全明白其意义何在，但是我怀疑这一结果是因为混淆了梦与做梦者的人格所导致。

另外，还有人认为每个梦都会有两种解释：一种是之前所讲的精神分析的解释，另外一种则是"寓意或象征"的解释，目的就是略去本能的倾向，去描述较为高等的精神功能。这是西尔别里尔的学说。这同样是一种由不合理的归纳而得出的结论，它以少数特例作为依据。这样的梦偶然会出现，然而如果过于夸大这一概念，囊括大多数的梦却是徒劳无益了。还有阿德勒的学说，他认为各种梦都可以两性解释，认为是男性倾向与女性倾向的混合。虽然你们已听过很多次的演讲，对于阿德勒的这句或许不能了解。自然这样的梦偶尔也会有，这种梦的结构很类似于癔症的某些症状。我在此提出这些所谓的新发现的一些梦的一般特性，目的在于警告你们不能信以为真，至少不能使你们怀疑我对梦的正确的判断。

其四，有些人认为梦的研究缺少客观的价值，似乎是不大可信。因为他们认为接受精神分析治疗的人，有意让自己的梦迎合医生所信奉的理论，所以，有些人梦到了性的冲动，而有些人则梦见控制他人，还有些竟然梦见了再生。实际上，这一观点是很无力的，因为：第一，在所谓的精神分析疗法影响做梦之前，人们早已有了做梦的现象，第二，今天接受精神分析治疗的患者在未接受之前也做过种种梦。这一观点所包括的事实尽管不攻自破，然而在梦的理念上却是无所谓的。引起梦的几天前的"残念"，是清醒时最为感兴趣的经验的遗物。如果医生的话及其刺激对患者的影响如此重要，则其必然混迹于这种"残念"之中，进而成为梦的刺激物，正如之前对感兴趣之事长久无法平息的兴奋一般；其作用也和干扰睡眠者的身体刺激相似。由医生引起的这些思想，也同其他引起梦的理由一样，或者呈现于显梦之中，或者于隐念中流露出来。我们原本就了解，实验可以引发做梦，准确说来，梦的部分材料可由实验而引入梦里。精神分析家之影响病人，与实验者所处的地位是相同的。比如伏尔德在实验时就会把被实验者的四肢摆成某种位置。

  我们经常可以转移他人的梦的材料，却绝对不可能影响他人的梦的目的；梦的工作机制及潜意识的梦的欲望，非外界力量所能达到的。在我们讨论由身体刺激而引起的梦时，我们已认识了梦的生活的特点及其独立性，也可以由反应做梦者受到的身体刺激或精神刺激中清楚地看到，因此，如果你们说梦的研究缺乏客观价值，又不免把梦与梦的材料混为一谈了。

  我们已讲过许多关于梦的问题了。你们总该了解，我们有很多内容忽略未讲，并且每一次的讨论皆不够详尽。然而，这是由于梦的现象与神经的症状，有极其密切的联系。我们将以梦的研究作为研究神经病症的引线。这种方法优越于先研究神经病，继而再研究梦，只不过我们把梦当做了研究神经病的准备，我也因此只有等到对神经病的表现有了些许了解后，对梦方可有更精确的理解。

  我不清楚你们做何感想，我认为我们用如此多的时间讨论与梦相关的问题很有价值。你们想要尽快地理解精神分析的精确程度，没有比这更好的办法。假如我们要论述神经病的症状都有其意义、目的，而且形成于做梦者的日常经验，我们就必须经过长期的努力工作。而对于梦来说，最初尽管看上去乱纷纷而无从解释，然而如果是在梦里指出这些事实却只需几个小时就够了，比如精神分析的各种前提，即潜意识的作用和所遵循的特殊规律以及它所表现出的本能性的推动力等。假如我们没有忘记梦的结构与神经病的症状是何等相似，再仔细回想做梦者是如何很快地就变成了清醒的正常的人的，于是就可以相信神经病的原因，也只不过是精神生活中各势力的失衡而已。

A general introduction to psychoanalysis
精 神 分 析 引 论

第三篇
精神病症通论

第十六讲　精神分析法与精神病学

诸位，我非常高兴一年之后又看到你们继续来听我的演讲。去年我演讲的主题是以精神分析去解析梦与过失；今年我要使你们能了解精神病的一系列现象，这种现象与梦和过失都有许多相同点，你们不久就会明白这些的。在开始演讲之前，我不得不再次声明在今年演讲的态度与去年必然不同。在去年，我每向前一步必会征求你们的意见，多与你们讨论，放任你们的质疑，总之，以你们的"健康的理解力"决定取舍之要素。今年可不是如此了，原因很简单。你们对于梦和过失也很熟悉，其经验的丰富程度并不输于我，或者就算你们缺少这种经验，要获得也是很容易的。而精神病的现象你们却是非常陌生的；你们不是医生，除了从我的报告中了解，没有其他可以接触到这些现象的机会；既然对于要讨论的主题一无所知，即便你们判断力很强，又有何用呢？

但是你们千万不要由此声明而认为我将以权威者的态度来演讲，你们只能无条件接受。如果你们如此误会，那我可就太冤枉了。我的目的在于引起研究的兴趣，消除成见，绝对不要你们迷信。由于你们对神经病尚无所知，没有判断的能力，于是你们可以暂且不信，也不要驳斥。你们只需静听即可，让我的演讲逐渐在你们心中产生效果。信仰是不容易求得的，不劳而获很快将失去其价值。你们还没有对这些问题产生信仰的权利，因为你们对于神经病还没有我这许多年的研究及新奇的发现。但是，我们对待学问不必轻信、轻判，或妄持异议。你们难道不明白，"一见钟情"的爱都源于一种很特殊的感情的心理作用吗？我们也不要求病人对精神分析信仰并且拥护它。因为狂热的信仰反而会使我们怀疑。对于你们秉持的合理的怀疑主义，我也深感欣慰。所以，我希望你们也能使精神分析的理论在心中慢慢地发展形成，使之与一般的精神病医学的观点相互作用，形成一种坚定不移的见解。

反之，你们也不要假设我所演讲的精神分析的理论是一种由臆想而来的观点。事实上，这个观点是经验的结晶，它或者以直接的观察为据，或者以观察所得的结论为凭。关于这结论是否稳妥可靠，则由精神分析的发展而定；我对此经过了二十五年的研究了，现在也算上了岁数，坦白地讲，这些观察工作是极其艰难困苦、需要专心致志的。我常常认为，那些批评家根本不去讨论我们的理论基础，就任意去指责它，就好像这个理论就是由我们的主观想象而得来的。我们当然不会谅解这样的批评态度。或者由于医生对精神病患者注意不够，也愿意倾向他们的诉说，因此并不能进行周详的观察进而有所发现。借此机会我想对你们说，在所有的演讲里，我将不会提及个人批评。至于说"辩论乃真理之源"，我认为其实不然，这是希腊哲学诡辩派所说的话，诡辩派的错误在于过分地夸大了辩论技巧的价值。我认为即便科学的辩论亦效果不大，更何况是纯属私念的辩论。我平生也曾有过一次正式的科学的大辩论，对方为慕尼黑大学的洛温费尔德，后来我们结成好友，一直到今天。多年以来，我不敢再如此尝试，谁也保证不了辩论后会有怎样的结果。

既然我如此公开地拒绝讨论，想必你们会认为我太固执又不虚心。假如你们有这样的观点，我将做下面的答辩：假如你们几经辛苦研究而得到了一个信仰，你们也必然有权利坚持你的主张。而且我还能说，自研究伊始至今，我已经多次完善我的见解的要点，或删或增，无不按事实发表。而我的坦白又换来了怎样的结果呢？一些人不论我的理论是否修正，至今仍以过去的见解来诋毁，而一些人却讥讽其变化多端不值得信赖——朝令夕改者自然不值得信赖，他最后的修正或许仍是错误的；但是坚持己见，不愿意让步者免不了被说成顽固不谦虚，情况不正是如此的吗？对于这种互相矛盾的指责，我们最好只求心之所安，没有更好的办法。这就是我的态度；我仍将依据我的经验，不断地修正我的学说。然而这里的基本观点，至今我认为还不必改变，我希望将来也是这样。

现在，我们要讨论精神分析对于精神病症候的理论。因此，最为简单的方法是举一个与过失和梦相似的实例加以说明，以实现这个目的，且更便于类推和对比。精神病有一种行为被称为"症候性行为"，在我的问诊室里屡见不鲜。在问诊室里，患者诉说他多年的病痛之苦，精神分析家照例没有什么表示。其他人倒可以发表意见，认为那些人根本没有什么病，只需接受轻度的"水疗法"即可；精神分析家则是博闻强识，不能有这种态度。有人曾问我的同事，如何接待前来问诊的患者，同事耸了耸肩膀："罚他们不少的钱以赔偿我的时间损失。"所以，你们也许听说过，即便是最忙的精神分析家都很少有患者来问诊，便也没什么奇怪了。我的候诊室与问诊室中间有一道门，问诊室里又有一道门，室内铺有地毯。这样布置的理由是一目了然。在我让患者从候诊室进来时，他们常忘记关门，有时候两边的门都敞开。看到这种情形，我总是不客气地让他们回去把门关好，无论他是一位体面绅士还是一位时尚女郎。我这时的举动当然很傲慢，有时我也明白这是误会。在大多数的情况下，我还是不错的，因为一个人进出时把医生的问诊室和候诊室的门打开不关，他便被看做下等人而为人们所轻视。因此，在没有把我的话听完以前，你们不要对我有误解。患者只有在候诊室里没有他人共同候诊时，走进问诊室才可以让门开着；假如有一个陌生人也在等待，就绝不能如此疏忽。因为他明白，为了自己的利益起见，医生与他的谈话最好不被第三个人听到；所以他总是小心地将两边的门都关好的。

因此，患者忘记把门关好并非偶然，亦不是无意义，更不能说无所谓，由此暴露了问诊者对医生的态度。这正如世人前去拜访社会地位较高的人，以求得他们的帮助或保护那样；也许他先要电话预约对方何时方便，同时又希望访问者云集，就像欧战期间在杂货店见到的那种情形。意外的是他走进来看到了一个空房间，并且布置非常朴素，不免感到很失望。他认为既然医生如此不敬，于是要对其报复惩罚；所以，他故意让候诊室和问诊室之间的那道门敞开着。好像说："呸！现在这里没有其他人，不管我要在这里坐多久，我敢说再没有第二个人进来。"如果开始时不对他的这种想法予以打击，在谈话时他也许就要展现出一副傲慢无礼的面孔。

这种简单的症候性行为经过分析，将会发现你们早已知道了它的结论：第一，这种行为并非偶然性的，有着各自的动机、意义和目的；第二，这种行为所由起的心理情境是可以全部推出的；第三，由这种不起眼的行为可推断一种非常重要的心理活动。不过还有另外一点，即行为人并不能意识到这一动作；那任凭两扇门都敞开着的人当然不会承认，他以此表示轻视我。很多人或许都忘不了自己看到候诊室空无一人时心里的失望，但是，这一印象与接下来的症候性行为之间的联系，确实在他们的意识之外。

现在，我们把对这种症候性行为的分析，与对某位患者的观察进行比较研究。我要列举一个近期发生的事情，事情很简单且为叙述之便，我选择了它。但是，这种叙述中自然也有许多细节是不可或缺的。

某年轻的军官请短假回到家，请我去为其岳母进行治疗。这位老妇家境本来很幸福，然而却心存了一种无聊的想法，使得自己及家人苦恼不堪。我见到了她，五十三岁的年龄，身体正常，性情善良实在。她毫不犹豫地告诉了我她的病情：她的婚姻很美满，丈夫是一家大工厂的经理，同她一起住在乡下。她叙述说，丈夫很爱她，且关怀备至，难以尽述，他们从恋爱结婚至今已共同生活了三十多年，从没有过争吵、变心或一刻的嫉妒心。他们的两个儿子也都已成家，然而丈夫富有责任感，仍继续工作。一年前，突然发生了一件让她百思不得其解的事情。她收到了一封匿名信，信中说丈夫正与一名少女打得火热，她立刻就相信了。打那以后，她的幸福就被毁去了。事件的详情如下：她有一个非常信任的女仆，当时有一名女子同这位年轻的女仆出身相当，却幸得上帝眷顾，曾接受过一种商业培训，因而可以进工厂服务。由于男职员都去服兵役，她遂得以升迁至高位且待遇优厚。她在工厂里居住，所有的男职员都熟识她，尊称她为"女士"。因此，那失意的女仆因嫉妒而非常厌恶她，一旦有机会就要对她加以种种可能的罪状。一天，那位老妇和她的女仆闲聊，评论一位到访的老者。传说那老者并没有和妻子同住，而是养了一个姘妇。老妇说："他的妻子怎么会不知道？"突然又接着说："如果我听说自己丈夫外面也养了一个姘妇的话，那就太可怕了。"次日，她就收到了一封匿名信，显然字迹经过伪造，信里说的事正是她所担心的。她断言这可能是真的，这封信是那心思歹毒的女仆所写，而信中说丈夫的姘妇就是那女仆所深恶痛绝的女人。这位老妇尽管明白有诈而没有信以为真，却因此生了病。她深受刺激，马上把丈夫叫来，大加责备。她的丈夫却大笑着否认了，并且应付得当。他将工厂里的医生，同时也是家庭医生请到家里，并极力安抚妻子。接着他们辞退了女仆而不是被假定的姘妇，这件事做得非常对。之后，那位老妇自诩对这件事进行了深思，不再相信那封信的内容，然而其疑心仍是一触即发。但凡听到那女子的名字，或者是路上偶遇，即会疑心大起而忧虑不安，以致怨恨怒骂。

那位老妇的临床症状大致如此。我们无须有丰富的精神病学经验，即可知：第一，她在表述病情时过于心平气和，或者隐瞒太多，因此有别于其他精神病人；第二，她的确对匿名信的内容信以为真。

关于这类病例，一个精神病学家究竟采取哪种态度呢？从他对待患者没有关好候诊室门的症候性行为的反应中，我们不难推断。他分析说这只是一种偶然现象，没什么心理学的价值，因此大可不必去研究。然而，关于这个嫉妒妇人的病例，他不应再抱着这样的态度。症候性行为看似无关紧要，但其症状本身却引来过多关注。其在主观上伴随着强烈的痛苦，在客观上有导致家庭破裂的嫌疑，因此它自然当引起精神科医生的关注。第一，精神病学者要将这种症候的基本属性归类。那位老妇受折磨的观念其本身不能说毫无意义，老妇的丈夫与那名女子发生关系确有可能。但是，就这一观念而言，尚有其他无意义却使人费解的地方。除了那封匿名信以外，病人完全没有理由假设她忠贞的丈夫也做过这样的事，尽管这并不是普通的事。她清楚该消息没什么证据，同时能圆满分析消息的来源；所以，她应该知道这种嫉妒毫无道理可言；而且她也的确如此表示过，但是她仍然深感痛苦，好像真有其事。我们把这种不合逻辑或现实的观念，通称为"妄想"。所以，那位老妇的痛苦是由一种"嫉妒妄想"而导致的，很明显这是该病例的基本特点。

假设这第一点成立，那么我们对精神病学必将兴趣大增。既然某种妄想不因为存在的事实而消除，当然也必定不起源于存在。然而，它的源头到底是哪里呢？妄想本就有着形形色色的内容，为什么该病例的妄想偏以嫉妒为内容呢？我们本来寄希望于精神病医生，但是请教的结果，仍然不能知道答案。我们的问题有很多，而他只讨论了其中之一。他准备研究这位老妇的家族史，或许可以给我们一个答案，他认为如果她的家族中经常出现类似的或不同的精神错乱，那么她极可能也有妄想症。换句话说，这位老妇之所以出现妄想，是由于她有产生这种妄想的遗传倾向。这句话虽然耐人寻味，但这已是道尽了我们想要了解的一切吗？这难道是引发该病例的唯一原因？难道我们能假设患者产生这种妄想而不是其他妄想的事实是毫无意义的、随意的，而不做任何的分析吗？所谓的遗传倾向真的可以决定一切吗？毫不顾忌她一生有过怎样的经验和情绪，这就避免不了某时刻产生一种妄想吗？你们也许想了解科学的精神病理论为何不给出进一步的解释。我可以跟你们说："一个人有多少，他才能给多少；只有骗子才会以空言欺人。"精神病医生只是不知怎样才可作更深入的解释。虽然你经验丰富，也只得凭诊断及猜测该病的发展变化以求得自慰了。

　　但是精神分析能有更好的结果吗？我敢肯定地告诉你们，有的。我希望可以告诉你们，即便如此隐晦的病例，我们也能发现一些事实从而使得可以更深切地认识。第一，我请你们留心令人费解的细枝末节，那封匿名信，即老妇妄想的根据，本是她自己招来的，前一天她闲聊时告诉那奸诈的女仆，假如她的丈夫果真与少女有奸情，再没有比这更可怕的事了。正是她的话引起了女仆的歹毒心思。因此，那位老妇的妄想并非由于有了匿名信，她的妄想首先源于内心的恐惧，或者一种愿望。此外，短短两小时的精神分析所发现的各点也值得我们关注。我在老妇人叙述完病情之后，请她叙述其想法、观点还有回忆，却遭到了断然拒绝。她表示一切都说过了，也没有什么想法；两个小时过后，由于她声称已安好，再也不会出现这种妄想了，那么精神分析结束，她之所以这么说，其一自然是阻抗作用，其二则害怕再接受精神分析。在这两个小时里，她偶然地说过几句话，促使我们有可能且不得不做出他种解释，这一解释可用以说明老妇人嫉妒妄想的根源。原来，她对请我来看病的那位女婿有一种迷恋。而她对此一无所知，或者是知之甚少；鉴于母婿之间的关系，她的迷恋很好地隐匿于她那无害的慈爱背后。由我们所已知的信息也能看出这位好妻子、好母亲的心中所想。这种不可能的奇情的迷恋，当然不能进入她有意识的心灵之中，但它依然存在着，这一潜意识对她而言是一种沉重的负担。压力已然形成，自然就会希望其消失。最简便的解除之法便是凭借嫉妒所形成的转移作用机制。假如不单是她与年轻人恋爱，并且她的丈夫和女子也有私情，那么她就无需由于感情的不忠而良心不安了。她想象丈夫的背叛就是对自身痛苦自责的安慰剂而已。对于自己的恋情，她永远都不会知道；但是妄想却给予她便利，形成其私爱在妄想中的"反影"，即编造丈夫与那女子有奸情并形成强迫的、妄想的及意识里的思想。当然所有的指责皆徒劳无功，毫无作用；只因各种指责都是指向那"反影"的，而不是强有力却深藏于潜意识里的"原物"，也就是她与女婿的爱恋。

现在，我们来把精神分析关于该病例的研究结果加以总结。显然，我们要假设收集的信息确信无疑，你们不必有所顾虑。首先，这一妄想不再是无意义或不能理解的；相反它有意义及合理的动机，又与患者的情感经历息息相关。其次，这种妄想是发源于另一种精神历程的必然的反应，而根据各种表象则可以推知这一精神历程；妄想之所以为妄想，因为它具有与真实和客观逻辑相对抗的特点，这个特点与上述的精神历程有着特殊的联系。妄想乃是源于欲望的，目的是自我安抚。最后，判断这个妄想是嫉妒妄想而非其他，是因为病情背后的经验。你们也可看出，在我们分析的症候性行为中存在两个重要的相似点：第一，症候所隐含的意义；第二，症候与潜意识的欲望的关系。

当然，这并不能完全解决该病例引发的所有疑难问题。实际上，还有许多的问题没有解决，且某些特殊的情境本无法解决。例如，那位幸福的老妇人为何爱上了女婿？况且关于这种爱恋，也有各种消解的可能，为何非要把自己的心事摊到丈夫身上作为解脱？你们不能觉得我们不该提及这个问题。我们收集了足够的信息，对一些问题可给出各种可能的解释。患者的年龄乃处于关键性的时期，使她的性欲激增，为她所不喜。或许这一点已足够；也许还有别的理由，即丈夫的性能力在最近几年或难以满足妻子。经过观察，我们发现世上也只有这种男子永远忠诚，特别会爱抚妻子，体贴其精神上的不安。另一个重要的事实则是以女儿丈夫为目标的变态的爱恋。母女关系本来亲密，于是关于女儿的性爱常转移至母亲。或许我要对你们说，打从远古时，岳母与女婿的关系便被当做一种特别有性意味的关系，并且一些野蛮的部族由此产生了一种强烈的禁忌。不管是其积极的或消极的作用，这一关系都超出文明社会的限制。刚刚我们所分析的病例是否为上述三种因素之一导致，或者两种，又或许是三种皆有呢？我无法告诉你们，因为我们只有短短两小时的分析，之后却未能继续。

我明白上述的讨论你们未必能够理解。而我之所以说出这些话，目的在于精神病学与精神分析的比较。但是关于这一方面我要问你们一件事：你们是否看到了两者间相互抵触？精神病学当然不用精神分析，也不讨论妄想的内容，只分析了遗传的现象，给我们以致病的一般的原因，而对于较近的特殊的原因却漠视。那么这种抵触非有不可吗？两者可否互为辅助呢？难道遗传的因素反而不能融合经验的重要性吗？你们会发现精神病学与精神分析的研究的确不存在相互抵触的地方，所以反对精神分析的并非精神病学科本身，而是那些精神病的学者。精神分析与精神病学的关系类似于组织学与解剖学的关系，一是研究器官的表面形态，一是研究器官的构造，比如组织或其他元素。这两种研究很难看出有任何矛盾之处，它们相辅相成，互为终结。你们要了解如今解剖学乃是整个医学研究的基础，而之前社会学却严禁医学家解剖尸体来研究人体的内部构造，正如他们现在谩骂我们用精神分析来窥探人类的精神生活那样。或许在将来我们知道，精神病学如果没有精神生活的潜意识生活的相关知识，也不能称其为有科学的基础。

虽然精神分析屡遭抗议，而你们中或许有人喜欢它，希望它的治疗能力可以自圆其说。你们要了解精神分析从来不曾有打破妄想的能力。既然精神分析深知妄想产生的机制，那么能否治疗它呢？就现在来说，我们也对你们说："不能。"精神分析也同其他疗法一样，目前还没有治愈妄想的能力。我们虽然知道了患者的经历，却并无使患者本人也了解的方法。你们也看得出，对于上述的幻想我们也只能进行初步的研究。所以你们也许认为这种精神分析反正也没什么结果的，也许是不合适的。我的想法并非如此。我们的权利乃是只管研究，不问是不是立竿见影，同时也是我们的义务。某一天，我们所有的琐碎的知识或许能突变为能力，成为治疗的力量，只不过我们还不知道这一天何时才可到来。进一步来讲，虽然精神分析不能治疗妄想症及其他精神病或神经病，却不失为科学研究的一个重要的工具。我们尚未实践这一点，这是无须怀疑的；我们用以研究的资料是人，人都具有生命和意志，必然有其动机才会参加这项研究；除非他没有这个动机。所以，我想用下面的这句话作为今天演讲的结束：对于大多数的神经病而言，我们所得到的知识确实已产生治疗的能力，并且这些病原本就是很难治疗的，然而在某种情形下，我们所取得的成果在医术上可以说是首屈一指。

第十七讲　症候的意义

诸位，在上一讲中，我曾说过临床精神病学对于个别的症候有何种形式及内容并不关心；而这些却是精神分析的起点，认为症候本身皆有意义，并与病人的生活经验密切相关。从1880年到1882年，布洛伊尔研究并治愈了一例歇斯底里的精神病，此后人们对此病非常狂热，也是在这时他第一个发现了精神病的神经性症候。法国的让内也发现了相同的结果。实际上是让内的研究发表要早于布洛伊尔，经过十年，在我和他合作的时期内，他才把其观察结果公布于世。当然追究到底是谁先发现，其意义不大，你们了解，就一个发现来说，并不是一次就可以完成的，而成功与功劳并非成正比。例如，美洲新大陆也不以哥伦布为其名。生活在布洛伊尔和让内之前的著名精神病学家劳伊莱特也曾说过狂人的妄想现象，我们如果进行研究分析，并不都是无意义的。我承认自己偏爱让内关于神经性症候的解释，因为他把这些症候看做是霸占患者内心的"潜意识观念"的表达。然而，让内的态度极其谨慎，就像他觉得"潜意识"不过只是一个权宜的名词而已，没有明确的意义可言。此后，我就再未了解让内的学说，然而我相信他无缘无故地丢掉了自己伟大的地位。

精神病的症状，正像过失和梦相同，都有其各自的意义，并且和病人的精神生活密切相关，也与过失和梦一样。这一点非常重要，我将列举若干实例加以说明。现在我尚不能证明任何一种精神病莫不如此；但是无论何人只要认真观察，是可以相信这一点的。然而由于一些原因，我将不选取癔症的例子，而是在另外一种比较特别的精神病中举例，它在起源上与癔症很接近。对于这种精神病，有几句话我首先要讲明，它被称为"强迫性精神病",没有癔症常见,我们也可以说它没有那么歇斯底里,常潜隐于内心而形成患者的心病,身体上几乎没有表现,只有精神上的症候。最初,精神分析就是以强迫性精神病与癔症作为研究基础的,我们的治疗方法对这两种精神病的治疗大有功效。关于强迫性精神病,精神上的感受并没有呈现为身体上的症状,于是,它比癔症更易于因为精神分析的缘故而使我们完全了解;我们认识到它在精神病性质及特点上的表现较癔症更加突出。

强迫性精神病的症状表现为:患者心里对一切都是兴致缺乏,感觉有一种特殊的兴奋但又被强迫做着毫无乐趣却又必须做的事情。或许那些思想及强迫性观念本身并没什么意义,只能使患者觉得没意思,或愚蠢;但是不管怎样患者总免不了以这样的观念作为集中思想的起点,尽管他不愿意,却也无法抵御,就像面对着生死存亡一样,一直忧心思索,不能自已。在内心感受到的冲动同样是幼稚而无意义的;这些念头都非常可怕,比如犯重罪的兴奋,患者认为这与自己的身份不相合而极力排斥,并且胆战心惊地逃避它,想尽办法来阻止其实现。实际上,的确这种冲动的念头从不曾实现过,逃避及预防措施最终赢取了所有的胜利。他所做的都是绝对无害的琐事,就是我们所谓的强迫性行为,都是日常动作的重复、改编的反复演出,以致那些普通的正常行为,即睡觉、洗漱、穿衣和散步等,却演变成了异常困难复杂的事情。这种病态的思想、兴奋和行为,并非按相同的比例混合以形成强迫性精神病;一般来说,它们的表现总是有一种或另一种所占的地位较重要,这种病的命名也由此确定;然而一切共同形式拥有的共性依然很显著。

显然,这种病症是癫狂性的。我认为即便精神病的学者想逞其最荒唐的幻想,也无法假造出这样的病症来。假如我们不是每天都亲历这些情形,也必定不会相信。你们切莫以为,治疗这些患者可以劝告他竭力摆脱,抛开那些荒谬的念头,也不要用一些无意义的动作取代正常行为,那正是他心之所愿。他并非不明白身处何种境地,也认同你们对于这种强迫性症候的观点,或者他们自己也可提出相同的见解。然而他自觉情难自禁,似有一股强力迫使他做出这样的行为,不是正常精神状态的力量可控制的。因此，他只能交换替代，这是唯一的办法，将原本十分荒谬的念头替换成缓和些的想法。他也可用一种预防的措施代替原来的那种，还可以用其他的行为来代替原有的繁文缛节。总之，他能以此易彼，却不能完全消除这些症状。所有这种症状的转移乃是强迫性精神病的一种特征，包括原有形式的实质性变化。关于这种病症，更加值得注意的是病人精神生活所有的相对价值或称极值分化显著。排除受到积极性与消极性的强迫外，理智方面也产生了怀疑，更有甚者，渐渐地扩大到对最为真实的事情也疑虑重重。如此种种都能使患者陷入犹豫徘徊、颓废沮丧、自我束缚的境地；尽管强迫性精神病患者大多精力充沛、思维敏锐，其智力也较胜于正常人。一般而言，他们恪守道德规范，常担心做错事，往往都正确无误。你们应该能够知道，要在这种矛盾的性格特征和病态的表现的迷宫里，寻求该病症的根源，这种工作实在是艰辛得很。现在，我们的目的只是来解释这种病的一些症状。

在听过前面的讨论之后，你们或许希望了解对于强迫性精神病的研究，现代精神病学都有什么样的贡献；这贡献可是贫乏得可怜呢！精神病学只对种种强迫性行为予以相当的命名，再无其他。反而说这种病症的患者是"退化的伟人"。对此我们不可能会满意，它绝对不是一种解释，不过是一种价值的评判，甚至是一种贬抑。我认为我们不难推断，退化的结果自然产生了种种怪异现象。我们原以为有此类病症的患者必然异于一般病人，但他们果真是较其他精神病人、癔症患者或精神错乱的人更加"退化"了吗？显然，"退化"一词过于浮泛。假如你们了解才华卓绝、功盖后世的伟人也可能出现这样的情形时，就会对这个词究竟是不是准确有所怀疑了。因为英雄伟人们自己的谨慎，加之作传者的失实，我们一般很难知其本性，或者他们也是狂热的真理追求者，如爱弥儿·佐拉，我们知道他终身都有很多奇怪的强迫性行为。

在精神病学上，这些患者被称为"退化的伟人"便大功告成。但是就精神分析的结果而言，这种特殊的强迫性行为同样可永久性地消失，就像其他非退化的患者所患有的其他症状一样。我自己就经常获得这样的成果。

在此，我将列举两个实例对强迫性症候加以分析：第一个用旧例，因为我还没有找到更好的例子,第二个例子却是最近所遇。由于这种讲述既要清晰,又要详尽,因此我仅取两例而已。

某位女士将至而立之年却患有严重的强迫性精神病,原本我是可以治好她的,假如我的工作不因命运的安排而突遭变故,我将在以后细述这件事。她一整天只做过几次下面那个奇怪的强迫性动作,此外无其他动作。她经常从自己的房间跑到隔壁屋里,站到一张桌子旁边,按响电铃唤来女仆,吩咐她做一件小事,没什么事即让她离开,然后又回到了自己的房间。这种症状没有危险,却足以引起我们的好奇。关于该病症的起因,患者并未经分析者的帮助便概括地说了出来。我不会去猜测这种强迫性行为意义何在,也不会进行解释。我多次询问患者为何这样做,或者有什么意义,她总回答不知道。而有一天,她突然了解到强迫症的意义,乃是在我劝说她不必对一些行为再有顾虑以后,于是她讲述了这种强迫性行为的经过。她在十年前嫁给了一个年纪大她很多的男人,新婚之夜,她发现丈夫是性无能者。那一晚,他多次跑到她的房间想尝试自己的本领,终至失败。次日清晨,他又羞又怒说:"这难免遭到铺床女仆的嘲笑。"于是,他随手把一瓶红色墨水倒在床单上面,然而并没有使这种斑点落在恰当的位置上。最初,我不理解这个回忆与刚刚谈论的强迫性行为有何联系;因为我以为这两种情境排除一名女仆以及从这一房间跑到另一房间的行为,并无任何其他相似之处。接着,患者把我带入隔壁的房间,我看到了桌子台布上的红色斑点。她进一步诉说要站在桌子旁边,女仆一进来便能看到这红琉璃。所以,我们不再怀疑这种强迫性的行为与结婚那晚的情景的关系了,尽管我们对此仍然有必要再作查询。

其一,我们已了解患者自己代替丈夫从一房间跑进另一房间,他的行为正被她所上演着。鉴于保持相似点的需要,我们必须假设她用桌子和桌布来代替床与床单。此处虽有牵强附会之嫌,然而关于梦的象征的研究可资参证。桌子在梦里常作为床的代表,而"床与桌子"并存有结婚之意,因此床与桌子二者可互为替代物品。

如此这般都可证明强迫性的行为是富有意义的;它似乎是在再现一些重要的情景,但我们却不必在这个相似点上止步不前;如果我们将这两种情境更加细致地加以考查，或许便可推断出这一强迫性行为有何目的。显然，这一行为的核心是召唤女仆前来。患者向女仆展示红斑，恰巧对应着丈夫所说的话："这难免让仆人太过嘲笑了。"她既然再现了丈夫的行为，所以如果丈夫为免被仆人所轻视，则红斑应出现在如今所占据的位置。因此，她不但使旧日的情景不断再现，并且加以引申进行修改，务必使那情景完美而无可指责。另外尚有一点，她对那晚上的悲剧所产生的与红墨水相关的情形即丈夫性无能这件事，进行改编。这种强迫性行为似乎在展示："不对，自己没有在女仆面前丢脸，丈夫并不是性无能者。"就像在梦里，当前的强迫性行为使这一愿望得到了满足，借此恢复丈夫将红墨水倾倒以后的信誉。

　　这位患者其他的一切事实，都可证实我们关于她那难以捉摸的强迫性行为作的上述解释。如今她与丈夫分居已久，而且正决心想办法与丈夫依法离婚。但她内心总是被他所困扰，她强迫自己忠诚于他。因此，她离群索居以逃开他人的诱惑，并在幻想里原谅他，又将其理想化。她的病症最为深藏的目的是为了丈夫免遭恶意毁谤，使夫妻的分居有正当理由，在他失去她以后仍然能舒适地生活。因此，我们分析了这种无害的强迫性行为，立刻就找到了她致病的原因，同时又推断出一般强迫性精神病的特点。我期盼着你们对这一实例详加研究，因为它汇聚了所有的强迫性精神病各种难以预料的情形。这种症状的解析乃是患者一刹那间发现的，分析家并未予以指导或干涉，这个解释并非起源于幼时那些遗忘的事情，而是成人后病人清楚记得的事。于是，批评家经常强加给我们关于症候的解析的各种攻击，此时都不成问题了。你们要明白，我们是不可能总遇上这种好的例子的。

　　另外一件事，这种无害的行为却直截了当地牵涉了患者最隐秘的事情，难道不使你们感到惊奇吗？一位女子最不愿意为人所知的莫过于她的新婚之夜，而我们如今完全知道了她性生活的隐私，这绝非事出偶然，必定有其特殊的意义。也许你们认为，我是为了自圆其说而有意选取这个例子的。那我们暂且不要急于下定论，请注意第二个例子，它与第一个实例性质完全不同，是一个最普通的上床前的准备仪式。

一位十九岁的发育良好又很聪明的女孩子，父母只有这一个孩子，因此她在教育和智力上都优越于她的父母。她本性活泼开朗，然而近几年来却无缘无故变得神经异常。她变得易怒，特别是对母亲；她常抑郁不满、多疑而犹豫，以致后来竟称再不敢独自走过广场或大街了。在此，我们并不想细述其病情的复杂症状，由她的症状表现可知，至少要有两种诊断，即广场恐惧症和强迫性精神病；现在我们只需关注这位女孩子睡前的各种准备仪式，结果却使得她父母非常忧虑。一般而言，正常人在睡觉前都会有一种准备，或者至少也要有某些条件才能入睡；这种由清醒进入睡眠的经过常形成一定方式，每晚重复再现一次。不过健康的人需要的睡眠条件都可得到合理的解释，如果因客观条件的变化致使该方式有改变，也可以立刻适应它。而病态的仪式却会一成不变，常需要很大的牺牲来维持这种无聊的睡前仪式；表面上，它也有正当的动机作为借口，与健康的人不同的是其进行仪式时过于谨慎了。假如对此观察得更加细致，即能发现这一借口的理由并非如此充分，这种仪式的一切行为都无法以其所列举的理由予以掩饰，更有甚者某些细节与理由直接相矛盾。患者为求得能够入睡，曾声称她要在夜里很安静的环境里，排除掉一切的喧嚣方可入睡。她做了两件事：将房间里的大钟停止摆动，将所有的小闹钟也全部拿走，即便是床边桌子上的小手表也拿出去。所有的花盆花瓶等都慎重地放到了写字台上，务必避免其在夜间突然跌落破碎而打扰她的清梦。然而她也了解这些寻求安静环境的理由很是牵强：即使不将小手表移出，也一定听不到什么声音，并且我们也了解钟摆的滴答声绝不影响睡眠的，反而有助于入睡。患者也认为花盆花瓶就算放置原处也绝不至于跌落，这些担忧皆是过虑了。而对于这种仪式的其他动作，却又违背了她求静的动机。例如她坚持要父母和自己卧室间的那扇门开着，并在门口摆放各种障碍物，岂不是违背了无声之禁忌，这所有的重要仪式都与床相关。床上的长枕头务必与木床架间隔开，小枕头要在长形枕上面摆成菱形；她于是使头部枕于此菱形上面。然后抖动鸭毛，使其下垂再压平，重新变均匀，方盖好鸭绒被入睡。

现在我将略去这种仪式的其他种种细节，因为这些细节一是不能为我们提供新材料，二是叙述起来又离题太远。但是，你们莫要以为这些琐事都是心平气和地完成的。每做一件事，她总担心没做好，必然不停地反复上演；她前面怀疑这个，后面又疑心那个，结果总要到了两个小时后，才能安然入睡，或者让忧心的父母安睡。

分析这类病症的过程，较前一位患者要复杂很多。我不得不提出一些可能的解释意见，但她都予以坚决否认，或讪笑怀疑。然而她在最初的拒绝反应之后，又开始考虑这些解释所提到的可能性，最终选择了接受。这之后，她的强迫性行为逐渐被控制住了，在治疗还没有结束以前，她就已经完全抛开这个仪式了。不过，我还是要提醒你们，我们如今所做的分析工作绝对不是持续集中于某种单独的症候，直至全部明晰它的意义。往往我们要暂时丢开正在研究的问题，过后又在另一方面重新提起。因此，现在我要对你们说，关于症候的解释的确是众多研究结果的综合所得；这些结果皆是由于研究在其他地方中断了，而几个星期或几个月后，才得以完成的。

渐渐地，患者明白了夜间将钟表拿去室外是由于它们是女性生殖器的象征。我们已了解除此以外，可能还有其他的各类象征，它之所以有女性生殖器之意是由于它同样有周期性的动作及规律性的间隔。女人常自夸其经期就像钟表那样有规律。而这位患者最害怕钟表的滴答声扰乱清梦。钟表的声音也可视作性欲高昂时阴核的兴奋。曾经很多次她被这种感觉惊醒了好梦；由于她恐惧阴核的兴奋，所以每晚都把钟表尽数移开。花盆花瓶都是容纳的器物，为女性生殖器的象征。因此要防止它们在夜间跌落打碎都有着特殊的意义。我们了解，订婚时打破一个花盆或花瓶的习俗广泛流传，所有在场的人都拾取一个碎片，表示不再是新妇所有，这风俗或许会在一夫一妻制的某天所兴起。患者由这部分的仪式曾记得一些过去，引起几种联想。她在小时候，曾手拿一个玻璃杯或瓷瓶失足跌倒以致手指被划破流了很多血。她长大时对于交媾已有所知，担心没有出血而有非处女之嫌疑。她害怕花瓶打碎即表达了她要抛开所有的关于贞操及正常的交媾流血之事的情结，也为了摆脱不会出血的焦虑。实际上，她的顾虑与防止声音的关系相当远。

某天她想到了这个仪式的核心观念，突然明白自己为什么不使长形枕接触床背。她认为长枕很像一个妇人，直挺挺的床背更像一个男人。所以，她就像在用一种魔术般的仪式，把男人与妇人隔离开；即把父亲与母亲隔开以避免发生交媾。在这个仪式没有出现之前的很多年里，她就曾用更加直接的办法来实现这个目的。她伪装成胆小或易于惊惧的倾向，使她的卧房与父母的卧房之间的门敞开着。如今这仍是仪式之一，她还利用它偷听父母的举动。这件事致使她失眠数月。如此打扰父母她仍不满足，有时候她还睡在父母中间。因此，她隔开了"长枕"与"床背"。以后，她长成了大人，已经不能理所当然地与父母同床，于是她假装胆小害怕，使母亲与她交换而自己好和父亲同睡。毫无疑问这件事是幻想的起点，它的结果在这个仪式中显而易见。

如果长枕是女人的象征，则她抖动着鸭绒被使毛羽下降隆起，的确也有其意义。这是什么意思呢？答案是怀孕；然而她也不希望母亲再次怀孕，她一直以来很担心父母交媾的结果，也许会再生下一个孩子，如此那就会多了一个对手。反过来说，假如长枕代表了母亲，而小枕则代表了女儿。至于将小枕头放到长枕上面形成菱形，她则把头枕在菱形的中心有何用意呢？她很快就想到了菱形常被用于墙上的图画里代表了女性的生殖器。因此，她将自己视为男性或父亲，而以自己的头代表了男性生殖器。

你们也许会问，处女的内心竟然会有如此可怕的思想吗？我承认这思想实在可怕。然而你们莫忘了，我并非创造这种观念，而只是使它们显形而已。睡前的这些仪式真的是很奇怪，你们不必否认这种仪式与幻想之间因解释所暴露出来的相似之处。不过我觉得你们应该记得，这种仪式并非某个单独幻想的产品，而是若干幻想混合而成，这一点更加重要，只不过那若干的幻想总是汇合成某个点罢了。你们仍须牢记，女孩的仪式的细节对于性兴奋有消极的和积极的两种影响，一部分表示为性的兴奋，一部分则表示为性的压抑。

如果我们将患者的其他症状与这个仪式关联起来加以分析，则其结果或许更丰富。但是我们现在的目标却不是它。如今你们必须了解，患者在童年早期曾对父亲产生过一种"性的迷恋"。这种迷恋使得她神魂颠倒，如痴如狂。她之所以对母亲的感情如此恶劣，或许这就是理由。尚有一点我们也不能轻易忽略，即关于这种症候的分析再度指向了患者的性生活。我们对于精神病症候的意义与目的了解越深，对这一切就更不足为怪了。

通过上述两个例子，你们已了解精神病症候是有意义的，与过失和梦并无不同，同样那些症状也都与患者的生活经历密切相关。但我希望你们经此两例的分析就理解我的这句话的意义吗？当然不行。不过你们是希望我继续多多举例，直至你们相信吗？当然那也不对；由于每个患者都不得不经过长期的治疗，因此我如果想把精神病症候的理论充分地讨论，就免不了一个星期讲五小时之多，要用一个学期方可讲完。所以，我必须仅以此两例证实我所说的理论；你们却可以参阅关于这一问题的著作，如布洛伊尔与荣格所写的书以及我们发表的各种论文。既然精神病症候的分析解释引起了分析家的注意，自然精神病的其他症状就被暂时搁置了。

你们之中无论是谁，如果对这个问题曾有相当的研究，都会深感其证据材料何其丰富。不过也会遇到困难的。我们已了解到，一种症状的意义与患者的日常生活密切相关。如果这种症候的形成因人而异，那么我们就能更清楚地发现这种关系。所以，我们就要为每种无聊的观念与每个无用的行为，寻求到在何种情境之下，这种动作得以显现和这个观念所以产生。上述那位在桌边按铃召唤女仆的患者的强迫性行为，就是这种症候的完美模式。不过与此完全不同的症候同样屡见不鲜。例如，某些典型的症状一般在各种病例之中都有，除去了所有的个体差异，致使很难发现病症与患者生活或过去特殊情境的关系。我们再来讨论强迫性精神病，再选取那个做睡前仪式的患者为例，尽管她所表现的许多个体的特性，使其作为一种"历史的"解释完满；但是，所有的强迫性精神病的病人总会孤立某一动作，做有规律的再现。很多患者终日清洗个不停，还有"广场恐惧症"的病人不再被视为强迫性精神病患者，却同样不耐烦又单调地表现出同样的病态特征。他们对被围起来的空地、宽敞的广场及长的直路或小道非常恐惧，如果有人相随或有车伴随其后，他们就觉得受到了保护。然而除了基本的共同点以外，每个患者都有其个体特殊的情形，彼此差别显著。例如，患者甲害怕小道，患者乙害怕大路；而患者丙看到四周很少人时，患者丁却在四面都有人时，才能前行。癔症亦然，除去患者个体的特殊情态外，这种症候常有许多共同的特征，似乎很难以各人的历史作为解释的依据。但我们不能忘记正是由于这种症候，我们才得以进行下一步诊断。如果我们已了解癔症的某种特殊症状源起于一种或一组经验，例如一种癔症的呕吐源于一组恶臭印象，现在假如发现另一种呕吐源于完全不同的他种经验，就会使人困惑了。癔症患者总因某种不明的原因而呕吐，经分析可发现其所谓的历史原因，好像只是病人在内心需求的驱使下任意编造的一些托词，以示掩饰。

所以，我们的结论不免使人感到沮丧。尽管精神病症候的个体特殊性的确可依据患者的历史经验得到理想的解释，然而这些症候的所有常见共同症状却是我们的精神分析难以解释的，而且我们至今也没有告诉你们，在寻求某种病症的历史的意义时也将是困难重重的。我也不打算告诉你们，虽然我并非有意对你们有所隐瞒，但是在我们共同研究的最开始就使你们困惑万分以致惊异得发呆也是不可取的。关于症候的了解我们固然不是刚刚起步，但我们仍然坚持已获得的知识，一步步地去解决未知的难题。因此我要用以下的方法鼓励你们：即各个症候之间，要假设其基本的区别几乎不可能。假如每位患者的不同症状能够以其生活经验来解释，则某种关于典型的症候未尝不能以人类共同有经验来解释。精神病的常见特征，如强迫性精神病的重复性动作及多疑，或许都是最普遍的反应，只是患者因其病理变化致使这些反应被迫变本加厉罢了。总之，我们没有理由灰心丧气，应该看看我们还能发现些什么。

我们在梦的理论上也遭遇了极其类似的困境，然而，我们在前面讨论梦的时候对这一困境并未加以论述。梦的显意本来复杂，因人而异；由这种内容分析而得的结果，我们已经详细讨论过。然而一些梦也堪称为人类所共有的、典型的，内容相同，因此分析时困难没有分别。比如，梦里跌落、飞行、浮水、游泳，或者被掣肘、裸露身体以及各种焦虑的梦，这些梦根据做梦者的不同其解释也彼此不同，而究竟共同之处在哪里，尚没有加以说明。不过我们注意过这些梦的共同基础也掺杂着个体的特征。或许通过其他的梦的研究能得到关于梦的生活的知识，将能够解析这些梦，不必强作曲解，只是渐渐扩展我们对于这些事实的理解已足够。

第十八讲　创伤的执著——潜意识

前面我们说过，我们把已获得的知识，而不是已引起的怀疑作为继续研究的出发点。不过之前我们列举的两个典型实例作为依据分析所得的结论虽然圆满有趣，却未加以讨论。

第一，我们认为上述两例中的患者都"执著"于以往的某点，不知如何去寻求摆脱，最终与现在及将来脱离了关系。他们好像是借病遁世，就像古代的僧尼隐居在修道院中度过余生一样。对于第一例的患者来说，那段早就结束的婚姻在实际上对她的生活所产生的影响可以说是无限大的。她的症状使得她与丈夫继续维持着婚姻，我们在她的病态中好像听见了为丈夫辩护，原谅他、赞美他以及怜惜他的声音。尽管当时她很年轻，可以吸引其他的男性，但是她却以种种或真实、或虚伪、或幻想的理由坚守着对丈夫的忠贞。因此，她不见陌生人，不装扮自己，甚至一旦坐下便不轻易站起；拒绝签名，不送礼，以避免她所拥有的东西落到他人手中。

至于第二例的患者，这女孩早年对于父亲的"性的迷恋"，此时仍大肆作怪。她明知有病就不能与他人有婚姻，由此我们可揣摩她之所以生病，在于不结婚而能常常依恋着父亲。

我们不禁有怀疑：一个人对于生活要如何或为什么要有这种异常的、无益的态度，如果这种态度并非这两个患者所独有，而是所有精神病的共性的话。其实，这的确是所有精神病的普遍的、重要的特征。布洛伊尔所接诊的第一例癔症患者，在其看护重病的父亲时表现出了可怕的势头。她虽已康复，但从那以后就变得不能应付生活了，尽管健康有活力却不能处理做女人的本分。经过分析我们可知，每位患者的症状与结果，都会使执著于过去的某个时期。对于大多数的病例，这个过去的时期经常是生平中最早的那一阶段，比如儿童时期，甚至更早的婴幼儿阶段。

与精神病患者的这种行为最接近的，我们可取近几年欧战中的流行病即所谓的"创伤性精神病"作比。自然这种病症也出现在战争之前，如火车失事或其他各种危及生命的可怕经历之后。创伤性精神病与那些自然发生的以及我们常作分析治疗的精神病不同；当然我们也不能以关于其他精神病的各种观点来解释它，这一点我想以后再告诉你们理由。然而，在此要强调的是这种精神病与其他精神病完全相同的一点。对于创伤性精神病来说，其病源的所在就是对于创伤发生时的执著，这是显而易见的。这些患者常在梦中被召回到那些创伤发生时的情境里去；就一些可分析的癔症来看，癔症的发作似乎就是这一情境的完全重现。之前这些患者无法充分应付这种情境，现在似乎仍然不能完成这一工作。所以，我们必须特别重视这一点，由此我们发现并了解到精神生活中所谓"经济"的概念。"创伤"的说法也不过是这"经济的"意义而已。如果在一个很短的时期里某种经验使心灵受到一种最高度的刺激，导致其不能以正常的方法求得适应，因而使心灵的有效功能的分配被永远地扰乱，我们把这种经验称作"创伤性的"。

鉴于这一类比关系，我们就以"创伤性的"一词命名精神病所执著的经验。至此，我们为精神病提出一个简单的条件，即如果一个强烈的情绪体验超出一个人所能应付的极限，其结果便导致精神病，精神病之所以形成与创伤病大致相似。实际上，1893年到1895年间，布洛伊尔和我为将我们所观察的新事实归纳为理论而建立起的第一个公式，与这一观点罕见地一致。对第一例中与丈夫分居的少妇来说，同样不违背这种说法，由于她无法对有名无实的婚姻"无憾"，于是对这一创伤的情境仍然执著。至于第二例依恋父亲的少女，很明显就发现了这一公式的缺陷。第一，女孩子崇拜父亲，这种经验极其平常且往往随着年龄的增长而削弱，"创伤性的"一词也因此丧失了意义；第二，由这一案例的经过可知，它在表达着一种对初次性爱的执著，当时看似十分无害，却在多年以后表现为强迫性精神病的症候。精神病的成因常因此极其复杂多变；但是，我们不必把

"创伤性的"观点视为错误而放弃，它在其他方面仍可对我们的理论有帮助。

所以，我们现在不得不放弃刚才所采用的方法。此路此时已经不通了，而我们则必须再多加研究，方可找到满意的道路。不过，在离开"创伤的执著"这个问题前，我们应该意识到这种现象在精神病以外也随处可见；每例精神病都包含了这样的一种执著，然而却不是每种执著都将导致精神病或与精神病相关，或都在精神病的发作时发生。例如，悲伤被看做是对过去事件的情绪执迷的佳例或典型，又与精神病相同，完全脱离了现在及将来。但是悲伤与精神病的差别，普通人都明白。另外，一些精神病却被称为"病态的悲伤"。

假如一个人因其创伤的经验而致使生活的整个结构发生动摇，确实生机全无，永远沉迷于回忆中，对现在和将来都毫无兴趣；不过这种不幸的人未必变为精神病。虽然，这也是精神病常见的和重要的特点，但我们不要过分重视这一点而把它视为精神病的属性之一。

第二，我们现在转述在分析中得到第二个结论；对此我们没有必要去加以限制。关于第一例的患者，我们已了解她的一些无聊的强迫性行为以及由此引起的所谓亲切的回忆；我们也讨论了这两者间有怎样的关系，并且也由这个关系推知强迫性行为的目的何在。然而，我们却完全忽略一个相当值得注意的因素。患者在重复强迫性的动作时，并不了解该动作和以往的经验相联系；这种关系是隐藏在背后的，究竟是怎样的冲动在其背后推动，她根本不清楚答案。后来由于治疗的影响，她忽然间发现了这种关系并向我们诉说，当时她也不了解这种行为的目的在于修正她过去的痛苦经历，并抬高她所爱的丈夫的身价。在经过一番长期的努力后，她才了解并承认这一动机竟然可造成强迫性行为实现的力量。

结婚第二天清晨的情景，与患者对丈夫的柔情爱意，组合而形成了我们所认为的强迫性行为的"意义"。然而，她两个方面都无法了解，在她出现强迫性动作时并不了解它的原因及目的。因此，她的内心总有某种心理活动持续地上演，它的结果便是强迫性的行为；她一如平常知道了这种结果，但是在结果之前的心理活动，在意识里却是无所知的。伯恩海姆曾经做过催眠的实验,让被催眠者于五分钟后在卧室撑起一把伞,被催眠者果真依言而行却不明所以;我们的患者其行为正如被催眠者一样。这就是我们谈到的所谓的"潜意识的心路历程";假如没有人能对此事给予更正确、更科学的解释,我们就愿意坚持"潜意识的心路历程"的存在。如果有人抗议说潜意识在科学上不过是一种权宜之计,是有名无实的,我们必须反驳其言论主张完全是不可理喻的。一些不存在的事物,却能够产生强迫性行为这般显而易见的现象呢!

而第二例的患者大体上也是这样。她制定的一个准则,不使长枕直接接触到床架,却同样不知这准则有何缘由、意义及力量。对于这个准则,她不管是坦然以对,或竭力反抗,或坚决拒斥都无济于事。她也想寻求其原因,亦是徒劳。关于强迫性精神病的诸多症候、观念和冲动,一是无人了解它的起源,二是它能控制常态的心理生活所无力反抗的阻力,因此在患者自己看来,也觉得它们就像来自另一世界的强大的妖魔,抑或是混迹于人世间的鬼怪。由这些症候中,我们明显地看见有一个与其他活动隔开的特别区域的精神活动。换言之,这些症候大都是潜意识的证据,正因为如此,只承认意识心理学的临床精神病学,面对这些症候时皆束手无策,只好称它们是"特种退化的象征"。强迫性的观念及冲动本身原与强迫性的行为一样,并非潜意识的。假如它们不进入意识,必然不能致病。然而,经过分析我们发现的一些前驱心理过程以及因解释而发现的连锁关系则的确来自潜意识,至少患者由于精神分析的研究从而了解意识到这一经过时为止。

另外,再请你们思考下面几点:1.每种精神病的每一症状,皆足以证明这两例所有的事实;2.不管何时何地患者都不了解这些症候的意义;3.经过分析可知,这些症候源于潜意识的心理过程,然而,在万事顺利的情形下,又可转变为意识的。所以,你们应该了解,精神分析对于诸如无心灵的潜意识是无计可施的,况且我们更习惯把潜意识视作实体性的事物进行处理。你们也许要承认,只知道"潜意识"一词的人们,却从不曾对此分析,或不曾研究精神病症候的意义及目的,简直没有资格对这个问题做发言。因此,我再次提及此事来唤起你们的注意,既然精神分析能够发现精神病症候的意义，由此可知潜意识的心理过程的存在，其证据不可否决，或者我们至少有必要以此作出假设。

然而尚有一点，我们认为这是布洛伊尔的第二个发现，这功绩属于他一个人，我认为它比第一个发现更重要，使我们更能明白潜意识与精神病症候之间的关系。原来，不但各种症候的意义总属潜意识领域，其症状与潜意识之间尚有一种互相替代的关系；而这一潜意识活动的结果便致使各种症候的形成。对于这一点，不久你们便可明白。布洛伊尔有一主张与我相同，那就是：每遇见一种症候，即可推断患者内心就有一种潜意识的活动，包含有该症候的意义。反之，这种意义首先必然是潜意识的，而后方能产生症候。因此，症候非源于意识的心理过程；只要潜意识的心理过程转换为意识的，则症状必然消失。这便是你们努力寻求的精神分析治疗的出路，即消除症状的一种方法。布洛伊尔曾以该方法使患者恢复健康，或消除了各种症候的束缚。他发现了这一方法能使患者将包括症状意义的潜意识心理过程引入意识之中，这些症候便随之消失了。

布洛伊尔的这一发现并非由推理产生，而是因患者的合作才有了这个幸运的观察的结论。你们切莫要把这件事与你们已知道的事勉强相类比，牵强附会以求增加了解；你们应当承认这基本上就是一种新的事物，以此说明许多别的事实。所以，我们将要对此事作下面的引申。

症状的形成实际上是潜意识里他物的代替品。一些心理过程，在常态下必然发展到在患者的意识里清楚了解才罢。假如这种发展被中断，或假如这些心理过程突然受阻而成为潜意识的，则症候随之而生。所以，各种的症状就是一种替代物；假如我们能以精神分析疗法重新还原出这个过程，那么我们便可成功地消除这些症候了。

布洛伊尔的发现仍是精神分析疗法的基石。从之后的研究结果来看，可以证实症状的消失在于潜意识的心理过程成为了意识的心理过程，尽管要实现它必然会遇到意料之外的艰难。将潜意识的事物转化为意识的事物便是我们的治疗工作；在这一变化发生之后，我们的工作便可以完成了。

现在，我将简短地说些题外话，希望你们不要将这个治疗的效果想象得太容易成功。据我们已知的结论，精神病是因疏忽而不知应当知道的心理过程的结果。这听起来很像苏格拉底的名言——罪恶源于无知。经验丰富的分析家在分析时，常易于了解患者的潜意识情感是哪一种。因此，治疗时应该说困难不大，因为你要将这些知识告诉他，消除其无知便已足够。其症状的潜意识意义至少有一方面采用此疗法较容易，而另一方面也就是患者过去的生活与症候的关系却是不易从中推出来的；由于患者的所有生活经验本不为分析家所知，只好等待患者记得时再告之。不过从这一点看来，很多情况下可以假道以求。我们可询问患者的亲朋好友以获悉其过去的生活；这些人常常知道他的创伤因何而引起；或者可以把患者忘记的事实加以述说，因为这些事都发生在他的幼儿时期。假如我们现在将这两种方法综合应用，那么要将患者不了解的病源在短时间克服或许并不难。

若如此便是万幸了！事情往往会出乎我们的意料之外。这种知与那种知并非相同之物。其种类不同，则在心理学上就绝不存在同等的价值。莫里哀所说的"人各不同"真乃良言！医生的知与患者的知是不同的，效果当然也不相同。如果医生将自己的知告诉患者，同样是无效果的。这种说法或许不够准确。我们也可以说这种方法确切，不能解除精神病的症候；不过它还有另一种效果，也就是使分析得以继续，往往在此所得的第一个结果就是一种坚决的否认。患者已了解到症候的意义，不过她所知有限。于是，我们了解无知也不是仅此一种。我们必须对心理学有更为深刻地了解，才能辨明这些无知的不同之处。但是"了解症候的意义即可使症候解除"这句话，仍然不失为真理。不过它必需的条件是：这个"知"必然要以患者的内心改变作为基础，而内心的改变也只能指向此目标的精神治疗。于是，我们遇上了诸多问题，不久便可成为症候形成作用的动力学了。

至此，我要停下来问问你们，是否觉得我所讲的内容晦涩难懂又杂乱无章？我是不是常在说出一段话之后又指出其局限；引出许多的思想，又任其掉落；使你们觉得莫名其妙？假如果真如此，我将感觉非常抱歉。然而，我宁愿你们充分感觉这一学科的复杂和困难，也不会为求简单而以混淆视听为代价，而且我相信即便我告诉你们的话你们一时不予接受也是无妨的。我了解听众与读者都可将听到和读到的信息整理归纳为适合自己的脾胃，化长为短，化繁为简，将其所想所记的加以摘要。大致说来，这话是正确的：就是最初听得越多，最后所得也越丰富。所以，我的话尽管繁杂，而你们却也明白了所讲的潜意识、症候的意义以及两者之间的关系等诸多要点了。或许你们也明白了我们今后将努力遵循两个方向前行：其一，了解患者的病源，知道其如何采取一种病态的生活态度；这是一个临床问题；其二，了解其如何从精神病而形成病态的症状；这却是一个精神动力学的问题，这两个问题必然在某处相互接触交会于一点。

今天我们的演讲将不再继续讨论了；然而尚未到下课时间，因此请你们留意上述两个分析的另一特点：记忆的缺失或健忘症，这又是以后才能完全明白的重要一点。你们已了解到精神分析的治疗可用一个公式来归纳：即凡是属于潜意识里的病源都必须进入意识之中。现在这一公式还可以另一公式取而代之：患者所有缺失的记忆都必须补充完整，换言之，我们必须想方设法解除患者的健忘症；听到这样的话，你们不免感到惊异。实际上，它的意思并没有变；我们必须肯定症候的发展与健忘症之间有着重要的联系。然而，假如你们研究上述分析的第一例的患者，你们便能察觉要证实这个健忘症的观念绝非易事；因为患者并没有忘记所召回的强迫性行为的情境，仍记得很清楚；关于致病的其他因素也不曾忘记。至于第二例，就那位具有强迫性仪式的女孩而言，记忆也相同，不过是稍欠清晰。她也不曾真正忘记几年前的行为，比如强迫父母与自己的卧室之间的门开着，让母亲不能与父亲同睡等，她的确记得，只是觉得有些不安。要特别关注第一例的患者，尽管她已无数次地实践了那种强迫性的行为，却从来不曾察觉它与新婚之夜的情境相类似，也就是在她被要求直接寻求强迫性动作源于何处时，她却忘记了这件事。同理，第二例中的女孩子不但夜夜照例重复排演着她的仪式，引起这种仪式的情景莫不如此。两者都没有真正的记忆缺失或者健忘症；然而，应当存在并用来引起记忆的线索却被剪断了。这是一种记忆的障碍，由此便足以形成强迫性精神病了；癔症与此有些不相同。癔症通常以大范围的遗忘作为特征。大意是关于癔症的任一单独症状的分析，都将引起以往印象的整个线索；在这些印象被重新记起之前可说是曾经被真正地遗忘了。一方面这一线索可以回溯至最早的幼儿时，即婴儿时期的遗忘；另一方面，患者同样易于淡忘最近的生活经验，不能不使我们惊奇，特别是致使生病或病情加重的原因，如果不是全部忘记，就必定至少有一部分无法记得了。一些重要的细节或全部遗忘，或代之以假象。大体上说，对一些近期生活的经验的回忆，总是避开分析者的注意，使得患者的整个经验留下引人关注的一个缺口；直到分析治疗的结束前，新近的生活经验的回忆方能浮现在意识里。

　　我们曾经说过记忆能力被破坏乃是癔症的特征，并且有时候症候性的状态也就是癔症的表现，虽经发生却不必在回忆里留下痕迹。由于强迫性精神病与它是不一样的，我们便可推断遗忘的现象是癔症的心理特征之一，却不是一般精神病的共性。这种区别的重要程度会由于下面的讨论减少。一种症候的意义是由两种因素混合形成，即来源和趋向或者原因，也就是说，一是引发症候的印象和经验，二是症候所要达成的目标。关于症状的来源可以分析成诸多的印象，它们都来自外界，最初都是意识的，后来由于遗忘而成为潜意识的。作为症候的缘由或趋势常为内心的历程，最初可能是意识的，也可能永远都不是意识的，一直在潜意识之中逗留。因此，关于症候的来源或者说是症候所赖以维持的印象是不是被遗忘了是无所谓的，正如癔症一样；症候的趋势在开始时可能是潜意识的，这在癔症和强迫性精神病里都是一样的。

　　因为我们十分强调精神生活的潜意识，势必会引起人们对精神分析的反抗。对此你们不必惊讶，觉得这样的反抗是他们不了解潜意识，或者难以寻求潜意识存在的根据，而我却认为必有一种更深的动机。人类的自尊曾先后受到科学的两次重大冲击。第一次是认识我们的地球不是宇宙的中心，而只是茫茫宇宙体系中的一个小斑点而已，这一发现当归功于哥白尼，尽管亚历山大的学说也曾有类似的见解。第二次就是生物学的发展使人类沦为动物界的一个物种，剥夺了人高于万物、人由上帝所创的特权，人的身上同样具有无法消灭的兽性：这一人的"价值重估"的功绩应归功于当代的达尔文、华莱士及前人的共同鼓吹之力，也曾遭到了当代人们的最激烈的抗议。现在，人们的自尊心又要因为现代心理学的研究，而遭受第三次最为严重的侮辱与打击。这种研究将告诉每个人"自我"的真实面貌，证明我们纵然在自己房间里也不能主宰自我。并且，即使得到少许潜意识的心理过程的信息，就可以引以为豪了。事实上，观察人类的内心并非由我们开始，也不仅是我们的精神分析家；我们也只是坚决地主张这是我们的本分，并且以各人所认为的秘密经验作为证据而已。世人大多对精神分析提出责难，更有甚者，罔顾作为学者的态度与严谨的逻辑，当然这也是主因。此外，我们也在其他方面被迫干扰了世界的安宁，关于这一点我们很快将进行讨论。

第十九讲　抗拒与压抑

诸位，我们想要对精神病有更深了解，那么所需材料也将更多；其中有两种观察唾手可得。它们尤其特别，开始时还使人感到惊讶。去年我们曾做过准备，现在讲起来较容易了解。

首先，我们根据患者的症状进行治疗时，自始至终，患者都对我们有着强烈的抗拒，这种情形很奇怪，使人难以置信。然而无须向患者亲属谈及此事为最好，他们总认为我们以此推托来掩饰治疗的长期或失败。患者虽表现出这一抗拒，却不承认是在抗拒；假如我们使其认识到抗拒的事实并且承认，便可称为治疗上的极大进步。可想而知，由于这些症状患者和亲友都陷于烦恼不安，接受治疗又在时间、金钱与精神上做如此大的牺牲，最终却因为病症拒绝所有的援助。这样岂不是太不合情理了吗？然而这的确是事实，假如你们以不近情理发难，我们便只有列举类似的事件做出答复：某人牙痛去看牙医，而当医生拿来钳子要敲去腐牙时，他却想法推脱了。

患者表达抗拒的方法既多又巧妙，常难以辨清楚，分析家要时时小心提防。我想对于在精神分析治疗中所用的方法，你们已经由于梦的分析很熟悉了。我们将设法令患者处在一种冷静的自我审视的情境中，不去想任何事情，然后内心所能感觉的一切，例如感情、思想和回忆等，按其在心中浮现的顺序依次倾诉。我们事先予以警告，不得对观念和联想加以选择或取舍，不管那些观念是太"讨厌"或太"无聊"而说不出口，还是因其太"不重要"或太"无关系"、"无意义"而不值一提。我们要使其只注意浮现于意识表面的念头，抛开一切抗拒，再告之以治疗的成效，特别是治疗的时间都将因他是否遵守基本的准则而定。就梦的分析的方法而言，我们了解但凡极力怀疑或否定的联想，常包含有作为发现潜意识的材料。

建立这个准则以后所发生的第一件事，乃是患者以该准则作为抗拒的首要目标。患者想尽各种可行之法挣脱它的束缚。他先是说心中一无所有，后来却因想到的太多而无从选择。其次，现在我们惊奇的是他时而反驳这个观念，转而又反驳那个观念；从他说话时出现的停顿可推断得知。最后，他宣称那些令自己羞愧的事确实不宜说出来，因此，这种情感使他打破了信约。或者他刚想起一事，却觉得此事无足轻重，或太无所谓，甚至极其荒唐，认为我们势必不要他报告这些内容。于是，他在拖延，一会儿用这种方法，一会儿又用其他的方法，他不停地说着要把全部说出来，其结果却是一事未说。

不管我们遇到哪一类患者，总是设法隐藏其某一部分的思想，以此防御医生的进攻。有位患者平常就很聪明，曾经一度把最亲密的爱恋隐藏了几个星期之久；我告诉他不该破坏精神分析的准则，他狡辩说，那是他的私事。精神分析疗法当然不包容患者的这种庇护权，若是如此，就好像我们一面努力抓捕罪犯，另一方面又准许在维也纳城设置特区，并禁止在市场和教堂旁边的广场中抓人。那么罪犯当然会在安全的地方藏身了。以前，我曾经准许给予某个患者这种额外权利，因其必须恢复工作的能力，他是一名政府官员，受誓言的约束而不能将某事告诉他人。对于这个结果他很满意，而我却非常不满，此后，我便下决心不再让同样的情形发生了。

强迫性精神病患者总是多疑而顾虑重重的，很容易使我们的准则几乎无用。焦虑性癔症患者有时会让这些准则变得荒唐可笑，他们只引发一些风马牛不相及的联想而使分析无从入手。然而，关于这些治疗上的困难我并不想多说。你们只要了解我们用决心和坚忍，最终使得患者稍微遵守了治疗的准则，但是他们的抗拒却完全转换方向了，即表现为理智的批判，运用逻辑工具，把普通人对精神分析学说的指责据为己用。所以，我们便不得不从每位患者口中听闻科学界对精神分析所施加的批评和抗议。外界对我们的批评丝毫不见新意。的确这只是小茶杯里的风浪，而患者也仍然是可说服的，他比较喜欢我指导他，驳倒他，并列举一些参考书让他看，使他有更深入地了解；总之，精神分析如果不涉及他本人，他立刻就成为精神分析的拥护者。然而，我们就在这一求知欲中发现了他的抗拒；他是借此来逃避所面临的特殊工作，当然这是我们所不允许的。关于强迫性精神病，这种抗拒还会利用某种特别的策略，也是在我们的意料之内的。既然分析进行得很顺利，病症中的所有问题渐渐明朗起来，而最后使我们奇怪的是，这些分析为何没有效果而让症状得到改善。结果我们发现这种强迫性精神病的抗拒是以怀疑作为特征的，它成功地使我们束手无策。患者好像说了一些此类的话："这些都很有意思，我愿意继续接受分析，如果它是真的，当然对我有帮助，可是我一点都不信，我不相信，那么我的病就不受其影响。"长此以往，最后所有的耐心都磨没了，于是又表示了坚决的抗拒。

理性的抗拒当然不是最恶劣的一种，我们经常战胜它。但是患者总是了解怎样在分析本身的范围之内展现抗拒作用，因此克服这些抗拒是精神分析治疗时最为艰苦的工作。患者对于过去生活中的一种感情或心境不是去回忆，而是直接再现，使其复活起来，用所谓的"移情作用"以反抗医生和治疗措施。如果患者为男子，他于是借助于父子关系，使医生权代其父，而据理力争个人的独立和思想自由表示反抗，或者因为野心而反抗，野心的最初目的即是争取与父亲平等或胜于父亲，或者要抛开再次感恩图报的责任进行反抗。我有时会认为患者在竭力寻找分析家的过错，令其自卑以企图打败他，而且把他治愈疾病的愿望完全消灭掉。女性患者更习惯于对分析家示以"爱"的移情以达到抗拒治疗的目的；而当这种爱上升到某种强度，那么对于实际治疗的兴趣及接受治疗的束缚都视而不见了。接着，随之而来的嫉妒以及不管被如何委婉地拒绝后所产生的怨恨，无不破坏着与医生的个人关系。于是精神分析失去了一种最为强大的推动力量。

对于这种抗拒我们不应当只是严加谴责。事实上它已经囊括了患者生活中的很多重要的信息，既然这些信息已经显露，分析家的技术如果非常精巧，就可以把这些抗拒直接转化为对自己的莫大帮助。需要注意的是，这种信息材料首先常作为一种抗拒，一种伪装于治疗有碍。我们还了解到，患者就有用他的自我的性格及个人态度来进行反抗的。如此随着精神病的症状和要求而呈现出的这些性格特征，使我们得以看到平常不易清楚展现的材料。你们无须觉得，我们把这些抗拒的出现看做于分析治疗有威胁的意外或危险。其实，这些抗拒必然出现是我们已知的；只是在它们不能准确地引起而使患者明白此乃抗拒的时候，我们才感到不满。所以，我们了解克服这些反抗，是精神分析的重要工作，也是治疗稍见成绩的证明。

此外，你们仍要注意患者常利用分析时所有的偶发事件，例如分散注意力的事件，或朋友中他所敬仰的人对于精神分析的指责，或者是足够使精神病加重的机体功能失调等，用以阻挠精神分析的进行；甚至症状的每一次改善都可成为反抗治疗的动机。因此，你们大致能了解分析时所遇到的抗拒究竟有什么样的力量和采用什么方式了。我们之所以对这一点不厌其烦，是因为我想告诉你们，我们对于精神病的动力学的概念，其依据所有患者对自己症候的抗拒治疗的经验。我和布洛伊尔原来以催眠术作为实施心理治疗的工具。布洛伊尔的第一个患者完全在催眠暗示的状态中接受治疗；最初我也曾用这一方法。我承认当时我的工作是比较顺利的，而且时间也比较经济；然而治疗的效果却反复不能持久；于是我最后便放弃了催眠术。我了解只要应用了催眠术的治疗，便再无了解这种病症的动力学的可能。因为在催眠时，患者的抗拒作用医生无法观察到。催眠术消除了抗拒的力量，其固然可以开发一部分的现象以作为精神分析的研究，然而，反抗力也由此而聚合于此处的分界线上，再无攻破之日；于是就与强迫性精神病的怀疑相同。所以，我认为放弃催眠术之后，精神分析才算是真正开始。

假如研究抗拒作用之事如此重要，那么与其非常草率地假设它的存在，倒不如郑重其事才是明智之举。一些精神病或许确实由于他种原因致使联想停滞，或许关于我们常说的那些驳斥确有值得我们加以注意的，或许我们不应当随意将患者的理智的抗议视为抗拒而置之不理。然而，我将告诉你们的是，我们对这件事情绝不是草率从事的；我们有机会在患者出现抗拒之前和抗拒作用消失之后来观察其状况。在接受治疗时，其抗拒的程度是不断变化的，每有新的问题迫近时，患者的反抗力常随之增强，反而当我们进行研究之时，反抗力升至峰值；而在研究结束时，反抗作用强度最低。假如我们治疗方法上不出现错误，必然不会立刻引起患者可能的充分抗拒。因此在分析时，我们能很容易看出，在分析过程中，同样一人，在分析的过程中时而再三反驳批判，时而默无声息。如果我们使患者特别感到痛苦的一些潜意识信息侵入其意识里，他便表达着极端的反抗；纵然之前他已了解而且也接受了许多，此刻也难免前功尽弃；他企图反抗时的行为正类似如智障者或"情绪性迟钝"者的行为。如果在我们的帮助下他克服了新的抗拒，就会重新恢复理解能力。他的批判力不能单独行使，因此我们无须重视它；它只是为抗拒作用所支配的情绪的奴隶而已。他对于自己不喜欢的事都给予巧妙的驳斥，但合乎脾气之事立刻信以为真。或许我们都是同样的，一个接受分析的人，他的理智很明显由感情生活予以支配，是因为他在分析时受到了强大有力的压迫所致。

　　我们对于患者不愿使其症候消失及心理过程恢复为正常的事实，究竟做何解释呢？我们可说成，这其中所面临的是一种强大的力量以反对治疗的进行；而当时引发病症必然也是同样的力量。在最初形成症候的时候，一定也有一种心理过程，其性质如何要通过我们的治疗的经验推断出来。由布洛伊尔的观察来看，我们了解到这些症候的存在，首先是某种精神历程在常态下无法完全进行，致使不能引起意识；于是症候即成为这种未完结的精神历程的替代物。现在，我们知晓了我们所猜想的运行着的力量究竟在哪里。患者必然是曾竭力阻止有关的精神历程侵入意识里，其结果成为了潜意识的，而潜意识具有了形成症候的力量。在进行分析治疗时，这股强大的力量再度活动起来，阻止着化潜意识为意识的企图。这就是我们所了解的抗拒方式。而因抗拒作用得以呈现的病态历程，则称为"压抑"。

　　我们现在要用更精确的语言来表述这一压抑过程的概念。这个历程是症候之所以发展的主要先行条件，不同于其他的历程，它没有平行现象的存在。且举例说明，一种冲动或精神历程想要实现成为动作时，可能由于动作者的"拒绝"或"责难"而被取消；此时这一精神历程的全部力量将因退缩减弱，却仍然会留存到记忆里。这一决断的过程是动作者自身所充分了解的。假如这种相同的冲动受到压抑，其结果将与此大相径庭。虽然冲动的力量仍能保存，却不会在记忆里留下痕迹；自我虽无所知，其过程仍可完成。现在，这一比较仍不能使我们对压抑的性质有更充分的深刻了解。

"压抑"一词可以由于一些理论性的概念而具有较明确的意义，现在我便要说明这些概念。为了这个目的，首先必须由"潜意识"这个词纯粹地叙述其意义，进而叙述其系统的意义；换句话说，我们决计把一种心理过程的意识或潜意识，仅仅作为这一历程的属性之一，却不必是决定性的。假如这种历程是潜意识的，而不能侵入意识里或许只是其命运的一个信号，却不必成为它的最终命运。为了使这种命运的观念更为详细具体，我们说每一心理路程，首先存在于潜意识的状态之内，之后逐渐发展转变成意识的状态，正如照相这种技术，首先是底片，然后印成正片进而变成图像。然而却不是每一底片都必然印成正片，同样地每一潜意识的精神历程也不必都转化为意识的。这个关系最好用下面的话说明：每一个独立的心理路程首先是属于潜意识的心灵系统，然后经由某种条件的作用，进而转化为意识的系统。

关于这些系统，最简单又最便利的概念是一种空间的概念。于是，潜意识的系统以一座大门作比，在这个门厅里，各种的精神冲动都是众多的个体，挨挨挤挤地拥在一起。有稍小的房间与大门厅相毗连，就像一间接待室，而意识就在此处停留。而在这两个房间相衔接的门口站立一人，负守门之责，考查、检验着各种精神的冲动，他所不喜欢的那些兴奋便要禁止进入接待室。你们立刻就明白了，不管那守门之人到底要将哪些冲动在门口逐出，还是要等到其冲进接待室后再将其驱逐，都不重要；那不过是他在辨认上的周密敏捷度的不同而已。现在，这一比喻可用于扩充我们的名词。在门厅里，潜意识如果迫近门口而被守门之人赶出，便不能转化为意识；这时我们称它们是"被压抑的"。而那些被允许进入接待室的兴奋，只有在足以引起意识的注意时，方能成为意识。所以，第二个房间被称为"前意识的系统"。至此，这一成为意识的过程可以作为纯粹的叙述的意义。假如我们称任何一种冲动为被压抑的，即守门人不允许它侵入前意识，以致最后不能冲出潜意识。而守门之人就是指我们在用精神分析治疗时解除被压抑的意念而遭受到的抗拒。

我知道，你们也许认为这些概念既简单又古怪，并非科学的叙述所能容许。我明白它们有些失之简略，甚至了解它们或许有失准确，然而除非我大错特错，否则我将以更高明的概念取而代之；而那时你们是否仍然觉得它们古怪，我就不得而知了。不管怎样，它们总是暂时可帮助解释之用，正如安培的游泳在电流中的侏儒，只要它们于说明有帮助，我们就不应当有所轻视。但是，我仍然认为这些简略的假设——两个房间以及二者之间的门口的守门之人，这位站立在第二个房间末端作为观察者的意识，与实际的情形皆是大致相似。并且我希望你们承认我们所说的潜意识、前意识、意识等名词，较之其他学者所提出的或已应用的下意识、交互意识及并存意识等名词较为准确，更易于自圆其说。

假如果真如此，那么我认为你们还可以进一步地推断，从而指出我们用于解释精神病症候的心理系统的假设，具有普遍性的效用，因而使常态的机能更加的显著。这自然是不错的。我们暂且不能细述这一结论，但是假如我们可通过对病态心理的研究，以寻求对于素来神秘莫测的常态心理的机制更深入地了解的话，那么，我们在形成症候的心理学的兴趣将极大提升。

再者，你们没有发现这两个系统及其与意识的关系诸多概念的依据吗？潜意识和前意识之间的守门之人是指支配显梦形式的稽查者。而那些引起梦的刺激的白天所遗留的经验，则是前意识的材料；这种材料在夜间睡眠时，受到潜意识和被压抑的欲望及冲动的影响，利用其自身的力量，加诸联想共有作用造成了梦的隐念。这些材料受到潜意识系统的支配，经过伪装，如凝缩作用和转移作用，对于其经过的情形，使得常态的心理活动即前意识的系统都无从得知，也很难承认。这一功能的不同是这两个系统的区别所在；前意识和意识的关系是永远的，因此它对意识的关系即能断定每种心理路程究竟属于哪一个系统。梦并非病态的现象，每一个健康者在睡眠时都会做梦。梦和精神病症候的每一次推论都适用正常的精神生活。

现在我们对于压抑作用的讨论已言尽于此了。它只是症候得以形成的必不可少的先决条件。我们已知，症候是一些被压抑作用驱赶的他种心理历程的替代物；但即便给我们压抑作用，要了解这种代替物形成的过程仍需一个较长的时期。压抑作用尚有其他方面的问题，如哪种精神的激动会被压抑？在压抑作用背后的力量及动机都是怎样的？关于这些问题我们只是略知其某一点而已。在我们研究抗拒作用时，我们了解抗拒的力量源于自我，即源于显著的或潜伏的性格特征；因此正是这样的力量形成了压抑作用，至少起了一部分的压抑作用，我们目前所知仅以此为限。

我要告诉你们的第二种观察，现在可给我们提供一些帮助了。运用分析，我们常能发现精神病症候所隐匿的目的。自然对你们来说这并非新的事实，前面我已经在两个精神病的实例中指出了这种事实。但那两个精神病的例子究竟要告诉我们什么？当然你们有权要求列举无数的实例来说明。然而我是不会同意的。所以，你们必须依靠自己的经历或信仰，说到信仰，可凭众多精神分析家公认的证据作为基础。

你们应该记得前面两例关于症候的分析结果，使得我们深入了患者最隐秘的性生活。第一例的症候其目的或趋势较为显著；第二例也许受到其他因素的影响而显得朦胧；对这种因素我们以后再论。由这两例可推断出其他各种接受精神分析的例子也是如此。不管怎样，我们都将由分析而推断患者的性的经验及欲望，无论何时，我们都必须承认这些症候都是为了实现共同的目的，即性欲的满足；患者要通过病态的症状来实现性欲满足的目的，因此，这些症候不过是实际中不能得到满足的替代物。

让我们再来考虑第一例患者的强迫性行为。那位妇人不得不与亲爱的丈夫分居，因其有缺陷所以她不能和他共同生活。她又要保持对丈夫的忠诚，所以不能让他人代替丈夫的位置。而她的强迫性症状正好满足了她的这一私欲，她可抬高丈夫而为他的缺陷辩护，特别是性无能。这种症候在根本上就是一种欲望的满足，正与梦一样；这尤其指性爱欲望的满足。对于第二例的患者而言，你们已了解她的仪式的目的在于阻止父母的性交或再生孩子；所以你们可能认为她基本上想以这种仪式代替自己的母亲。所以，这个症候的目的也指向了排除满足性欲的障碍。关于第二例的复杂之处，我们很快将再作论述。

前面我所主张的见解并不可以做普遍性的应用，当然请留意我所说的关于压抑作用、症候的形成和症候的分析的论述，皆来自对三种精神病的研究，现在也只限于这三种精神病可适用，即焦虑性癔症、转变性癔症及强迫性精神病。我们常把这三种病症称为"移情精神病"，都可以精神分析法进行治疗。关于他种精神病则没能进行如此严密的精神分析的研究，而其中某一类病症，至今无人尝试，自然也由于治愈的可能较小。你们也不要忘记，精神分析这门科学还很年轻，关于它的研究仍需要许多的时间，克服众多的困难。况且不久前，只有一人实施这种疗法；而现在我们在各方面对非移情精神病症状都有了更深入的认识。希望我们将来能告诉你们，我们的假说及结论是如何应用于这些新的材料而继续发展，并显示出这些深层的研究在我们的理论中并不矛盾，相反更增强了它的统一性。所以，前面所说的一切只适用于这三种"移情精神病"。现在我要加上一句话，它能使症候的意义更加透明化。如果对于致病的情境进行比较研究分析，就能产生如下的结果，这一结果可以一个公式概括，就是这些患者致病的原因皆由于现实不容许他们的性欲满足，使其感到某种缺憾。你们将看到这两个结论如此完美，互为补充。因此，症候即可解释为现实中所无法满足的欲望的代替满足了。

　　我之前曾说过，精神病的症候乃是性的满足的替代物，引起各种强烈的抗议。今天，我仅打算选取其中的两种加以讨论。假如你们中有人对大量的精神病患者进行了分析，你们也许会摇头说："对于某些症候这些话就不适用，因为这些症候好像都包含了一种相反的目的，即排除或压制性欲望的满足。"对于你们的见解，我并不想辩驳。关于精神分析，事实远比想象要复杂许多，不然也无需精神分析来解释了。前面所举的第二例患者，在其仪式中确有诸多的动作可看做是禁欲的意味；比如拿走时钟以防止晚间阴核的兴奋，提防花盆花瓶跌碎以示保护其童贞。我们已经分析了她睡前的各种仪式，其中的禁欲色彩更为浓重，整个仪式好像只是反抗性的回忆与对诱惑所做的防御工作。但是由精神分析可知，其相反的事物并不形成矛盾。我们可扩展这种说法，认为症候的目的非性的满意即是性的抑制；癔症的要点是积极的欲望的满足，而强迫性精神病的要点则是消极的禁欲色彩。症候既实现性欲满足的目的表现，也可达到禁欲的目的，因为这种两极性在症候的机能的某一点上有着甚为妥帖的基础，只是这一机制，我们还没有机会提及。实际上，症候是由两种相反的互相冲突的倾向相调和的结果形成的；其一方面代表了被压抑的倾向，一方面代表了压抑其他倾向而引起症候的共同作用的倾向。两者必有其一占据优势，而另一个却不必完全失去地位。例如癔症，就是将两种倾向混合于同一种症候内，而强迫性精神病的这两个部分常是彼此分明，此时的症候是为双重特征，包含着两种相互抵消的行为。

　　第二个疑点是较难处理的。如果你们把症候的所有解析过程都进行讨论，首先你们将认为性的替代满足的概念必须极力进行扩充，才可以将这些解释包容其中；或也将指出这些症候都将不提供实际上的满足，而只是再生一种感觉或是某种性的情结所引起的一种幻想的实现。更进一步来说，你们更会认为这种明显的性的满足常充满幼稚、没有什么价值，或许与自慰相类似，或是使人想到幼儿时已被制止的丑恶习惯。再者，你们或许相当惊奇，认为竟然有人将虐待的或使人恐惧的以及不自然的欲望的满足同样看做是性的满足。实际上，我们关于这些问题将不会达成一致的意见。除非首先对人类的性生活进行彻底的研究并进而规定出"性"一词的范畴。

第二十讲　人们的性生活

诸位，"性的"一词其含义到底是什么，你们肯定认为是无可怀疑的。所谓"性的"，首先当然是不正当的，不应出之于口、见于笔墨的。以前有位精神病学者，他的几个学生想把癔症的症候常带有性的色彩的特征向老师展现。为了这个目的，他被他们带到一位癔症的女性患者的床边。当时，这位患者的症候显然是在模仿生产的举动。然而，那位老师却说："生产一事未必就是性的！"当然他说得不错，生孩子未必就是不正当的事。

我了解你们并不赞同我，关于这些重大的问题也说过笑话。不过，这话并非全是笑话。老实说，欲给"性的"一词以精确的定义，也非易事。或者只有在表示两性差异相关的事情时才适用"性的"的定义；不过，你们也了解这不免空泛，不确定。假如你们把性的动作本身当做核心，或许会认为"性的"指的是由异性的身体特别是性的器官上所获得的快感的满足；从狭义上看，指生殖器的结合及性的行为的完成。如此说来，你们几乎会肯定"性的"与"不正当"是为同义了，而"生产"一事当真与性无关了。如果你们把生殖的功能作为性生活的要素，则你们难免将手淫或接吻等行为也排斥在"性的"定义以外了，尽管手淫或接吻并不以生殖作为目的，但无疑却是性的。我们了解到要下定义总会有困难，这里就不再继续这种尝试了。或许我们怀疑"性的"一词不可能有完善的定义。然而，大致说来，"性的"一词意义究竟如何，大家都是不言而喻的。

根据一般的观点，"性的"概念包括了两性的差异、快感的刺激与满足、生殖功能以及猥亵、龌龊而需潜隐的观念，等等。这个观点虽适用于一般生活，然而在科学上却不足取。因为刻苦的研究已足以见得一些人的性的生活远异于一般人。这些人堪称是"性心理变态"，其中的一些人在生活中似乎没有两性的差异。他们认为只有同性才能引起性欲；对于异性，特别是异性的生殖器不能使他们产生性的刺激，反而成为恐惧的对象。所以，他们完全失去了生殖功能，这类人被称为同性恋者。他们心理的发展，不管在理智上或伦理上都是有着无可指责的极高标准的，却因此而稍感缺憾。科学家把他们称作人类性别中的特例，即第三性，并与其他两性权利相等。以后，我们或有机会对这一见解加以批评。当然，他们也并非其自诩的是人类中的"优异者"；至少他们也有与其他两性同样低劣与无用的个体。

　　这些性的倒错者原也至少与正常人一样，因有情欲的对象而达到目的。然而，他们之中有很多变态的人，其性的生活与普通人的兴趣相去甚远。这些人有很多类型，其表现又极怪异，因此，他们堪比布洛伊尔画作里的诱惑圣安东尼的各种怪物，或福楼拜著作里的忏悔者前面走过的一大队衰老的神像与崇拜者。这一乱七八糟的人群，假如我们还不至于迷惑，那么我们必须对此进行分类。于是，他们被分到了第一类，即性的对象改变，与同性恋者一样；第二类，指性的目的改变。第一类的人们，都无需与生殖器的结合，而取代以其他的器官或位置如嘴或肛门，皆不问有无妨碍，是否可耻。而另外一些虽然仍以生殖器为对象，也并非由于它的性的机能，而是其他相近的机能。对这些人而言，不雅而污秽的排泄功能也能引起他们整个性的兴趣。还有一些人完全不以生殖器为对象，而以身体的其他部分如女人的胸部、脚或毛发等作为情欲的对象。还有一些人对身体的其他部分也没有兴趣，反而是一件衣服，一只鞋子，甚至一袭衬衣即可使他们的情欲满足；这些人无疑是拜物教的信徒。等而下之的还有一些人，尽管也需要对象，然而他们采取了一种极其可怖的特殊的方式，更有甚者，在犯罪的强迫观念驱使下，竟求之于不能抵抗的尸体，以此作为满足欲望的工具。关于这种骇人听闻之事不必再多说了。

　　第二类的性心理变态者，他们的性欲目标常表现为一般人所做的一种性的准备动作。一些人或看，或抚摸，或是偷窥他人的最隐私的行为，来实现性欲的满足；一些人则裸露身体的隐秘部位，并且希望对方也能如此作回报。还有一些不近情理的虐待狂，在给对方痛苦与处罚之中获得性欲的满足，轻的使对方屈服，重一点的却要使对方身体受到重创。相对于虐待狂的是被虐待狂，无论是现实的或象征的，他们只希望为对方所征服，或受惩罚。还有一些人两者兼而有之。最后，我们还了解到这两大类的性反常者中每一种都可以再分为两个类型：第一种是在现实中以特殊方式求得性欲的满足，第二种仅在幻想中求得满足，不必有实在的对象，以所创造的幻想来代替。

毫无疑问，这些疯狂的、怪诞的，甚至骇人听闻的活动就构成这些人的性生活的内容。不但他们自己承认它们的代替性质，而且我们也不得不承认，在他们的生活里这样的活动所占据的地位，正如同在我们的生活中常态的性的满足所占的地位一样，有着同等或更大的牺牲。我们也许能简略或详细地描述，这些变态的性现象与常态的究竟在哪里相类同，在哪里和常态的有差别。你们也要了解，关于性的生活所有不正当的性质在这些方式里都有，有时竟达到使人厌恶的程度。

现在，我们对这些病态的性欲的满足应当持哪种态度呢？假如我们对此表示愤怒、厌恶，自信并无这类的欲望，是没有什么意义的。问题的关键不在于此。这种现象与其他现象也相类似，如果你认为这些现象是古怪的、不寻常的而置之不理，避而不谈，则是很容易被驳倒，因为这类现象随处可见，很平常。然而，假如你们认为，这类现象不过是性本能的变态，而关于人类的性生活的理论却不必修改，就必须进行严肃的答辩了。如果我们对这些性的病态方式不能有所了解，使之与常态的性生活相关联，则常态的性生活也必然无法去了解了。总之，在理论上，我们必须圆满地解释所有的性心理变态的存在以及与常态的性生活的关系。

我们将利用一个观点和两种新的证据的帮助，以实现这个目的。这个观点当属布洛赫的功劳，他认为，"所有的性变态都是退化的象征"这种说法不可信；因为无论是在远古时期，还是今天，也不管哪一民族，最原始的直至最文明的，都存在着这种性的目标和对象的变态，并且有时这些现象常为一般人所容许。两种新证据则来自精神分析对于精神病患者的研究，它们在关于性的变态心理的理论上影响巨大是无可置疑的。

我们曾说过精神病的症状是性的满足的代替物，我们也说过，如果由症候的分析来证实这一点将有诸多困难。坦白地说，我们必须将所谓的"变态的"性的需求视为一种性的满足方可；因为，用这句话为依据而对症候加以解释的普遍性的程度非常惊人。同性恋者常自诩为人类的"优秀阶层"，然而假如我们了解到每位精神病患者都存在着同性恋的倾向，而且大多数的症状都是潜伏的同性恋倾向的表现，这样的夸耀自然站不住脚。那些公开宣称为同性恋的人们，不过是其同性恋的倾向是自觉的或明显的，这些人的数量与仅有隐性的同性恋倾向的人相比简直是微乎其微。在实际中，我们必须把选择同性为爱的对象这件事当做爱的能力的一种常态，并且可逐渐了解这个事实多么的重要。当然，同性恋与常态的区别并不自动消失；在实际中这些差异仍然重要，而其理论价值却大大降低了。我们甚至将得出以下的结论，认为妄想症乃精神错乱的一种，已经不属于"移情性精神病"的范畴了，它常由于压抑其强烈的同性恋倾向所致。你们应该还记得上述例子中的患者，她的强迫性行为使其模仿一位男子的行为，即已分居的丈夫的行为，精神病女患者常产生这类女装男的症状。假如，这并不能在实际中归因于同性恋，却也与同性恋的起源关系极其密切。

正像你们知道的那样，癔症这类的精神病可以在身体的各个系统，例如循环系统、呼吸系统等处出现症状，由此扰乱身体的所有机能。据分析结果显示，那些以其他器官替代生殖器的"性心理变态"的冲动都在这些症状里表现出来。所以，其他器官作为生殖器的代替物，我们正是因为通过癔症的症候的研究，才了解身体的器官除去其原有的功能外，都兼有性的意义，并且如果其性的意义太强大，其原有的机能必将受影响。因此，关于与性无关的器官，我们所遇到的作为癔症的症状的兴奋与冲动，皆是变态的性的欲望满足。我们也因此更加了解那些营养的与排泄的器官究竟是如何满足性的冲动的。性心理变态也表现了同样的征象；不过性心理变态的症候易于辩论，至少癔症的症候的分析却是要煞费周折。另外，你们要明白，性心理变态的冲动属于患者人格的潜意识的部分，非属于意识。

强迫性精神病的众多症状之中，最严重的是由于精力过盛而致的施虐狂的性的倾向与目的的变态。根据强迫性精神病的构造，这些症候主要是抗拒变态的欲望，或者表示满足与拒绝之间的矛盾。但满足是没有捷径的，它深知怎样在患者的动作里曲折迂回来达到目的，它自愿因此而吃苦头。这类精神病还有其他表达方式如过分忧愁、深思等；再者如过分地把常态中仅属于性生活的准备动作看做性的满足，如偷窥、抚摸及探索的欲望。因此，我们可以解释为何这种病症中恐惧接触和强迫洗手占据非常重要的地位。大多数的强迫性行为都可认为是变样了的手淫，手淫乃可看为是种种性的幻想的唯一基本动作。

原本，我将更为详细地讲述性变态与精神病的关系，不过我相信我们的目的已经达到了。我们不能认为性变态的倾向在症候的解释中占据重要的地位，就高估人类的这种倾向是常见而强烈的。你们已了解到，如果常态的性欲望无法满足将可能引起精神病，而实际上性欲满足的缺乏，乃使性的需求不得不以性的冲动方式寻求变态的发泄。你们在以后便可了解这些事的经过。无论怎样，你们总该明白这种"偶尔"的阻遏必然会增强性变态冲动的力量，因此假如常态的性的满足没有妨碍，那么性变态的冲动的力量势必较为薄弱。另外，在一些显著的变态性的状态中一种类似的成因显而易见。在一些情形中，性本能如果因暂时的阻碍受限，或者受永久的社会制度限制，就很难得到正常的满足而引起变态的状态。关于其他的例子，其变态的倾向完全与这些条件无关。它们似乎本就是一些人性生活的正常状态。

也许你们暂时会认为，这些论述尚不足以说明常态的性生活与变态的性生活的关系，反而更加混乱。不过，你们要记住下面的这个论点：假如性的满足在实际中的障碍或缺乏，确使原本不显露性变态倾向的人们显示了这一倾向，那么我们就必须断定，这些人较容易出现性变态的症候；或者说他们的体内潜伏着性变态的倾向。于是，我们就开始讨论上面所说的第二种新证据。据精神分析研究可知，由于分析症候时所引起的回忆与联想常常追溯至儿童早期的岁月，我们也有必要对于儿童的性生活加以研究。近几年，我们由此发现的一切已经由对儿童的直接观察所证实。于是，我们了解到一切性心理变态的倾向皆起源于儿童时期，儿童具有了性变态的倾向，甚至是行为，正符合其尚未成年的程度；因此，变态的性生活即指婴儿的性生活，不过是范围大小与成分繁简有别而已。

现在，对于这种性变态的现象你们可以用全新的眼光去看，不再忽略其与人类的性生活的关系。但是关于这些骇人听闻的发现，将会引起人们的不快情绪。首先，他们要否认一切，否认所谓的儿童的性生活存在，否认我们观察的真实及准确性，否认我们关于儿童的行为与后来性变态行为相关的那个论证。我们先对这些抗议的动机加以说明，然后再略述我们所看到的事实。你们如果说儿童没有性生活，如性的兴奋、需求和满足等，直至十二岁或十四岁才突然获得，这与一切的观察结果都不相符，在生物学上并无意义，如同假设他们生来没有生殖器，只是到了青春期才开始勃发一样荒谬。事实上，青春期所产生的是生殖功能，出现这一功能之后，便利用身体和精神中已有的材料实现其原来的目的。你们的错误在于没有把性生活与生殖器分开，因而无法了解性生活及倒错的症候和精神病。这一错误还有一层意义。奇怪的是，错误的原因在于你们都曾经是孩子，而且在孩提时都受到教育的影响。其中，教育的最重要的社会任务之一，即社会的要求是使作为生殖功能的性本能接受个体本身的约束与控制。因此，社会为了自己的幸福，约束着儿童的充分成长，等到其心智成熟时再说。相反，如果性本能失去了控制，势必崩溃，将一发不可收拾，那么苦心建设而成的文明将被扫荡而去。然而要控制好并非易事，控制的成功理所应当，有时却有太过严厉之嫌。社会的基本动力是经济的，社会当然不希望他的成员最大限度地减少，而且把精力都去从事工作而离开性的生活。从原始社会就存在的永久的生存竞争时至今日仍然不变。

教育家们由经验获悉，儿童的性的意志的陶冶须及早开始。我们对儿童的性生活应于青春期之前加以控制，而不应该待到其本能的势力暴发以后。于是，但凡婴儿的性的活动都须禁止，使儿童感到不快；教育的理想就是使儿童的生活变成"无性"的，长此以往，甚至科学也相信了儿童是没有性生活的了。为使已有的信仰和目标，与事实不相抵触，儿童的性生活自然也就被忽视了，顺便说一下，这个成就可不算小，况且科学也能自圆其说来得到满足。小孩子被假定为"纯洁的"、"天真的"，如果说出一个"不"字，即成变了非圣诬法的诽谤者。

只有孩子们对这一信仰视而不见，他们皆顺从自然地暴露其本性，由此可知所谓"纯洁的天性"其实是学习得来的。很奇怪，那些否认儿童性生活的人却是最不想放松借教育之手控制儿童的性的工作者；他们虽不承认儿童有性生活，却仍然用极其严厉的态度对付儿童的每一次性的表达。另外一点，最能表现和"儿童没有性生活"这一偏见相抵触的是五六岁的时候，这个时期恰巧是多数人遗忘了的阶段；这阶段的遗忘尽管只有通过精神分析的研究才能召唤到意识，然而也有入梦的可能。这在理论上非常引人入胜。

至此，我们要对儿童的最显而易见的性的活动进行叙述了。我要先请你们注意"原欲"这一名词。"原欲"与饥饿一样，是一种力量和本能，它是性的本能，而饥饿则为营养本能，也就是借此力量达到其目的。其他的名词，如性的兴奋和满足等都不必定义。精神病的分析大多与婴儿的性的生活有关联，你们是不难了解的；当然你们也可借此作为反抗的依据之一。这个解释所依据的是精神分析的研究，由一种症候而追溯它的起源。婴儿初次的性的兴奋似乎是与他种重要的生理机能密切相关。你们已知小孩子的主要兴趣在于吸收营养；婴儿在怀抱里熟睡而感到满足时那种惬意的神情，与成年时经历过性的满足后的神情相仿。当然这是不足以下结论的。不过，我们也了解婴儿喜欢做那个吸收营养时不可或缺的动作，即便它没有真正地吸收任何营养；因此，他们并非因饥饿的强迫而这样做的。我们将这种动作称为"快乐的吮吸"，例如，吮吸橡皮乳头；婴儿做这种动作便能舒服地睡眠，可知吮吸的动作本身即可使婴儿获得满足。有时候，必须先有这种吮吸的动作婴儿们方可安然入睡。林德纳是布达佩斯的儿科医生，他是主张这种吮吸动作带有性的意味的第一人。他深信婴儿这个动作的唯一目的是求得快感；并称它为小孩子的"恶作剧"，如果小孩子们不自动取消这一动作，他们便用严厉的方法强迫他放弃。于是，我们了解到婴儿的动作除了求得快乐外别无其他。我们也相信这快乐最初是在营养吸收时感觉到的，不过婴儿们不久后即便没有营养吸收同样也能享受这种快乐。这种享受以嘴和嘴唇为其重要的区域；所以，我们称身体的这些部位为"性感带"或"性觉区"，因而认为源自吮吸的快乐有着性的意味。关于这个名词的用法，我们要给予相当的理由。

假如婴孩能够"告白"，他必定认为吮吸母亲的乳房的动作是他生命中最为重要的事情；确实婴儿的这种动作使其生命中的两大欲望同时满足。经过精神分析的研究，我们很惊讶地获悉了这种动作在精神上的重要性并且是终身保留的。吮吸乳房是整个性生活所由起的出发点，也是以后各种性的满足的雏形；但凡有所需求，幻想常借此自慰。吸乳的欲望实际上包含着追求母亲的胸乳的欲望，因此说母亲的胸乳乃是性欲的第一个对象，关于这第一个对象，在后来其他对象的选择上如何重要，对其他不同的精神生活是如何改造、替代进而有什么重大影响，我就略去不谈了。然而，一旦婴儿可以为了吮吸而吮吸，这个对象便会被自身的一部分所替代而遭到抛弃；于是婴儿就开始了吮吸自己的拇指或口舌。他不必再求助外物便能获得快感，并且将兴奋的区域扩展到身体的第二种区域来使快感增强。性感带所产生的快感强度原本各不相同，正如林德纳医生所说，婴儿在自己的身体上四处抚摸，认为生殖器的区域内富于刺激，于是放弃吮吸而转为了手淫，这是一个很重要的经验。

对于这种追求快乐的吮吸动作的研究和评价，把我们的注意力聚集到婴儿性生活的两个要点之上。为满足自身的基本欲望，婴儿有一种自淫的行为，或者说，他在自己身上追求着性的对象。营养吸收最为显著地充满了快感，而排泄功能当然也不能例外。我们可以断定婴儿在大小便时都有快感的经验，况且不久之后，他们便故意做这些动作，希望在这些性感带中激起皮肤的兴奋以获得最大的满足。不过，正如阿德里安所指出的那样，外界的压力对小孩子追求这种快感的欲望严加干涉，因此，小孩子才第一次感觉到只有成人才经历的内外冲突。如他们不能随意排泄，时间也必须有人指定。大人们告诉他关于大小便的事件都是"不雅"的，要隐讳。于是，他才不得不放弃自己的快感来赢取自己在他人心中的价值。实际上，他们自己对排泄的态度开始时是大不相同的。他本不厌恶自己的粪便，而把它当成自己身体的部分不愿抛弃，想把它作为第一种"礼物"，献给最爱者。即使在受到教育熏陶而放弃了这些倾向后，他仍然把粪便视为"礼物"或"黄金"，并且认为撒尿也是非常值得骄傲的事儿。

我了解你们或许早已想要打断我的话头而冲我喊："够了，不要胡说了！肠的蠕动竟然被视为婴儿用以满足性的快感的根源！粪便竟也成了贵重的物品，而肛门竟然成为了生殖器的一种？这些我们岂能相信？我们也因此懂得了，儿科医生和教育家们为何要坚决地抗议精神分析及其理论了。"完全不是这样，你们难道忘记了我们上面说过的，婴儿的性生活的事实与性心理变态的事实之间的关系吗？你们不了解很多成年人，不管是同性恋还是异性恋，都的确曾在性交时以肛门替代阴道吗？你们难道还不清楚有许多人终身都保留着排泄时的快感并把其当做重要之事？或许你们也听说了年龄稍长而能讨论这些问题的儿童，谈到自己对大便如何有兴趣，看着其他人大便又如何兴奋等。如果你们预先告诫吓唬这些儿童，他们当然不会再说这样的话。关于你们不愿相信的其他事情，请你们去查阅精神分析的证据以及关于儿童的所有的直接观察的报告，你们要了解这一个问题若要摒弃偏见而坚持不同的观点，是需要很大的勇气和力量的。你们认为儿童的性的生活与成人的性的变态关系确实骇人听闻，我也不以此感到遗憾。这种关系原本就自然存在，因为儿童除了一点模糊的印象外，没有将其性生活转化为生殖功能的能力，因此，儿童如果有性生活，那么也必然是变态性的，判断的标准在于是否止于性的满足，而不以生殖为目的。你们也应当了解性生活的发展要素顺从了生殖的目的。凡是尚未发展至此种程度的，或凡是不愿意顺从此种目的而仅以满足为止的一切性的活动，都被戴上"变态"的不名誉称呼，被世人蔑视。

因此，让我们再回来继续论述婴儿的性生活。我也曾对其他各种器官做同样的研究，以补充上述两种器官的观察。儿童的性生活完全是本能的活动，这些本能有的在自身寻求满足，也有的是在外界的对象上求得满足，总之是各有所求，不相为谋。生殖器当然是身体的各器官中最占优势的，有些人从婴儿期直至青春期以后，不断地手淫以求得自身生殖器的快感的满足，而不假借其他生殖器或性的对象的帮助。然而，关于手淫却不易尽述，因为它可供我们讨论的材料角度众多。

尽管，我很想限制这个讨论的范围，然而却不得不对儿童对于性的窥探一事略作叙述。这种窥探是儿童的性生活的特性，也是精神病症候形成的要素，因此不能予以忽略。儿童对性的窥探起源很早，甚至是在三岁之前。性的窥探对象未必是异性，在儿童眼中性别的差异根本算不了什么的，在他们看来，至少对男孩子而言，认为两性都同有男性的生殖器。一个男孩如果偶然看到小女孩的阴户，立刻就会否认这个事实，在于他，无法想象与他同样的一个人为何没有这个重要的器官。后来他知道的确如此，也会十分惊恐的；于是对于这个器官的恐惧由此开始察觉。于是他开始受到"阉割情结"的控制，如果他保持身心健康，这一情结就是其性格的成因；否则，这一情结就会成为他的精神病的原因；在他接受分析治疗时，这个情结便形成了抗拒的主因了。关于小女孩，她们由于缺乏阴茎而感到不安，因而妒恨男孩子的得天独厚，于是产生了成为男子的欲望，以后如果在女性的发展上适应不良，这种欲望将会在精神病中复现。另有一点，儿童时期，女孩的阴核等于男孩的阴茎，它同样是一个极富刺激的区域，可用以自慰获得性的满足。女孩如果成为了妇人，就必须尽早把这个刺激的感受性降至阴道口。被称为"性感迟钝"的妇女就是由于阴核保留了这种刺激的感受性。

儿童对于性的兴趣，最早是专注于生殖问题，这与史芬克斯之谜背后的问题相同。关于这一问题的好奇心大多是出于自身利益，因而担心其他孩子的出生所由起。育儿室常常回答这个问题说：小孩子是由鹳鸟衔来的。然而小孩子们对此的怀疑远远超出了我们的意料。孩子们了解到成人的谎话，于是自求解决。最初他认为小孩子由某种特殊的物体与消化了的食物混合而成；当然他不知只有女人才能生产。再后来，他又知道了这些不对，于是食物形成的观念被抛弃了，虽然这个观念仍然保留于神话里。接着，他知道了父亲和制造小孩一定有关，他当然不可能发现有何关系。假如他偶尔发现了父母的性交，或以为是男人在制服女人，或竟是在打架。当然这都能够以虐待来解释性交，也不免会不正确；然而他是不知道这个动作与生小孩的关系的；如果他发现了母亲的床上或内衣有血，会认为这是父亲伤害母亲的证据。稍长几年后，他或许揣测男子的生殖器对制造孩子来说很重要，却还不了解这一器官除排尿以外的其他功能。

最初儿童们都相信，小孩子的出生都是由肠子所造成的；或者说，小孩子的形成就如同粪便那样。直到儿童对肛门的兴趣完全消失以后，这个理论才被代之以另外的一种假设而遭到抛弃，于是他认为肝脏或双乳之间为生孩子的地方。渐渐地，他对于性的事实略有所知。除非是没有知识，于此事并不关注，一般在青春期之前接受了一种不完全或不正确的印象，这也往往是后来致病的创伤之源。

现在你们也许已明白了，"性的"一词，精神分析家们可以无保证地扩展它的意义，希望对于精神分析理论中，所有关于精神病的性的方面的起因以及症候方面的性的意义的说法能够维持不坠。这种扩展究竟是否有理，现在你们总能自由判断了。我们扩展了性的概念，旨在包容性变态和儿童的性生活；也就是说，我们已经还原了性的意义的原有范畴。对于精神分析以外的所谓"性"，我们仅用之以"常态的"，当属生殖功能的狭义的性的生活。

第二十一讲　原欲的发展与性的组织

诸位，印象里，我还未能使你们深信"性"的变态在性生活的理论上的重要性。所以，我现在愿竭尽所能对我已经说过的这个问题，进行修正和补充。

你们莫要认为我们将不惜激起强烈的反对而进行改变"性"的意义，只为了性的变态的现象。事实上，关于儿童的性的研究与此关系更为密切，然而性的变态和儿童的性的一致性特别值得我们参考。婴儿的性的表现，虽然在后来几年的儿童时期仍显而易见，不过那最初的方式的确渐渐消逝，无从捉摸。假如你们并不愿意注意演化的事实以及分析的结果，便可能否认儿童的表现包含的性的意味，因此认为它们只有其他的模糊不定的特性了。你们要牢记一种现象是否含有性的意味，至今没有公认一致的标准，除非把生殖的功能视为标准之一，那是要以生殖作为性的定义的，我们觉得太过褊狭，已不再采用。弗里斯提出的生物学标准，比如二十三天和二十八天的周期性也有较大争议；或许性的生活中有一些特殊的化学特性，不过这些特性至今未被人发现。而成人的性的变态现象则十分确定。它们含有了性的意味，无可置疑；无论你们将其称为"退化现象"或别的什么，都不可否认的是它们不是正常的性的现象。根据这种现象独立去看，也能发现我们所主张的性与生殖功能本不是同一件事，因为性的变态足以妨碍生殖的目的。

在此有一种平等的事实尤其值得我们注意。人们大都认为"心理的"即"意识的"，不过我们要扩展"心理的"一词的含义，使之包括心灵的非意识的部分。对于"性的"一词来说，也是如此；大多数人都认为这个词与"生殖的",或者更准确地说是与"生殖器"含义相同,而我们却把不属于生殖器的及无关生殖的事件也可以认为是"性的"。这两种现象原本只在形式上相类似,却也有着更深刻的意义。

然而,假如性的变态现象的存在,于这一问题可当做如此有力的证据,那么为什么不早有人提出来解决这一问题呢?对此我们无话可说。我认为,性变态早已成为一方禁地,形成了一种理论,甚至扰乱了科学界对同类的题材的判断,似乎谁都记得性的变态现象既使人厌恶又荒唐可怕,不过它发出了诱人的力量,或者从根本上对那些性变态的人怀有隐秘的妒恨而欲置之于死地,这一情感正如著名的讽刺诗中接受审判的公爵的供状同样。

在爱神之上,良心与义务都统统被遗忘了。

这种事当然与我无关。事实上,性变态的患者像个可怜虫,他必须付出惨痛的代价来换取得之不易的满足。

性的变态尽管似乎有非自然的对象及目标,不过显然是有性的意味,原因在于满足其变态的性的欲望的行为,通常在最后也可达到欲望的高峰直至泄精。自然这是指成人而言,儿童既没有情欲的高峰,也没有泄精的可能;尽管他们会有一种近似的行为替代,然而这样的替代却不能被确定为"性的"。

我要在此做几点补充,使我们能正确地了解性的变态的问题。虽然一般人都对这种现象予以鄙视,它与常态的性的活动大相径庭,不过通过简单的观察便可看出,在健康者的性生活中也难免不了会有这样或那样的变态的存在。比如,接吻在最初或许被称作一种"变态的"行为。那不过是双方嘴唇上性感带的接触,并非生殖器的接合。但是从来不曾有人谴责接吻为变态;在戏剧里,接吻竟然被当做一种美化的性的动作。然而,接吻确实较易于成为一种绝对的变态的行为,例如,假使刺激的强度很高,以致伴随着情欲的高峰及泄精,当然这种现象屡见不鲜。再如,某人要求得到性的享乐,就必须注视并抚摸其性欲的对象,另一人在性的极度兴奋时,难免会有手捏口咬的行为;此外还有一些情欲的高峰并非由对方的生殖器所引起,而是其身体的其他部位。诸如此类,不用枚举。当然,我们不能把仅有此类癖性的人们排除在正常人之外，而归入性变态的队伍；实际上，性变态的本质不在于性的目标的转移，也不在于生殖器被替代，甚至也不在于变换了性的对象，只在于是以变态的现象为满足而完全排斥生殖器的交媾。若只是为了增进或预备正常性交的完成而出现的变态的现象，那么这一行为就不再是变态的了。从这类事实来看，常态的性与变态的性之间的差距大大缩小了；并且更能看出正常的性生活是由婴儿的性生活演化而来的，这一演化的过程必然先行删去无用的成分，然后集合其他的成分并使之从属于一种新的目的——生殖。

现在我们可以这种关于性的变态的观点，更为深入、明确地研究或解释婴儿的性生活问题了。不过在没有进行研究或解释前，先要明辨两者之间的一个重要区别。大概是说，变态的性生活往往极其集中，它整个的活动都指向一个目标，多数情况下是唯一的；某个特殊部位的冲动地位最为重要；或许只有这个冲动，或是因其自身的目的而支配着其他的冲动。单从这一点看，变态的性生活与常态的性生活实际上互相一致，不过是他们占据优势的性的冲动与性的目的彼此有别而已。两者都构建了一个完善的组织系统。不过居于统治地位的势力互不相同。婴儿的性生活里大都没有这种集中和组织的，其他的各部分冲动都是同等有效的，独自追求着各自的快乐。通过这种集中的缺乏和存在来看，正常的性生活与变态的性生活都起源于婴儿的性生活。此外，很多性的变态现象与婴儿的性生活更加相似，在它们之中存在很多"部分本能"和目标，后来皆是独立发展起来，或者永久地保存下来。然而对这类现象来说，称之为"变态的性生活"，倒不如称为"性生活的幼稚病"反而更确切。

有了这种准备之后，我们现在可讨论一些迟早都要遭遇的问题了。比如："既然承认了关于成人的性生活所源起的儿童期的表现是不明确的，那么为何肯定声称它们属于性的？又为什么你不满足于只描述他们的生理方面，并且说婴儿早已出现了为吮吸而享乐以及珍视粪便等的活动，而借此表明他们是在自身器官中寻求快感呢？"对这个问题我只说："'求快乐于器官'这一说法当然没有什么异议，我们原本就了解性交的至高无上的快乐也只是一种身体的快乐，那么在什么时候才获得了后期成长所应当有的性的意味呢？对于'感官快乐'的知识是否更多于'性的知识'？你们认为只有在生殖器活动时，才可能有性的意味；性的即是生殖器的。性的变态现象尽管会成为障碍，你们必然认为'变态'的性行为不必假手于生殖器的接触，或许也可得到满足，然而毕竟是更多以生殖器达到性欲的高峰。假如你们由于性的变态现象的结论，否定了生殖与性的本质特征的关系，却只强调生殖的器官，你们的立场当然有了较大的进步。我们的分歧也将不再非常大了，只是生殖器官和其他器官之争而已。以其他器官替代生殖器官以寻求性的满足的证据是很多的，如常态下的接吻、淫荡的变态生活，或者癔症的症状，你们将如何对待呢？关于癔症的问题，原本只属于生殖器官的刺激现象、感觉、兴奋，或者生殖器的勃起的活动等，往往转移至身体的其他器官，例如头部、面部等。于是，你们认为的那些根本要素便不复存在了；所以，你们要下定决心，跟从我的做法，扩展'性的'含义，包含有早期婴儿的寻求'感官快乐'的一切活动。"

现在，我再提出两点以支持这个观点。你们应该了解婴儿期所有寻求快感而不太明确的活动，我们都称之为"性的"，因为在对精神病的症候分析的时候，我们所用的材料无疑都是"性的"。暂且假设它们本身全都是"性的"；不过请允许我借用一个比喻。有两种不同的双子叶植物，例如，苹果和豆科植物，其种子发芽的经过我们实在无法直接观察；然而，假如我们想象这两种植物都能从充分发育的植物，追溯它的生长经过直至最初还是双子叶的种子植物。两种双子叶植物是很难分辨的，看起来完全一样。然而，我们是否由此断定其最初原本就完全相同，只在后来的发展过程中才产生了各自的差异呢？或者说我们更相信虽然在双子叶里看不出差异，但它原本就存在于种子植物之中呢？同样的，我们称婴儿求得快感的活动为"性的"。关于其他每种器官的快感是否都可称为"性的"，或者除"性的"以外，是否还有其他快感不能称为"性的"，我无法在此多作论述。对于这一领域我们知之甚少；因此，按照追溯分析的结果，现在不能对最后的成因作出明确归类，也没什么奇怪了。

再有一点就是，你们即便可使我相信最好不要认为婴儿的活动有性的意味，不过大致说来，你们几乎没有证据以证实你们急切主张的"婴儿无性生活"的说法。婴儿从三岁时起，很明显就有了性生活，生殖器始有兴奋的表现；或者出现了周期性的手淫或在生殖器中自求满足的行为。关于性生活的精神及社会层面都不容忽视：选择对象如钟爱某人，或偏爱某性别及嫉妒等都在精神分析之前而由公正的观察得到了证实；这种现象有目共睹。你们也许会反驳说，你们也不否认儿童很早就有情感的表达，不过是对其情感中有性的意味有所情系。三岁至八岁的儿童，已明确知道把自己情感里的性的意味隐藏起来；但是如果你们观察得足够仔细，便能收集到充分的证据，证实这一情感中的"性的色彩"，对于你们所不能关注的各点，可以由精神分析的研究予以完全补充。这一时期的性的目的与之前所说的性的窥探有极密切的关系。儿童尚不懂性交的目的，因此其目的都是变态的，也有一些是儿童未发育成熟的各种组织的自然结果。

六岁或八岁时起，儿童的性的发展便出现了一种停滞或退化的现象，当然这的确是达到了高度文明的标准，这一时期我们称为"潜伏期"。潜伏期有时也可以完全缺乏；而在整个潜伏期内，性的活动不一定完全停止。那些在潜伏期之前所有的心理的经验和激动，大多被淡忘了；这就是我们前面讨论过的幼儿期的经验缺失，我们也因此无法回忆幼小时期的经验。精神分析的每个目的，都是将这个遗忘了的时期召回到记忆之中；我们或假设这一时期开始的性的生活就是这一遗忘的动机，或者说，这个遗忘便是压抑作用的结果。

从三岁开始，儿童的性生活与成人的性生活已有很多的共同点；其不同点是：一，由于生殖器的不成熟而缺乏稳定的组织；二，性的变态现象的存在；三，性欲的兴奋力量较薄弱；这些都是众所周知的。但是，在这个时期前的性的发展阶段，或者被称为"原欲发展"的各阶段理论上是最有意思的。这个发展成长迅速，若非直接的观察便无从捉摸。因为有了精神分析对精神病研究的帮助，我们才可以将原欲的发展追溯至最初期的现象从而明确它的性质。这些现象原本由理论的推论而得来，不过精神分析在其实施时，你们就能知道这些推论各有需要和价值，并且更加了解某种病态的现象往往能使我们明确在常态中较易于忽略的现象。

于是，我们可以确定儿童在生殖器支配性的冲动以前，他的性生活采取何种方式了；这种支配势力在潜伏期以前的婴儿时期，就有了基础，而从青春期起有了永久性的组织。初期，有一种散漫的组织存在，或称为"性前期的"，此时最具优势的不是生殖的本能，而是虐待狂和肛门的本能。两性的区别还没有占重要地位，只有主动和被动的区别占重要地位，这个差别可看做是性的"两极性"的先驱。从生殖器的立场来看，这个时期所有雄性的表现容易转化为支配欲的冲动，有时则变成了虐待行为。关于有被动目的的冲动，大多与肛门的性感带有关，这个时期肛门非常重要，偷窥与好奇的冲动也占有很大优势；而生殖器仅限于排尿的功能。这个时期的部分本能也有了对象，不过这些对象非限于一物。关于虐待狂、肛门之爱的组织恰好处于生殖器支配之前的阶段。依据较为周密的研究，我们可知这一组织在以后的生理成熟的构造中有多少保留了下来，又被迫经何种途径而在新的生殖组织中占有相当位置的。在原欲发展中的虐待和肛门之爱的背后，还可以发现一个更原始的发展期，它以口部性感带为主。你们可以想象，为吮吸而吮吸的性的活动就属于这一阶段。我们可以看些古代埃及人的艺术，画作中的儿童都把手指放入口中，即便画神圣的贺鲁斯神也是这样。他们对于人性的了解实在使后人赞赏。分析学家亚伯拉罕，在其最近出版的书中，论及这一原始的口部的性的感觉仍然保存在后来的性生活之中。

　　我可以想象你们针对这最后关于性的组织的论述，认为与其说是知识，倒不如称为胡说。或许我的论述太过详尽，但是，我请你们暂且忍耐。你们刚刚听到的话在以后会非常有用处。这里你们要记住，性生活，我们所称的"原欲"功能，并非一经发生就有了最终的形式，也不是遵循其最初形式的途径扩大而就，而是经过了一系列的各不相同的阶段。总之它经过了很多改变，和毛毛虫变蝴蝶的一切变化都不相上下。这一发展的关键使所有关于性的部分本能受到性器官的统治势力的支配，同时使性生活成为生殖功能的从属。而在这一发展变化之前，性生活似乎是一些单一的部分冲动本能的各自独立的活动，每一冲动都各自追求感官的快乐。这种无政府的状态会因企图达到"性前期"的组织而有所减缓，性前期的主要组织是虐待狂的、肛门之爱的时期，在此之前还有口部的时期，或许这即是原始的了。另有种种经历，对此我们所知有限，这些历程的存在，使一种组织得以发展为更高一级的组织。原欲的发展所经历的这众多时期对于精神病的研究，到底有什么样的意义，看下文便知。

在今天，我们还可更进一步论述原欲发展的另外一面，即性的部分冲动与对象的关系；不过对于这个发展部分，我们只能仅作涉猎，以便多留些时间以研究其所引起的结果。有些性的本能的所有部分冲动在开始时便有一个对象，并且长期不变，如支配的冲动、偷窥欲和好奇心等；有些则和身体的某一特殊性感带有关，只在开始时依赖于那些性以外的功能，才有一个对象，而在脱离这些功能时便放弃了该对象。例如，性本能的最初的口部，第一个对象是母亲的乳房，吮吸乳房可满足婴儿时营养之需。这种性爱的成分，在为营养吮吸时也可以满足，然而在其为吮吸而吮吸的时候便独立了，放弃了身体以外的人的对象，代以自身的一部分。因此，口部的冲动成为了自身的享乐，它与肛门及其他性感带的冲动开始便为自淫相仿佛。简单说，以后的发展包含两个目的：第一，放弃自淫，再以体外的一个对象取代全部自身的对象；第二，把各部分冲动的不同对象进行组合，形成一个单独的对象。当然这是可以做到的，只要这单独的对象是完整的、和本人一样有身体的；不过也不容易完成，假如自体享乐中无用的几个部分不予以抛开的话，这一过程也易完成。

关于对象的追求历程也比较复杂，至今尚无人完全了解。鉴于我们的目的，我们特别强调下面的事实：在儿童期的潜伏期以前，这个历程如果已经达到了某个阶段，那所选取的对象与口部的快感冲动，即因吮吸营养而选取的第一个对象相一致；或者说对象就是母亲。因此，母亲被称为爱的第一个对象。这里我们所说的爱着重点在于性的冲动的精神层面，暂且抛开冲动的物质的或性的层面的要求。大概是在以母亲作为爱的对象时，儿童已受到压抑作用的影响了，忘记了自己的性的某一部分的目的。这个以母亲作为爱的对象的选择，我们称之为"俄狄浦斯情结"，其在精神分析的解释中已占据很重要的地位，或许也成为反对精神分析的同样重要的因素了。

我在这里可以讲一则欧洲战争中的故事给你们听。在波兰境内的德国战场的前线，有位医生信赖精神分析，常常对患者有出乎意料的影响，因此为同事们所特别关注。有人问他时，他承认自己使用了精神分析的方法，并且同意将毫不犹豫这些知识传授给同事，于是，军营里的同事及上级军官在每天晚上都集合在一起听他演讲精神分析的理论。开始时非常顺利，然而在他讲到俄狄浦斯情结时，一位高级军官站起来反驳说这不可能是真的，演讲者把这些事告诉了那些为国捐躯的勇士和已做了父亲的人，不免过分下流。所以他禁止了他的演讲。结果，这个分析家被调到了前线上的另一个地区。在我看来，假如德国的军队凭借着这样的科学组织取得胜利，那将是一个十分不幸的现象。在这样的组织下，德国的科学将不会繁荣。

那么，这一骇人听闻的俄狄浦斯情结到底有哪些含义呢？恐怕你们正急不可耐地想了解吧。实际上，我们观其名便可知其意，你们都听说过希腊神话中俄狄浦斯王的故事。命中注定他要弑父娶母，于是他竭尽自己所能，反抗天神所预言的命运，当他知道自己于不知不觉中竟然犯下了这两重大罪时，深深地忏悔，乃自刺双目失明。戏剧家索福克勒斯将该故事编成一部悲剧，我相信你们很多人都为此感动不已。在他的剧本中，俄狄浦斯犯下这两项大罪后，因长时间的巧妙询问以及新的证据不断发现后，事情真相逐渐暴露；这种询问的经过与精神分析法略有相似。他的母亲约卡斯达被诱惑而为妻，她在谈话中颇不以持续询问为然，她说很多人都曾经在梦里娶母亲为妻，不过梦是无关重要的。但是在我看来，梦境非常重要，特别是很多人常做的典型的梦。我们相信，约卡斯达讲述的梦境，与神话中的可怕故事密切相关。

不过，简直使人惊讶的是，索福克勒斯的悲剧并未招致众人的责骂，不过如果他们做出此等反应，要比那些迟钝的军人更加有理由。这到底是一部不道德的戏剧，写出了神力不可违背，尽管以道德的本能进行反抗，最终于事无补，结果是使个人不必对社会的法律负责。也许我们可以相信作者是借这则神话来表达对命运的控诉与对天神的怨恨，在反对众神的欧里庇得斯那里，也许的确有此控诉。但是，以虔诚著称的索福克勒斯是绝不至于有此意的；他认为神预定了我们的命运，即使是犯罪，我们也必须顺从其意志，才称得上高尚的品德；有了这样的宗教考量，于是他解决了剧中的难题。当然我并不相信这种道德就是本剧的优点之一，即使如此，也不会减弱剧本所产生的影响。看戏人所反应的在于神话本身的隐意与内容。他们的反应就好像自我分析者发现内心也有俄狄浦斯情结，意识到神及预言的意志仿佛他自己潜意识的高尚的伪装物，好像让他回忆自己也曾有驱逐父亲迎娶母亲的愿望，同时对这一念头心存憎恶。他认为，索福克勒斯好像在说："即使你否认曾有过这种想法，或者你自己曾如何抵抗这种邪恶的想法，结果都是徒劳无益的。然而，你仍然有罪，因为你绝对无法消除这些恶念，它们将永远留存于你的潜意识之中。"这确实是心理学的一则真理，一个人虽然把恶念压抑到潜意识里，而为自己不再有这样的恶念而感到欣慰，然而他看不见这个罪恶的基础，因此免不了仍然有罪恶之感。

精神病患者常心怀惭愧的罪恶感，毫无疑问，这是以俄狄浦斯情结为重要的原因之一。另外，我于1913年著有一书，名字是《图腾与禁忌》，所讲的乃是一种关于最原始的宗教和道德的研究。那时我便怀疑，作为整个宗教和道德起因的人类的整个罪恶之感，也许源自俄狄浦斯情结。对于这一点，我本想多作描述，不过最好是到此为止了；关于这个问题一经提及，便不易放下，于是我们必须回来谈谈个体心理学。

儿童在性的潜伏期前选择对象时，我们如果要对其进行直接的观察，那么他们的俄狄浦斯情结会有哪些表现呢？我们不难发现，小孩子想要独占母亲而不要父亲。看到父母拥抱即心生不安，看见父亲离开便心情愉悦。他往往直言自己的情感，说要娶母亲为妻；当然这些事似乎不能与俄狄浦斯情结相类比，不过事实已足以相提并论了，两者的中心思想是一致的。有时候同是这名儿童，他也对父亲表达喜欢，常令我们困惑不解；但是这种相反的或两极性的情感在成人或许将引发冲突，而对于儿童却可以长期地并行不悖，与其后来永久地留存于潜意识里的状态是同样的。你们也许会抗议，认为小孩子的行为同样受到自我动机的支配，不足以作为"俄狄浦斯情结"说的证据；母亲照料孩子，为了孩子的幸福当然不可因他事而分心。这话固然正确，不过对这种或其他类似的情境来说，自我的兴趣也不过对爱的冲动提供一个相当的机会而已。小孩子公然对母亲表达出性的好奇，如夜间与母亲同睡，坚决想去室内看母亲更衣，甚至竟表现了一种诱惑母亲的行为，这种对于母亲的爱的性的意味就十分肯定了。还有一点我们不能忽略了，就是母亲照顾女孩子的需要与男孩子并没有不同，但却产生两种结果；父亲照顾男孩子同样是无微不至，并不输于其母，然而却得不到孩子对母亲同等的重视。总的来说，无论如何评判，都不足以消除这一情境中所含有的性爱成分。即使从儿童的自我利益看，如果他只让一个人照顾而不许两人照料，岂不是太傻？

我们在这里只叙述了男孩子与父母的关系，反过来说说女孩子也是这样。女孩子常迷恋父亲，要对母亲取而代之，有时会模仿成年人的撒娇，当时我们只认为她很可爱，以至于忽略了这种情境可以产生的严重后果。父母对孩子们的宠爱也有性别的选择，所以他们常常引起孩子们的俄狄浦斯情结，例如，父亲溺爱女儿，母亲溺爱儿子；然而，即使这种溺爱也不足以使婴儿的俄狄浦斯情结的自发性受到重大影响。等到有了新生儿的时候，俄狄浦斯情结便扩展为一种家的情结。小孩子的自我利益受到妨碍，便对新生儿产生一种厌恶之感，大有去之而后快的欲望。大体上讲，这些怨恨之情和与父母相关的感情比起来，更加无所隐蔽地显现出来。如果这一欲望得到满足，新生儿不久便离去，这种离开对儿童也是一件重大的事件，那么通过后来的精神分析，这件事却不必留存于记忆里。假如母亲生下另一个孩子，而他则变成了次要的，开始与母亲隔离，他于是很难原谅母亲了；这时候，在成人眼里的痛恨的情感将在他的心里出现，并且会成为永远的隔膜的根源。当弟弟或妹妹稍稍长大后，他对他们的态度就有一个极为重要的转变。男孩子或许会把妹妹视为爱的对象以取代"不忠"的母亲；假如几位哥哥争夺一位小妹妹的爱，那么在后来的生活中敌对情感将占有重要地位，这种情境常见于育儿室之中。在父亲不再如以前那样温柔地宠爱着女孩子时，女孩也以哥哥代替他；或者把妹妹当做内心所希望的自己与父亲共生的孩子的替代物。

现在，如果我们对儿童作直接的观察并讨论他清楚记得的事情，而不受精神分析的影响，那么上述种种都显而易见。除此以外，你们还可以想到儿童在兄弟姐妹中的排行的顺序，对于其以后的生活也很重要，但凡做传记时都要考虑这一因素的。然而更为重要的是这种见解随手可得。你们读了之后如果想到了科学所禁止的亲属相奸的理论，不免哑然失笑了。为了解释这一事件，种种解数全部用上了。据说，同一家庭的异性成员由于打小时起同居已成了习惯，因此异性之间也不再引起性的诱惑了；又如，生物间也有反对纯种繁殖的倾向，因此在心理上有对于乱伦的恐惧情感。殊不知，如果人们确有抵抗乱伦诱惑的天然屏障，那么法律与习惯便没有必要对此做出严重的惩罚了。真理常在相反的那一面。人类对于性的对象的选择第一个常为亲属，例如，母亲或妹妹，想防止这一幼稚的倾向转为事实，就必须有最严厉的惩罚。对于现在仍生活于野蛮和原始中的民族而言，乱伦的禁令远比我们更加严格；赖克最近在他的著作中表示，野蛮人以青春期作为"再生"的象征，青春期举行的仪式表达了那孩子已摆脱了对母亲的迷恋，而恢复了对父亲的情感。

　　从神话中我们可知，人们对于近亲的乱伦深感恐惧，却是不假思索地允许他们的神有这样的权利。读过了古代的通史，你们就可了解，兄弟姐妹的乱伦婚娶是帝王们的神圣义务，例如，埃及和秘鲁的国王等，普通人不享受这种特权。

　　娶母、弑父是俄狄浦斯的两种罪恶。人类的第一个社会宗教制度便是图腾制度，而图腾制度是深以这两种罪为戒。现在让我们由对儿童的直接观察，转至对精神病患者的分析研究。这一分析的结果将对俄狄浦斯情结的知识有哪些贡献？我们立刻便能够回答。我们由分析发现的情结与神话里的情结正相一致，这所有的患者都是俄狄浦斯，或者说，他们在反应这一情结时都成为了哈姆雷特。经分析而发现的成人的俄狄浦斯情结较之婴儿所有的更为显著，更加强烈，他们不再是对父亲颇有微词的怨恨而是希望父亲死去，对于母亲的情感以娶母为妻显而易见。儿童期的情感果真如此浓厚强烈吗？还是我们在分析时，无意之中闯进了一个新的元素使我们受骗了？这个元素不难发现。不管是何时何地何人，如果想描述过去的一件事，即便他是一位历史学家，也难免无意中将过去的时期混进了现代和近时的色彩，所以过去的事情不免失去真相。对精神病患者来说，用现在解释过去是否全是无意也是值得怀疑的；将来我们还会知晓此事的动机何在，而整个的"追溯往昔的幻想"这一问题也必须做研究。我们也能够立刻了解对于父亲的怨恨竟起源于其他关系的种种动机的变本加厉；对于母亲的性爱的欲望也是儿童梦想不到的方式。但是，我们假如要用"追溯往昔的幻想"和其后引起的动机，去解释整个俄狄浦斯情结，便不免徒劳无益了。这一情结虽有后来加入的成分，然而它在幼儿时的基础仍岿然不动，这可由对儿童的直接观察得到证实。

所以，由分析俄狄浦斯情结所获得的临床经验在实际中就变得非常重要了。我们已经了解，性的本能到了青春期便开始全力求得满足，它再次以亲属作为对象发泄原欲。婴儿对于对象的选择似乎仅出于儿戏，但它却为青春期选择对象奠定了方向。青春期有一种强烈的情感的流露，反应俄狄浦斯情结；不过由于意识已经开始严加防守，因此这些情感的一大部分都不得不在意识之外逗留。一个人从青春期开始就必须尽力摆脱父母的束缚，摆脱了这种束缚而有所成就之后，他便成为了社会的一员而不再是个孩子。对于男孩来说，这个工作也就是性欲不再以母亲为目标，而要在外界寻求另一个实在的爱的对象了；如果他仍然敌视父亲，他就要力求和解；如果他因反抗不成而顺从，他就不得不力求摆脱父亲的控制，这过程没有谁可逃避得了；但是，能在心理上和社会得到圆满的解决的，却是寥寥无几；这是很值得注意的事情。关于精神病患者，这种摆脱则完全失败了，做儿子的终身屈服于父亲，不能指引着其原欲趋向一个新的性的对象。相对来说，女孩子也一样。从这一意义上看，俄狄浦斯情结的确可视为精神病的主因。

你们应该了解关于俄狄浦斯情结，还有众多在实际上和理论上都非常重要的事实，而我也只能做不完全的记载。而它的其他各种变形，都将略去不讲。在此我只想指出一个关于它的间接的结果，这一结果对文学的创作产生了深远的影响。兰克在其一本相当有价值的书中曾说过，每一时代的戏剧家大多从俄狄浦斯及乱伦的情结及其变式之中选取素材。另外一层也值得一说，即远在精神分析诞生之前，俄狄浦斯的两种罪恶就被视为不可控制的人的本能的真正表现。大百科全书的作者狄德罗的著作中，曾讲述一段著名的对话"拉摩的侄儿"，下面几句话你们要特别注意：假如这一个野小子自行其是，保持他所有的弱点以及在儿童时所缺乏的理性之外，加诸三十岁成年人的激情，他将不免勒住父亲的颈项，而与母亲同睡了。

还有一件事，我要在此略作表述。俄狄浦斯情结在实际中可用以梦的分析。你们记得梦的分析的结果，梦的愿望常常是有变态的和近亲乱伦的意味，或者流露出对于亲属的出人意料的仇视吗？这种邪恶的念头我们在那里并没有对其源头加以解释。如今你们总该明白了，它们就是原欲的倾向，也可称是原欲在其对象上的"投资"，尽管它起源较早，早已在生活中被抛弃，然而每当夜晚来临，它仍然出现并且具有一定的活动能力。这种变态的、乱伦的，甚至杀人的梦不仅为精神病患者所有，也不为一般正常人所共有。因此我们也可以推断正常的人们，也曾出现这一变态的现象，以及俄狄浦斯情结；所不同的是正常人梦的分析所发现的情感，在精神病患者身上则变本加厉。这也是我们以梦作为精神病研究的线索的原因之一。

第二十二讲　发展与退化的观点——病原论

诸位，前面我们曾说过，原欲的功能要经过多方面的发展，然后才会有正常的生殖职能。现在，我要在此指出这个事实在精神病起源上的重要性。

按照普通病理学的原理，我们可以说有两种危险存在于这个发展中：停滞与退化。换言之，原本生物的历程就存在变异的倾向，因此不必完全经历由发生、成熟而至消逝，一期一期地经过；某些部分的功能，也许于初期即永远停滞，其结果在一般的发展以外，还有几种停滞的发展。

我们还能用其他方面的事实来比喻这些历程。假定一个民族要背井离乡去寻找一块新领地，必然是并非全部成员都到达了新的目的地。排除因其他原因而死亡的人们，这些移民里总会有一小部分在途中停留、定居下来，其余便继续前行。或者，再就近选取一例，你们应该了解到，精液的腺体原本位于腹腔的深处，高等哺乳动物的精液腺体在胚胎的某个发展时期开始做一种运动，结果便将其移植到盆腔顶端的皮肤下面。一些雄性动物的这一对器官或其中有一个停留在盆腔里，或者永远地被停滞在必经之路——鼠蹊管中，或者这个鼠蹊管在精液腺体经过后，本应闭塞的却没有闭塞。我做学生时，在布吕克教授的指导下开始了科学研究的探索，我要考察的对象，乃是一个很古老的鱼类脊髓的背部神经根的起源。这些神经根的神经纤维是由灰色体后角内的大细胞生发出来的，这种情形原本是不再发生于其他脊椎动物身上的。然而，后来我由整个后根的脊髓神经节的灰色体外都发现了类似的神经细胞，于是，我断定这一神经节的细胞的运动路线乃是由脊髓沿着神经根行进的。由进化的观点可知如下的事实：这类小鱼的神经细胞在经过的路线上，有很多是在半途停滞的。不过这样的比喻的缺陷，只要进行更加缜密的研究，立刻便可以看出来。于是，我们也只好说每一个性的冲动的单独部分都有可能停滞于发展的初期，尽管其他的部分可同时到达目的地。因此，每一个单独的冲动都被看做一条溪流，由生命的最开始时起，不断地向前流动着，并且这个流动可设想为一个个向前的运动。你们要是觉得这些概念还必须更进一步地说明，那就对了。现在，暂且将部分的冲动在较为初期时的停滞称为"冲动的固着作用"。

这种分阶段的发展尚有第二种危险，即称之为"退化"的作用。已向前行进的部分也较易于后退至最初期的发展阶段。一种本能的比较发达的功能，如果遇到外来的强大的障碍，便不能到达满足的目的，并且只有一种向后转的选择。我们还可以假设执著和退化是互为因果的；一种功能在发展的路上执著点越多，那么它也越容易被外界的障碍所阻挡而退回到执著的点上，换句话说，新近已获得发展的功能，将越发不能抵抗发展过程中遇到的外部困难。例如，一个迁移的民族如果大部分的人在中途停滞，那么前行最远的人若是遇上强敌或被强敌打败，他必将很容易退回去。并且前进途中停滞的人数量越多，他们战败的危险就最大。

你们若要了解精神病，就必须把执著和退化的这种关系牢牢记住，然后方可进一步地研究精神病的起因或病原学的问题，我们很快就要讨论这个问题。

现在，我们暂且只对退化的问题进行讨论。关于原欲的发展问题，相信你们在听过后应该推断出退化作用大概可分为两种：一是退到原欲的第一种对象，我们也了解这种对象常常具有乱伦的倾向；二是整个性的组织退至发展的初期。这两种退化作用都可在"移情性精神病"的症状中被发现，并且都是其中的重要角色。特别是第一种退化乃是精神病患者常见的现象。假如把另一种自恋性精神病也同时讨论的话，那么我们在原欲的退化方面将有更多的话题；不过我们在此不能再说了。这些症候可以提供给我们关于原欲功能的其他发展历程的结论，还可以显示给我们与这些历程相当的新的退化方式。你们总该记得，一种心理的行为本该成为意识的，即它本应属于前意识的系统，然而因被抑制而坠入潜意识的系统成为潜意识，这种历程称为压抑。再比如潜意识的心理活动，在意识领域的门口因检查作用而被拒之门外，无法闯入前意识的系统，这种历程也被称为压抑。因此，压抑这一概念不必然与性发生关系，你们要特别注意这一点。压抑作用纯粹是一种心理的路程，也可以说是一种很有位置性的心理路程。所谓的位置性，即指在我们的假说里那种心灵内的空间关系；或者是关于几种精神系统的一种心理功能的构造。

上面所说的这一比喻向我们解释了压抑一词的狭义用法，而不是广义用法。假如我们采用它的广义用法，来表示高级的发展阶段降至低级的发展阶段的历程，则压抑作用也将属于退化作用的一种；压抑作用可以被视为一种心理行为在发展过程中的所有的退回较早时期的较低阶段的现象。不过压抑作用的退化方面却是无关紧要的，因为一种心理路程在离开潜意识的低级阶段前，假如停滞不前，我们也可以称之为动态的压抑作用。因此，压抑作用乃是一种空间的、动态的概念，而退化作用则纯粹是一种叙述的概念。然而，我们前面说过的与执著作用比肩的退化作用，则是专指原欲功能退回到发展停顿之处的一种现象，也就是其性质与压抑作用在实质上大相径庭或者是毫无关系的。我们千万不能把原欲的退化作用称为一种纯粹的心理路程，同时也不了解退化作用在精神机制中处于何种地位；虽然退化作用对于精神生活影响十足，然而它的机体因素却是最为显著的。

这样的讨论是最容易令人感到枯燥无趣了，所以，我们可借用临床上的实例求得一种较明了的印象。关于移情性精神病，你们所了解的包括癔症和强迫性精神病两个类型。关于癔症，其原欲尽管常退化至主要把亲属作为性的对象，但却很少，甚至没有退化到性的组织的较早阶段的现象。所以，压抑作用在癔症的机制中占重要地位。如果我们用推理来补充这种精神病的知识，可将其情境做以下描述：在生殖区支配下的部分冲动已经联合起来了，不过这种联合的结果，却遭遇了来自与意识相关的前意识系统的抵抗。因此，生殖的组织显然可应用于潜意识，却不能应用于前意识，前意识排斥性器组织的结果则形成了一种与生殖区占优势前的相类似的状态。但在实际上不相同。对于这两种原欲的退化作用来说，其中最使人惊奇的当数退回到性组织的前一阶段的那种类型。这种退化作用在癔症里看不到，但是我们关于精神病的整个概念，又过多地受到目前癔症研究的影响，因此我们承认原欲的退化作用，要远比压抑作用重要得多。以后，我们如果把自恋型精神病和他种精神病与移情性精神病共同讨论的话，那么我们的观点或许会有更进一步的扩展和修正。

另外，对于强迫性精神病来说，原欲退回到以前虐待的、肛门组织的阶段却是最为显著的因素，并且它决定了症状的表现方式。此时，肛门之爱的冲动必须伪装为虐待的冲动。"我要谋杀你"这一强迫的冲动在它撕去一些附加的、不可略去的成分之后即成为"我要享受你的爱"。假如你们想到了这一冲动又退回到原来的对象，只有最亲近、最亲爱的人才使这个冲动满足，你们能够想象，对于这些强迫的观念患者将是何等恐惧，同时你们应该了解这些观念为什么是他的意识和知觉所无法解释的了。原欲的退化作用如果不辅以压抑作用必然不能引起精神病，而只能产生一种变态的现象。你们也由此可知，压抑作用就是精神病的最为重要的特征。假如时机合适，我将把关于变态的现象的原理知识为你们进行讲述，你们就能了解这些现象远比我们在理论上所想象的要繁杂得多。

你们如果把关于原欲的执著作用和退化作用的讨论，作为精神病病原学的初步研究，那么你们或许可立刻接受这个说明。对于这个问题，我之前对你们所讲的都只是知识的片断：假如人们没有可能来满足自己的原欲，便很容易患上精神病，因此，我们认为人们因为被"剥夺"而受挫折才患病的，并且其症候就是对失去的满足的一种替代。当然，这并不是说所有类型的原欲满足的受挫都将致人以精神病，只是说明在所有被研究的精神病之中，这种挫折的因素是有目共睹的。所以，这样的话当然不能反过来讲。你们想必也明白其含义，并非要揭开精神病病原学的所有秘密，只是在强调其中一个重要的不可或缺的条件。

现在，我们要对这个问题作更进一步的探讨，我尚不知究竟应该由剥夺的性质谈起，还是以被剥夺者的特殊的性格为出发点。剥夺本身并非包罗一切绝对的致病因素，若要致病，那么被剥夺了的，必然正是其所渴求的且可能是唯一的满足方式。或者说，人们可以用很多的方法忍受着原欲的无法满足却不会患病。我们还了解到许多人可自己控制欲望而不造成伤害；这时候他们或是无法心情愉悦地生活，或是忍耐着无法满足的欲望，但都不致患病。因此，我们必须断定性的冲动的弹性空间格外宽广，当然如果我们可以引入"弹性"一词的话。这种本能的冲动将以另外一种代替，如果这一冲动在实际中不能得到满足，那么另外一种常常能获得充分的满足。它们彼此间的关系正像装满液体的一组水管，相互连接成网状，它们都受到性欲的支配，当然这一支配条件是很难想象的。不过性的部分本能以及包含这些本能的统一的性冲动彼此间都可交换对象，也就是说都拥有一种容易求得的对象；这种互相交换及快速接受代替物的能力，自然就对剥夺的结果产生一种强大的相反的影响。关于防止疾病的过程，有一种在文化发展中有着特殊重要的作用。由于这个历程，性的冲动就能抛开之前的部分冲动的满足，甚至是性欲的满足的目标，代之以一种新的目的，这个新的目的尽管与第一个目的在发生时相互关联，但不再被认为是"性的"，其在性质上则被称为"社会的"。这一历程叫做升华作用，有了这个作用，我们才可以把社会性的目标提升至性的或绝对利己的目标之上。顺便说一下，升华作用只是一个特殊的实例，它表明了性的冲动和其他非性的冲动之间的关系，将来我们再论述这一问题。

　　你们现在必然会认为，既然有许多的方法来忍受性的不满足，那性的满足被剥夺就成为一个无足轻重的原因了。然而并非如此，其致病能力依然存在。消除性的不满足的方式固然很多，然而常常感到不敷应用。普通人所能承受原欲不满足的程度是有限的。原欲的弹性和自由灵活性并非我们大家所能充分保存的；不要说很多人的升华能力微乎其微，即便有了升华作用，其能发泄的原欲也只是一部分而已。关于这些限制，原欲的灵活性显然尤为重要，因为一个人追求到的对象和目的，数目非常有限。你们不要忘记原欲的不完全发展，将使它执著于早期的性的组织而选择大多实际中并不能满足的对象，其执著的范围很广且数目又不少，于是我们了解到原欲的执著就是第二个强大的因素，它和性的不满足结合起来共同形成精神病的起因。我们把这一点概括如下：在精神病的起因时，原欲的执著代表了内心的成因，而性的剥夺则代表体外的偶然因素。

　　借此机会，我想劝说你们不必在无谓的争论中发表见解。在科学问题上，人们常常只了解真理的一面就把它当做真理的全部，然后为支持真理的这个元素而怀疑真理的其他部分。精神分析运动的几个部分已因此而分崩离析了；一些人承认自我的冲动却否认性的冲动；一些人看到了生活中现实事件的影响，却忽略了个体以往的生活，诸如此类，难以尽言。除此之外，尚有一个两难的问题没有解决：精神病究竟起因于内，还是起因于外？或者说，精神病究竟是由于身体构造所致的必然结果呢，还是个人生活中"创伤"的经验的产物呢？我们将范围缩小，之所以患上精神病，到底源于原欲的执著和性的构造，还是源于性的剥夺的压力？这个问题很好笑，正如"小孩子究竟产生于父亲的生殖运动，还是产生于母亲的怀孕"的问题。你们也许认为这两个条件缺一不可。虽然精神病的条件各不相同，也是很相似的。从原因的观点看，精神病可以造成一系列的病例，在这些病例中有两个因素，即性的构造和经验的事件，你们如果乐意，我们且称之为原欲的执著和性的剥夺，如果其中之一占优势，另外一个则按其比例退而居其次。这些病例的一端存在一些可列举的极端实例：这些人由于原欲的发展大异于常态，因此无论什么样的遭遇或经验，或不管生活如何适意，仍不免生病；而在这个系列的另一端，也可有另外一些极端的例子，即如果生活不令他们有这样或那样的负担，他们将不至于得病。那么处于两者中间的例子，其倾向的因素就是性的构造和生活的创伤经验此消彼长混合而成的比例。他们如果没有这一番经验，那么性的构造就足以致病；如果其原欲的构造有异，生活的变故也不足以使他们产生精神病。在整个系列之中，我个人倾向于性的构造的因素，不过这也要根据你们究竟把神经过敏的界限划在哪里而定。

现在，我要告诉你们这个系列可称为"互补系列"，还要提前告知你们，在其他的方面也会存在这样的互补系列。

原欲常常执著于特殊的出路和特殊的对象不变，因此叫做原欲的"附着性"。原欲的附着性似乎为一个独立的因素，因人而各有不同，其决定性的条件我们尚不能尽知，不过它在精神病的病原学上的重要性却是无可置疑的。其相互关系也密切之极。在很多情形之下，正常人的原欲也有类似的附着性，其原因还未可知。精神分析出现以前，比纳就发现，在一些人的回忆里常能清楚想起，幼年时期那些变态的本能的倾向或对象选择的情景，其后原欲多在此附着，终其一生不得摆脱。这种印象对原欲有这般高度的吸引作用，常无法予以解释明了。我在这里要列举一例，乃是自己直接观察所得。一个人对于女性的生殖器和其他诱惑，都表示了漠视，不过只有一种特殊样式的穿着鞋子的脚，引起他不可遏制的性欲；他记起了六岁那一年，有件事使他形成了这种原欲的执著，那时他正坐在保姆身旁的凳子上跟着她学英文。保姆是位很普通的老年妇人，湿润的眼睛是蓝色的，鼻塌而仰，那天她由于脚受伤了穿着呢绒的拖鞋，她把脚放在垫子上，腿则很端庄地藏在后面。他到了青春期，在偷偷地品尝了正常的性生活以后，把类似于保姆的瘦却有力的脚作为性的对象；如果还有其他的特色让他想起那位英国保姆，对他的吸引力将更大。但是，这一原欲的执著并不能使人致病，只是让他成为性心理变态者。他成为了一个脚的崇拜者。所以，你们能知道原欲的过分的、不成熟的执著，尽管是精神病不可缺的条件，它的影响却远远超出了精神病的范围，但仅有这个条件不必然致病，与前面我们讲的性的剥夺道理相同。

　　由此可知，精神病的起源好像更加错综复杂了。实际上，我们由精神分析的研究发现了一个新的因素，这一因素还没在我的病原学理论中提及，它只在突然间因精神病而失去健康者那里才容易发现。这些人往往显现出欲望相反的或者精神冲突的症候。其人格中有一部分拥护某种欲望，另一部分则表现出反抗。凡是精神病都必然存在这种矛盾。似乎这也没什么特别之处，你们应该了解，人们的精神生活中都存在着尚待解决的各种冲突。因此，在这种矛盾足以致病以前，似乎要有特殊的条件在等待着实现，现在我们要追问，它们究竟是什么？心灵里到底有哪些势力参与了这些致病的冲突？而这些冲突与其他病因是何关系？

　　尽管难免失之简略，我仍然希望针对这些问题能提出差强人意的答案。这种矛盾是由性的剥夺而引起的，由于原欲的不满足而必须寻求其他的出路以及性的对象。但是这些出路及对象却使其人格的一部分引起反感。在形势所迫之下，新的满足当然不可能实现。这就是症候得以形成的出发点，这在以后仍需再论。性的欲望被禁止以后，即采取一种曲折迂回的道路前行，并且要打破阻力须经过种种的伪装方式。迂回的道路指的是症候的形成，症候即是由于性的剥夺所引起的新的或代替的满足。

心理冲突的含义还有另外一种表达方法，那就是，若要致病，外部的剥夺必须以内部的剥夺作辅助。若两者相辅相成并行比肩，则外部的剥夺及内部的剥夺必然会有不同的出路及不同的对象相互关联；外部的剥夺使满足的第一种可能消逝了，而内部的剥夺却让第二种满足的可能也取消了。于是，正是这两者成为了精神矛盾的症结所在。我在这里做此讲述是有用意的，即内心的障碍在人类发展的初期，原本是现实的外部的障碍所引起。

但是禁制原欲的冲动所需的力量或者致病的另一组矛盾，究竟从何而来呢？从广义上讲，我们可称它们为一些非性的本能，可总括于自我本能的范畴之中。就移情性精神病的分析而言，之前我们并没有充分的机会来对这些本能做进一步的研究，至多也不过是分析患者的抗拒作用时大体看到了这些本能的性质而已。可以说，自我本能的矛盾与性的矛盾就是致病的矛盾。在众多的病例中，各种纯粹的性的冲动间好像也存在一种矛盾；不过引起矛盾的那两种性的冲动，常常是一种为自我赞许，一种是自我反抗，说到底仍然是同一回事。因此，我们仍把它称作自我和性的矛盾。

当精神分析提出心理路程是性本能的一种表示的观点后，学者们都一再地表达愤怒，提出抗议，认为精神生活中除性的本能和兴趣以外，必有他种本能及兴趣；认为我们不能把所有的事件都溯源于性，诸如此类。事实上，如果能与反对者的意见相同，那也不失为一种真正的快乐。精神分析从不曾忘记非性的本能的存在，精神分析原本就建立在性本能和自我本能的严格区别之上，不管他人如何反对，它所秉持的并不是精神病起源于性，而是精神病起源于自我和性的矛盾。虽然它研究性本能在疾病与正常的生活中的地位如何，却从不去否认自我本能的存在或重要性。其不同点在于，精神分析把研究性本能作为自身最为重要的工作，由于这些本能在移情性精神病中也最便于研究，并且精神分析要研究他人所忽略的现象。

所以，我们不能认为精神分析完全不讨论人格中的非性的部分。从自我与性的区别看，很明显，自我本能的重大发展必须依赖于原欲的发展，而且对原欲的发展却没有不利的影响。我们对于自我发展的了解，远远不及对于原欲所知道的那样充分，只有在我们研究了关于自恋型精神病以后才有可能对自我构造略有了解。不过，费伦齐也曾经努力在理论上，对自我发展的几个阶段做一测定，至少有两点我们可用以作为进一步研究自我发展的坚实基础。我们绝对不认为，一个人原欲的兴趣与自我保存的兴趣自开始就互相冲突；实际上，在每个阶段上，自我发展的每个阶段都力求与性的组织的相当阶段相互调和以取得适应。原欲发展的各阶段的延续，或许有一个既定的程序，不过这个程序也为自我发展所影响。我们还可作这样的假设，自我发展和原欲发展的各阶段之间，存在着一种平行或相关的现象，这种相关的现象一旦破坏，便成了致病的因素。下面的这个问题尤为重要：原欲如果在发展中固执地执著于较早期的一个阶段，那么自我所采取的态度是怎样的呢？或许会包容这种执著而形成一种变态的、幼稚的现象；然而自我也可反抗原欲的这种执著，结果就是原欲有一种执著，而自我必将有一种压抑的行为。

至此，我们可以下一结论：精神病致病的第三个因素乃是冲突的感受性，它与自我发展的关系等同于与原欲发展的关系；因此，我们关于精神病起因的观点又有一个拓展。第一，是性的剥夺，这是最普遍性的条件；第二，是原欲的执著；第三，是自我发展抗拒原欲的特殊冲动，而产生了冲突的感受性。这些事实，并不像你们想象的那样神秘、难解。不过，我们尚未能完成这方面的工作，还有许多新事实要增加进去，一些已知的事件也要做深入分析。

现在，我要列举一例以说明自我发展对于冲突的倾向及其精神病所产生的影响。这一例虽出自想象，却未必不可能发生。我将它冠以内斯特罗一部滑稽剧的名称："楼上楼下"。假设有位佣工住楼下，而富有的主人住楼上。他们都有孩子，假设主人准许自己的小女孩同佣工的小女孩自由玩耍不予监视，她们的游戏内容较易于变得"顽皮"，即有性的意味；她们扮演父亲和母亲的角色，互相偷窥大小便或更衣，刺激性器官。那佣工的女儿或许装扮成诱人的女人，尽管她只有五六岁，对于性的事件却知道的不少。她们的游戏行为时间虽短，却足以引起两个孩子的性的兴奋，而在游戏结束后，便出现多年的手淫行为。两个孩子经验相同，而结果却不一样。佣工的女儿也许持续手淫行为直至开始行经，此时停止手淫并无困难；过后几年，找一个爱人或再生一个孩子；在生活上或东奔西走寻找出路，可能最后成为著名女演员，有如贵夫人终其一生。或许她一生并没有声名显赫，但无论如何她都不会因那未成熟的性活动而受创伤，她不会有精神病，她可以舒适地生活。关于那家主人的女儿却是大不相同。她很快就有罪恶感，并在不久后竭力摆脱了手淫行为，但内心仍又闷闷不乐。待到长大而了解了性交时，就会不禁恐惧地逃避，希望最好永远对此一无所知。或许她无法遏制手淫行为，但她并不愿意他人知晓。而在她可以结婚的时候，精神病将突然发作，使其对结婚和生活的享乐有反感。假如我们由精神分析而了解到这种精神病的经过，便可发现这个受到良好教育的、聪明的、有理想的女子是完全地压抑了性的欲望；不过这些欲望却无意识地附着在她幼年时与玩伴所共有的一些邪恶的经验之上。

这两个女孩子有着相同的经验，而结局大相径庭。之所以如此，乃由于一女子的自我具有一种为另一女子所没有的发展。对于佣工的女儿来说，性的活动不管是在她年幼时，还是年长时，都是自然而无害的。而主人的女儿受到了良好的教育，便以她所受到的教育的标准约束自我。她的自我在那样的刺激之后，便形成了一种女人的纯洁寡欲的理想，与性的行为水火不相容；她的理智的训练又使其对女性的义务态度轻视。在她的自我中，高尚道德和理智的发展使其与性的要求互相矛盾。

就原欲的发展而言，还有一个方面我们要在今天予以讨论，它不仅能使我们拓宽眼界，也可由此证实我们的自我本能与性的本能严格却不易了解的界限，是有其深刻道理的。现在，我们在讨论自我和原欲的发展时，就必须注意前面所忽略的一个方面，坦白来说，这两者皆源于遗传，是人类在远古以及史前时期进化的缩影。对于原欲的发展来说，我们不难发现这个种系发展史的源起的特点。想象一下，有的动物的生殖器官和口腔关系密切，有的动物的生殖器和排泄器官没有界限，而有的动物生殖器就是运动器官的一部分；因此说，动物由于性组织的形式，存在着各种根深蒂固的变态的行为。至于人类，这一种系发展的特征并不显著，一是因为几乎所有遗传的性质都要重新由个体学习而得，也是因为原来引起这些学习的条件现在仍然存在并对个体产生影响。我本以为它将产生一个新反应，如今却引起一个倾向了。此外，每一个体的既定发展途径，都可能受外界的影响而有所变动。不过，致使人类必须有这种发展直至现在仍然保持不变的势力，是我们已经了解到的，即现实所要求的剥夺作用；如果我们要给它一个科学的命名，可称之为需要，或生存的斗争。需要正如一位严格的女导师，教会了我们诸多事情。精神病患者也是这种严格所产生的恶果，不管何种教育都不免有此风险。这是一个以生存的斗争为进化动力的学说，也不必削减"内在进化倾向"的重要性，如果这种趋向是存在的。

性本能与自我保存的本能，在遭遇实际生活中的需要时所表现的行为不相同，那是值得注意的。自我保存的本能与所有属于自我的本能一样易于控制，较早接受了需要的支配，并且使自身的发展适应现实的意志。这当然可以理解，假如它们不服从"现实"的意志，就不能求得需要的对象，个体没有了这些需要的对象之后，便会死亡。而性的本能是比较难以控制的，它们从来不曾感到对象的缺乏。它们就好像寄生、附着在其他的生理功能之上，同时又能以自身求得满足，因此，它们在最初本不受这种"现实"需要的教育的影响。对大多数人来说，性本能可终身保留这一种执著或无理性，而不受外界的影响。一个青年的可教育性大概在性欲勃发的时候即已宣告结束。教育家深刻明白这一点且知道如何应付；然而他们或许能接受精神分析的理论的影响，从而把教育重心移到哺乳期的幼年。小孩子常在四五岁时就已成为完全的生物，之后才显现各种禀赋的才能。

我们想要充分了解两种本能的含义，就必须稍稍离开主题，把那些可称之为"经济"的方面也包括其中，这是精神分析的一个最重要的，然而又是最难懂、最晦涩的部分。我们也许能提出下面的问题：心理器官的工作是否有主要的目的？我们的答案是：其目的在于求乐。我们的整个心理活动好像都是在全力下决心去寻求快乐而避免痛苦，并且自动地受"享乐原则"的调控。我们最愿意知道的乃是引起快乐的条件是什么，引起痛苦的条件是什么，然而我们正缺乏这样的知识。我们只好去揣摩：心理器官里的刺激量的减少降低或消逝，就足以引起快乐；相反，刺激的增高增强，便足以招致痛苦。不容怀疑的是，人类所可能拥有的最强烈的快乐便是性交的快乐。因为这种快乐乃是系于心理兴奋，因此我们称这种情形为"经济的"。在这种侧重快乐的追求之外，我们可用其他较平常的文字来描述心理器官的行为。此时，我们便可说心理器官乃用以控制或发泄加诸自身的刺激量或纯能量。性本能的发展显然始终都以求满足为目的；这一功能可永远保存不改变。自我本能最初如此，不过由于受到需要的影响，立刻便懂得用其他原则来代替"享乐原则"。它认为避免痛苦的工作和追求快乐的工作同样重要，因此自我会舍弃直接的满足，而延缓满足的享受，忍耐着一些痛苦，甚至是放弃一些快乐的来源。自我在受了这种特训之后，即成了"合理的"，摆脱了享乐原则的控制，而顺从了"现实原则"。这一现实原则的最终目的也是追求快乐，只不过是追求一种延缓的、缩了水的快乐，这种快乐与现实相适应，不容易消逝。

从享乐原则至现实原则的过渡，是自我发展中的一个最重要、最关键的进步。我们已了解到性本能其后也随之勉强地经过了这一阶段；不久我们还能知晓人的性生活的满足，若稍微把握了这种微弱的现实基础会有怎样的结果。现在，我们还可以在结论中涉及这一问题的一句话：如果人类的自我存在与原欲相类似的进化，那么你们在听说了自我也有退化作用的时候，便不应该有惊异了，而应期望着了解自我退化至发展的初期阶段，在精神病的研究中的地位如何。

第二十三讲　症候形成的过程

诸位，在一般人看来，症状乃是疾病的根本，而症候的消失则表明疾病的治愈。在医学上，关于症候和疾病必然是要严格区分开的，症候的消逝并不等同于疾病的治愈。在症候消逝后，所留下的形成新症候的能力，乃是这种疾病唯一可捉摸的成分。所以，现在我们暂且采取一般人的观点，认为只要掌握症候的基础，即无异于了解疾病的性质。

当然，我们这里所讨论的是精神上的症候，即精神病，这种症候对于整个生命的各种活动都有害，或至少绝对无益；患者常常对症候感到厌恶又深以为苦。症候对患者的危害，主要在于精神的能力的消耗，而且患者要抵抗各种症候，就不得不耗损许多精力。症候的范畴很广，患者在上述两方面上的努力便会极大地削弱其精神的能力，以至于无法处理自己生活及工作中的重要事件。简单地说，这一结果是根据消耗的能力的分量而定的，因此，你们总了解"疾病"本质上就是一个实用的概念。不过假如你们用学理的眼光来看，不去问程度大小的问题，那么可认为我们都不免有精神病，精神病症候形成所需要的条件为正常人所共有。

现在，我们已经了解精神病的症候乃是心理冲突的结果，而冲突所由起的恰巧是患者在寻求原欲的新的满足的时候。两种互相抵抗的力量将在症候里重新会合，另一方面又在症候的形成中妥协互让以达到互相调解的效果。正是由于这一点使得症候有顽强抵抗的能力；关于它之所以维持而不消失，则仰仗于两股力量的相抗。这两个互相冲突的成分，我们当然是了解的，一种是未获满足的原欲，这里的原欲既已被"现实"所遏制，便不得不另寻他途以求满足。假如"现实"乃是毫不容情的，那么虽然原欲要以另一对象代替力所不及的对象，结果也不得不退回，从而寻求一种之前克服过的组织或被遗弃了的对象。原欲也就退回到之前的发展中曾停滞过的执著点上。

性心理变态的过程与精神病的过程有着显著的区别。假如退化作用没有引起自我本能方面的压制，便不会导致精神病的形成；原欲仍然可以获得一种现实的、非常态的满足。但是，自我不但支配着意识，而且兼具统治运动的倾向及心理冲突的现实，如果它不赞成这些退化，结果就是矛盾产生了。原欲既然被横加阻隔，于是就要寻求其他途径以得到满足，以遵循享乐原则的要求；总之要逃开自我。于是在退回的发展路上，重新返回之前的被"压抑"的位置——执著点上，摆脱了自我及自我法则的支配；当然同时还有已获得的自我指导下的一切训练一并被遗弃了。如果原欲在眼前便可得到满足，就很容易控制；而假如它受到了内部剥夺和外部剥夺的双重重压，便倔强不服从而迷恋过去的幸福时光了。这些就是它的根本性的、不变的性质。这时候，原欲所依附的观念属于潜意识的系统，并具有该系统所特有的历程，即凝缩作用和转移作用。所以，它的形成条件与梦的形成条件极其类似。原欲在潜意识里依附的观念，即所谓的"原欲"的代表却必须与存在于前意识里的自我相抗衡，正如同之前我们说过的隐梦；不过在它最初由思想形成了潜意识的，并满足潜意识的幻想的欲望的时候，就经历了一种前意识的检查作用，允其在显梦时形成一种和解的方式。既然自我如此的抗拒原欲，那么原欲就不得不采用特殊的表现方式，使得双方的力量都有相当的发泄。于是症候便形成了，作为一种潜意识的原欲的欲望的多重伪装的满足，同时也作为两种相互冲突的意识的巧妙选择的混合。仅从最后一点来看，梦的形成和症候的形成便不相同；梦的形成里所有的前意识其目的在于保护睡眠，阻止扰乱睡眠的刺激冲入意识；然而它对于潜意识的欲望的冲动必然不会采用严厉禁止的态度。之所以非常缓和，乃是由于睡眠时的危险很小，睡眠这一条件本身便使欲望将不得见之于事实。

你们应该了解到，原欲在遭遇冲突时正因为有了执著作用的存在，才得以逃脱。原欲既然退回到了这些执著点之上，便巧妙地绕开了压抑作用，在保持妥协的同时也获得了一种满足或者发泄。于是，它用一种迂回曲折的方式，通过潜意识和之前的执著点，终于得到了一种实在的尽管限制很多的满足，尽管这一满足极其有限，难以辨识。对于这个问题，尚有两点值得我们注意。第一，你们要注意一方面原欲和潜意识，其他方面自我、意识和现实，究竟关系如何密切，尽管在最初它们之间本不存在着这种关系；第二，但凡我曾说过的及将来还要讲的问题，所指都与癔症相关。

那么，原欲到底从哪里找到了它所需要的执著点来避开压抑作用呢？乃是在婴儿期的性的生活和经验时，及儿童时期那些被遗忘了的部分倾向和对象之中。于是原欲在这些地方求得满足。儿童期的意义具有双重性，第一，这时其天赋的本能倾向第一次显露；第二，其他的本能则经历了外界的影响和偶然的事件，才初次觉醒引起活动。我个人认为，这一双重区分是有充分依据的。我们承认，内心的倾向可为外在的形式所表示；不过由分析和观察的结果，让我们不得不假定儿童期的偶然性的经验也可引起原欲的执著。这一问题在理论上，我们看不出有任何不妥。关于天赋的倾向自然来自我们先辈的经验的遗产，它们也是在某个时期的学习所得；如果没有这种习得性，所谓的遗传当然也就不存在了。本可传递于后代的习得的特性，怎么能想象到了后代就突然消失呢？然而，往往是我们因注意祖先的经验与成人生活的经验，而把儿童时期经验的重要性完全忽略了；实际上也正是这个因素，更容易致病。鲁氏等人关于机制的研究向我们表明，如果用一枚钢针刺入一个正分裂的细胞团，便可导致发展受到重大的扰乱；相反，幼虫或成长的动物遭受同样的伤害却可安然无恙。

我们之前已指出，成人原欲的执著是精神病在病原学及体质上的因素。现在我们再将其分成两种成分：禀赋的倾向和儿童时期习得的倾向。同学们大多喜欢列表式的记录方式，因此把这些关系列表如下。

精神病的起因 = 原欲的执著所产生的倾向 + 偶然的（创伤性的）经验

　　　　性的组织　　　　　　　儿童期的经验

　　　　祖先的经验

遗传的性的构造所特别侧重的点是不同的，有时为此一部分的冲动，有时为彼一部分的冲动；有时只有一种冲动，有时则混合多种冲动；于是就呈现出多种不同的倾向。性的组织与儿童的经验组合成另一种的"互补系列",与之前所讲的由成人的倾向及偶然的经验所形成的极其类似。在每一个系列中,都有着相似的极端的例子,在各成分之间也各有类似的程度及关系。至此,我们应当提问,即两种原欲退化中的较为明显的一种,也就是退回较早期的性的组织是否为遗传的构造成分来支配;不过这个问题的答案且搁置为佳,在我们讨论了多种精神病形式后再作解释。

现在,我们要专注这一事实,就是精神分析的研究显示,精神病患者的原欲乃是附着于他们幼时的性的经验之上的。我们由此可知,在成人的生活与疾病中这些经验非常重要;即便对于精神分析的治疗工作来说它们的重要性也并不曾降低。然而,从另一个角度看,我们发现这一问题也难以避开被误解的危险,这一误解却使我们得以完全由精神病情境的观点去观察生命。假如我们每次想到原欲在离开新的地位后,方退回到婴儿期经验,那么婴儿经验的重要性便会因此减弱了。或者因此得出了相反的结论,即原欲的经验这一发生的时候并不重要,其重要性乃由于其后的退化作用所获得。你们应该记得,之前我们在讲述俄狄浦斯情结时,也曾经讨论过相似的非此即彼的问题。

其实,要解决这一问题并不难。退化作用使儿童经验的原欲大大增强,也由此增强了致病因素;这句话当然是不错的,不过如果仅以此作为决定因素,不免引起误会。其他的观点也必须加以论述。第一,分析观察的结果可以相信幼儿时的经验有着特殊的重要性,儿童期时这一倾向便很明显了。实际上,儿童也可能发生精神病,对儿童精神病而言,由于其发作应紧跟在创伤性的经验之后,因此在时间上的倒置成分必将极大减少或完全不存在。我们研究婴儿的梦也许会保证我们不被误解为成人的精神病的危险,正如我们以儿童的梦来了解成人的梦一样。儿童的精神病是很常见的,比我们想象的更加常见。我们往往容易忽视儿童的精神病,只把它当成顽皮的或恶劣的表示,幼儿园里常表现为以权威压服;不过如今回想起来,这种精神病是很容易识别的。其表现的方式多为焦虑性的癔症,后来才知道它的意义。在年龄稍长时,若精神病发作,其分析的结果显示这种病乃是幼时精神病的直接继续;不过在幼儿时的精神病是较为隐蔽或刚具雏形而已。对于前面已论述过的，在有些实例中，儿童的神经性过敏可保持终生不变。而关于其中的较少数的实例，当然，我们可以对一个儿童的精神病进行分析，不过更多的情况是我们不得不由成年患者而推想儿童可能有的精神病，在推想时要特别慎重方可避免错误。

第二，儿童期若没有什么可吸引原欲，那么原欲为何常要退回儿童期呢？这一问题是很令人费解的。发展在某个阶段上的执著点，只有在我们假设它附有一定分量的原欲时，才具相当的意义。最后，我或许可指出，婴儿期及之后的经验其强度与病原上的重要性之间存在一种互补关系，并与前面讲述的其他两系列之间的关系类似。有一些例子，致病的原因完全在于儿童期内的经验；那些印象无疑有一种创伤性的效果，只需有一般的性组织和不成熟的发展作补充便足以致病。另外一些例子，致病的原因完全在于后来发生的冲突，分析时之所以侧重于儿童期的印象，则仅是由于退化作用所致。所以，我们有两种极端的例子，也就是"停滞的发展"和"退化作用"，两者之间又存在种种程度不同的混合。

一些人认为，教育如果及时干涉儿童的性的发展，便可预防精神病；他们对于上述种种事件非常有兴趣。老实说，一个人如果只关注婴儿的性的经验，便可能会认为这种性的发展被延缓，儿童就不会被这种经验所迷惑，如此便达到了预防精神病的目的了。不过，我们了解精神病的致病条件远比这些复杂得多，况且如果我们仅仅关注某一个因素，往往不容易收效。在儿童期内严厉的检查是没有效果的，先天的因素常常容易失控。若想要控制，也并不像教育所幻想的那样轻松；由此而引发的两种危险自然不可忽视。如果控制太过严密，使儿童过分地压抑自己的性欲，同样有害无利，并且对青春期内的迫切的性的要求也是无力抗拒的。所以，儿童期内预防精神病的工作是否更有利，或是说改变了对现实的态度更有成效，皆十分可疑。

现在，且让我们回头再来讨论症候的问题。症候能使患者感受到现实中所缺少的满足；而满足的方法则是使原欲退化到过去的生活，由于它与退化密不可分，即退回较早期的性的对象选择或性的组织的最初阶段。现在我们已了解精神病患者常无法摆脱过去生活的某个时期，如今方知这一过去的时期正是其原欲得到满足而感到快乐的时候。他回忆着过去的历史，不断地追寻着这个时期，甚至是仅靠记忆或想象的帮助，以求退回到婴儿时期。症候，在一定程度上重复实现了早期婴儿的满足方式，尽管这种方式由于冲突所引起的检查作用而不得不进行伪装，或是尽管常转化为一种痛苦的感觉，包含有致病的因素。关于症候所带来的满足，患者不但不知其为满足，反而是深以为痛苦，唯恐避之不及。这种转化源自精神的矛盾冲突，症候就是在这种矛盾冲动的压力之下形成的；所以，之前被当做是满足的，现在却不得不引起他的反抗甚至是恐惧了。在此列举一例，该例的感情变化简单而有意思，且为我们大家所熟知：一个小孩子本来很喜欢吮吸母亲的胸乳的，不过几年以后，便对乳汁非常厌恶，几经训练也不易消逝；假如乳汁或者是含有乳汁的液体表面形成一层薄膜，这样的厌恶或成为恐惧。这一层薄膜或许让他想起了对母亲的胸乳的酷爱，同时断奶时的创伤性的经验也将加入其中，因此情况有所变化。

　　此外还有一点足以使我们认为，症候作为满足原欲的一种方法甚为奇怪乃至无法理解。日常生活中我们所视为满足的，无一事见诸症候。而且，症候大都是不依赖对象的，所以与外界的现实没有接触。这便是丢弃了现实原则而复返享乐原则的结果，不过返回到一种扩展的自淫行为也是一种最早的满足性本能的方法。外界情境的变化与它们无关，它们只在体内寻求改变，也就是说，以内部的行为而代替外部的行为，来适应代替的活动；从物种进化史的观点看，这又是一种很重要的退化作用。假如，我们将症候形成的分析研究中所出现的一个新因素与退化作用合并起来讨论，对此更能看清楚了。还有，我们曾记得，症候的形成与梦的形成类似，都有潜意识历程起作用，即凝缩作用与转移作用。症候与梦同样都代表了一种幼稚的满足，然而由于极端的压缩作用，这一满足可转化为一个单独的感觉或冲动；再者由于多重的位置转移，这一满足便由整个的原欲情结成为小细节。所以，我们在症候里原欲的满足不足为怪，尽管我们常常证实了这一满足的存在。

　　我们之前已说过，仍须研究一个新的因素，这个因素实在使人惊奇。关于症候的分析结果已使我们知道原欲所执著的和症候所由形成的婴儿经验。奇怪的就是这些婴儿的经验未必完全可信。实际上，对于大多数的例子而言，它们都是不可靠的；有时候甚至与历史的事实完全相反。你们了解这些事与其他事实相比，我们更容易怀疑这些结果产生的分析，或是怀疑整个精神病的分析，以及了解所赖以建立的患者本身。此外，有一事让人大惑不解。如果通过分析知道了婴儿的经验确实是事实，我就感觉到有了稳固的基础；假如它们都是患者的想象或幻觉，我们就不得不丢掉这些不可靠的基础去另寻出路。但是，事实上两者都不是；我们是由分析而了解到了由回忆所得到的婴儿的经验，有时是虚构的，有时也是可靠的；对于大多数例子来说，都是真伪相混合的。因此，症候所代表的经验有时候是千真万确的，而我们也相信它对于原欲的执著影响很大；而有时候它所代表的影响只是患者的幻想而已，自然我们不能将这些幻想作为致病的原因。我们在这里的确难以寻求一种妥善的办法。或许可以在以后类似的事实中发现线索也未可知。分析前，关于意识中所记起的儿童时期的模糊的印象，同样可以伪造或者至少真伪混合；其中的错误之处却是显而易见的，因此我们还可以相信，要对这一意外负责任的当是患者，并非精神分析。

假如我们稍加思考便会发现这个问题令人惊讶之处究竟在哪里。实际上，这就是现实对我们的轻视，疏忽了现实和幻想的区别；患者用编造的故事来浪费我们的时间，当真可气。从我们来看，现实和幻想的差别无异于天壤之别，我们须各自赋予其不同的价值。患者在思想正常时，也偶尔采用相同的态度。他叙述了一些材料，指引着我们观察所期盼的情境，也就是建立于儿童期的经验之上的症候产生的基础时，我们所研究的到底是现实抑或幻想，便已很可疑了。如果我们根据后来的某种现象来解决这一问题还是有可能的，当然我们还要设法使患者了解真正的结果，如哪些是现实，哪些是幻想。的确这工作很不容易完成。假设我们开始时便告诉他，那是他曾经用来掩饰儿童期经验的幻想，就像是每个民族都在远古已经忘掉的历史中杂以种种神话那样，他对于这个问题的兴趣就会因此而锐减，他也同样想寻求事实而轻视想象，从而得到的结果将不免令我们大失所望。然而，假如我们暂且令患者相信我们所研究的都是他早年的真实事件，而到分析完后再详细说明，我们就不得不担当起发生错误的风险，又会被他们嘲笑容易上当受骗。患者须经过一个相当长的时期才了解，幻想和现实都可以享受同等的待遇，并且在开始时，被分析的儿童期的经验属于哪一类都是无关紧要的。这显然也是对他的幻想所秉持的唯一正确态度。幻想也是实在的一种。病人创造出了这些幻想，那就是一个事实，对于精神病而言，这一事实的重要性几乎等同于他们所确实经历过的其他事实。因为，这些幻想所代表的乃是与物质的现实相反的心理的现实。我们逐渐了解的心理的现实，这在精神病的领域里是唯一主要的因素。

精神病患者在儿童期内常发生的事件有几种具有特殊的意义，我们对此要特别注意。因此，我想列举下面的实例加以说明：一是对父母性交的窥探，二是成年人的诱惑，三是对于"阉割"的恐惧。如果你们认为这些事件必然不是事实，那你们就错了；而较为年长的亲属便可证实这些事件不容怀疑。例如，当小孩子开始玩弄自己的生殖器时其实他尚不知必须隐蔽这一行为，父母或者保姆便会恐吓他，要砍断他的手或者割掉他的生殖器。父母们往往彼此间承认了这些事实，他们认为这些恐吓理所应当；许多人至今还可以在意识里清楚记得这些恐吓，特别是事件发生在儿童晚期时尤其如此。如果以母亲或其他女人做这些恐吓，她往往把执行惩罚者说成父亲或医生。以前，法兰克福有位儿科医生名叫霍夫曼，他曾写有一本书《斯特鲁韦尔·彼得》，因为在书中对儿童的性的及其情绪都有彻底的了解而闻名于世。这本书里，你们会发现作者曾提出以割去大拇指作为吮吸指头的惩罚，实际上是以此代表阉割的观念的。从对精神病患者的分析来看，阉割类的恫吓好像很平常，事实却未必如此。我们却不得不认为儿童由于受成人的暗示而了解自慰的满足不被社会所允许，同时又看到了女性的生殖器构造而受其影响，所以才用这些现象作为编造那些恫吓的基础。同理，小孩子虽不曾了解和记忆，不过也可能亲眼看到了父母或其他成人的性交；我们相信他后来所能了解的当时的印象而引起的反应，是有相当的理由的。然而假如他只是详细地描述出了性交的经过，在实际中从不曾看过，或是假如他在描述这些行为时着重于后面用力，则这种幻想必然是他观察动物如狗的交媾所引起的，并且观察的动机在于他在青春期内的不曾满足的偷窥欲望。说到他幻想在母亲肚子里观察父母的性交，那必然是纯粹的幻想了。

　　对于诱惑的幻想，更加有着特殊的趣味，因为它往往是事实的回忆而不是幻想而已；不过幸运的是，这些事实并没有像从分析的结果所想象的那么常见。儿童受同龄人或较大的孩子的诱惑较之成人的诱惑要多得多；如果女子叙述自己儿童时这些事的经过，常把父亲说成是诱惑她的人，如此引起幻想的性质及幻想所由起的动机，便无须怀疑了。假如在儿童期内不曾受到诱惑，于是便常以幻想来掩饰当时的自慰行为；他会因手淫而深深地懊悔，于是幻想那时确实有一个性的对象。但是，你们莫要认为儿童受到亲属诱惑的事件纯属虚构。多数的分析家在其所治疗的病例中，都曾经确认有此种情况，无须怀疑；不过这些事件当属于儿童期晚期的，只是在幻想中将其移置到了较早的儿童期罢了。

　　上述的种种事实似乎只给了我们这样的一个印象：这种儿童期的经验是形成精神病的不可或缺的条件。假如它们曾经确有其事，诚然不错；但是假如在实际中没过这些经验，则它们必然起源于暗示并且是虚构幻想的产物。其结果则都是一样的；它在儿童期内的地位非常重要，不管是幻想还是现实，至今我们也不曾从各种结论中发现任何的不同之处。这里又是我们之前所讨论的互补系列的一种，只不过是最为奇异的一种。那么，这些幻想的必要性及它们所需要的材料都来自哪里呢？无疑是源自本能的，但是同样的幻想总是由相同的内容所构成，这又该如何解释呢？关于这一点，我们是有一个答案的，不过这个答案或许你们会认为似乎有些过于荒谬。我相信，这些我们称之为"原始的幻想"乃是每个物种所有的。但凡个体的经验具体应用的时候，便要利用古人曾有过的幻想。在我看来，今天我们在分析时所讲述的一切幻想，如儿童期内的诱惑、窥见父母性交所引起的性的兴奋，及阉割的恐吓甚至是阉割本身，在人类史前时期都曾是事实；所以儿童的幻想也不过是以史前实有的经验补充个体实有的经验而已。于是我们一再地怀疑：精神病的心理学较之任何一种科学，都更能提供给我们关于人类发展的最初形态的知识。

　　既然我们已讨论到了这些事实，就必须对所谓的"幻想的形成"这一心理活动的起源及意义，进行更详细地说明了。你们该了解，虽然至今幻想在心理生活中的地位无人明白，不过大体上讲也很重要。对于这个问题，我要细述如下。你们当知晓，人类的自我在受到外界需要的训练时也逐渐赞同了现实的价值，便追求唯实原则，知道要如此做就必须暂时放弃或永远地放弃各种享乐欲望的对象及目标，不仅是性的。然而，摒弃快乐是很困难的；势必要求得到补偿。于是，他渐渐产生了一种心理活动，但凡属于被遗弃的快乐之源和满足的途径在这种活动里都继续存在着，即摆脱了现实的束缚，也不再受所谓"现实感"的左右。每一种渴望都立刻变成了满足的观念；在幻想中获得欲望的满足当然也可引起快乐，尽管知道这并非现实。于是，人类虽然在实际中早已舍弃了自由，却仍然能在幻想中继续享受着不受外界困扰的自由。他们在求乐的动物性与人类的理性之间变换角色，只因为他在现实中求得的微乎其微的满足是无法解救饥渴的。丰唐曾说："有所作为必然有连带而来的产物。"幻想的精神领域创造完全与这种情况相似：就是在农业、工业和交通如此发达使得地表面貌迅速失去原始状态的地区，能够形成了一种"保留区"和"自然公园"。保留区的目的在于保持，在任何时刻因需要不幸牺牲了的原有的事物，不管这些事物曾经是无用或有害的，都可以在此任意生长与繁殖。幻想的精神领域也是从现实原则的手中夺回的保留区。

我们所见过的幻想的最为大家所熟悉的产物就是白日梦了。白日梦可称为是野心、夸耀和性爱欲望的想象的满足。现实中越卑躬屈膝，幻想上也就越骄狂自大。我们由此可知想象的幸福在本质上不过是回到一种不受现实约束的满足。我们都了解，这些白日梦乃是梦的核心和模型；梦基本也不过是白日梦，也就是借以夜晚的心理活动大肆改变其方式，又通过夜里本能的兴奋可放纵自由所形成的。我们也了解，白日梦不必有意识的，潜意识的白日梦也是很常见的。于是，这种潜意识的白日梦便是梦和精神病症候的根源。

你们在读了下面的内容后就能了解幻想在症候形成中的重要性。我们之前已经说过，原欲由于遭遇剥夺而返回至之前曾离开、却仍拥有少许能力的阵地。关于这句话，我们没有撤销或修改的想法，只是想在其间插入一个连接的枢纽。原欲究竟是如何回到这些执著点之上的呢？事实是，原欲所放弃的对象和途径并非完全丢掉了；这些对象或衍生物仍然存留于幻想中，或多或少保存着原来的强度。原欲只要退回幻想，便能够寻路回到曾被压抑的执著点上。这些幻想是被自我所宽容的，虽然与自我相对，可两者并不冲突，自我也由此获得了发展，原本所依靠的某种条件，现在却因原欲的返回幻想而被扰乱了。幻想既然可以附加进来，便奋勇向前力求达成现实；此时，幻想和自我的冲突便无可避免。这些在之前是前意识或意识的幻想，现在却一方面受自我的压抑，另一方面又受到潜意识的诱惑。原欲由潜意识的幻想深入到了潜意识内幻想的根源，即原欲原来的执著点之上了。

原欲回复至幻想之上就是症候形成的路途上的一个中间阶段，我们当用一个特别的名称来表示它。荣格就曾创造了一个很合适的名词"内向性"，遗憾的是他却滥用这一名词干扰他物。我们则坚持这一主张：原欲偏离现实的满足，过分地累积于原本无害的幻想之上的一种历程便称为"内向性"。一个内向的人尽管还不是精神病人，却是处于一个不稳定的状态中；一旦其正在转移的能力遭到破坏，就足以引起症候的发展；除非他可以为被压抑的原欲另寻出路。精神病满足的虚幻性，对于幻想和现实的区别的疏忽，就是由于原欲停滞于这个内向阶段上所决定的。

你们该记得，我在最后的几句话中对于病因的线索引入了一个新的元素，即关于数量的元素；这也是我们必须经常注意的，关于病因的一个纯粹的质的分析是不足够的，也就是说，关于这些历程的一个纯粹的动态的概念是不够的，要有经济的观点补充。我们须明白，两种相反的力量在早已有了实质性的条件之下，也不必然发生冲突，除非两者同时具相当的强度。再者，先天的成分可引起人的疾病，也是由于其他部分本能比其他部分势力更强的缘故；我们可以说，人的倾向从根本来说都是相同的，皆是因量而异。这种量的成分，对于抵御精神病的能力来说非常重要；一个人患不患精神病，是根据他所有的不曾发泄的而能自由保存的能力的量的究竟能有多少，并且究竟有多少从性的方面升华移用到非性的目标之上而定的。心理活动的最终目的从本质上来说，都可看做是一种趋乐避苦的努力，从经济的观点分析，表现为把心理器官中所保存的兴奋量或刺激量予以分配，不使它们累积而造成痛苦。

关于精神病症候的形成，我们已经讲过么多了，不过我还想告诉你们，今天我们所讲的内容都是对于癔症的症候来说的。强迫性精神病的症候则与此大不相同，尽管在本质上大同小异。就癔症而言，自我对于本能满足的要求便已经表示了反抗，这种反抗在强迫性精神病中表现更显著，在症候中占据很重要的地位。而其他精神病的差别的范围将更大，只不过我们还没有对它们的症候的形成予以完全彻底的研究。

在结束今天的演讲之前，我仍然想提醒你们注意大家都有兴趣的一种幻想的生活。幻想有时候也可回复到现实中，那便是艺术。艺术家与精神病患者相距不远，也有一种反求于内的倾向。也许他被一种强烈的本能需求所强迫，对荣誉、权力、财富、名誉和情爱有强烈的渴望；不过没有追求这所有一切满足的手段。于是，与欲望不能满足的所有人一样，他脱离了现实，转移了兴趣和原欲——构成幻想生活的欲望。这些幻想很容易致病；之所没有形成精神病，当然有许多的因素综合而抵御病魔的侵袭；事实上，艺术家也时常因精神病压抑了自己的一部分才华。或许是他们的禀赋具有一种强大的升华力以及在产生冲突的压抑中有一种弹性。艺术家们由幻想返回现实的经过可略述如下：希求幻想的生活并不限于艺术家；幻想的世界是全人类所容许的，不管哪个愿望未遂的人都可在幻想中寻求安慰。但是，缺乏艺术修养的人们往往是获得的满足很有限，其压抑作用是残酷无情的，除非将意识转变为白日梦之外，任何幻想的快乐都不被准许。而真正的艺术家却并非如此。首先，他懂得怎样伪装美化白日梦，使其失去个人的色彩，而为他人所共赏；他也了解对材料作何种修正方使不道德的根源不被洞察。其次，他还拥有一种神秘的才能，能将特殊的材料忠实表现出幻想的观念；他也有能力把强烈的快乐附着在华丽的幻想之上，至少暂时地使压抑作用受到牵制而无法施展拳脚。假如他把这些事情完成了，那么他就可使得其他人也能享受到潜意识的快乐，他也由此得到他人的感激和赞赏；于是他便通过自己的幻想赢得先前只能在幻想中才可获得的一切如荣誉、权势和情爱了。

第二十四讲 一般性神经过敏

诸位。在上一讲我讲了很多不易理解的内容，那么现在暂且离开本题，看你们有何意见。

我了解你们并不是太满意的。在你们的想象中精神分析与我所讲的大不相同。你们所期望的不是理论，而是生活中的事例，也许你们要告诉我，那个楼上楼下的两小孩的故事或者可用以解释精神病的起因，很遗憾那是我编造的，而不是实际中的例子。也许你们还要告诉我，你们也希望开始所叙述的那两种症候不是想象的，而是解释其经过以及患者生活的关系时，对症候的意义因此稍有了解，你们希望我如此这般地讲下去。但是，我并没有这样做，我给你们讲了很多冗长而难懂的理论，却又不能把这些理论完结，总要加以补充；我们讨论了许多你们之前不曾听说过的概念；我抛开了叙述的说明，而采用了动态的观点，接着又摆脱了动态的观点，再换上一种所谓的经济的观点，以至于你们很难明白这些学术名词到底有多少相同的含义，或者只是为了悦耳而相互调换而已。此外，我又列举了一些不着边际的概念，比如享乐原则、现实原则和物种发展的遗传等，尚未进行解释前，又把它们远远抛开了。

我们要讲精神病的问题，那么关于大家都了解且有兴趣的神经过敏，或者神经过敏者的特性，例如，难以理解的待人接物的反应及其过激、多疑和做任何事物的无能等，何妨先谈一谈。究竟为什么没有从日常生活中简单的神经过敏等问题谈起，逐步讲到那些难懂的极端的表现呢？

当然，我并不否认这许许多多，也不能说是你们的过错。我也不敢夸耀自己的叙述能力，将每一处的缺点都想象成有其特殊的用意。坦白地说，最初我确实是这样想的，我以为换一个方法进行，或许会于你们更有利。但是，一个人常不能实行一个合理的计划，材料本身也常突然介入许多的事实，致使他在不知不觉中改变了初衷。材料是很熟悉的，不过叙述起来也不能尽如人意；常常是话已说过了又大惑不解，为什么要这样说而不那样说。

不过，也许有一个理由：即我的论题——精神分析引论，并不包含这段讨论精神病的叙述。精神分析引论包括过失和梦的研究；而精神病的理论却属于精神分析的本论。我不认为在如此短的时间里我可以阐述精神病的理论的任何材料，我只能作个简述让你们在相当的上下文中知晓症候的意义、症候形成时体外和体内的所有条件和机制。这就是我们要做的工作，也是精神分析现在的要点所在。所以，我必须讨论众多的原欲和原欲的发展以及自我发展的内容，你们在听过了几次演讲之后，便能够了解精神分析法的重要原则、潜意识和压抑作用、抗拒作用等概念的概括。在下一次演讲中，你们将了解精神分析的工作究竟是什么，于何处发现了它的有机衔接的。之前我曾清楚地说过，我们的一切结果都仅得到一组精神病的知识，也就是强迫性精神病的研究；而且也细述了癔症的症候形成的原理。虽然你们对它尚未获得较彻底地了解和详尽的知识，不过我还是希望你们对于精神分析工作的方法、想要解决的问题和已经贡献的理论有一定的了解的。

你们是否希望我最开始演讲精神病时，首先描述精神病患者的种种行为，因何患病，如何尽力抵抗，最后又怎样设法求得适应？确实，这是一个很有意思的问题，既不太难叙述也值得研究；但是，我并没有以此为出发点是有许多缘由的。如此一来，潜意识将要被忽视，原欲的重要性也会被看轻，并且所有的事情必然要依患者的自我观点进行判断了。患者的自我缺乏可信度，免不了有所偏颇乃是尽人皆知的。自我总是否认潜意识的存在，从而使潜意识受到压抑；而在那些和潜意识有关的地方，我们要如何信赖自我的忠诚？更何况受到压抑最厉害的是被否定的性的要求，因此采用自我的观点，必然不能了解这些范畴及范畴的意义，那是最显而易见的。我们若是了解压抑作用的性质，当然就不会允许这个自我——这个胜利者来充当争衡的裁判了。自我告诉我们的，我们定要警惕以免上当受骗。若它自己来提出证据，那么它自始至终都是主导者，因此症候的发生或许也是它的愿望与意志所致；我们了解到自我大多处于被动的地位，不过它竭力掩饰这一事实。然而，它也无法长期维持这一虚伪的局面，就强迫性精神病的症候而言，自我便不得不承认已遭遇了某些必须勉力抵御的势力了。

假如有人不注意这些警告，甘愿被自我的表面错误所欺骗，那么，显然一切大可顺利进行；精神分析所侧重的潜意识、性生活和自我的被动性而引起的抗拒皆可避免了。阿德勒曾说过，神经过敏是精神病的原因，却不是精神病的结果，他也同意上述说法，不过他仍无法解释一个梦或症候的详细情节。

假如你们问我，我们能否对自我在神经过敏和症候形成中的作用以及精神分析所发现的各因素两方面都加以重视呢？我的回答是自然可以，这是迟早的问题；不过精神分析现在所研究的，较不适合以此目的作为出发点。我们当可预先指出这一点并把这个问题囊括其中。有一种"自恋型精神病"，其自我较之我们曾研究的其他精神病有着更为深切的关系。对于这些精神病的研究分析，使得我们对自我在精神病中所占的地位有准确而可信的考量。

不过，在自我和精神病之间尚存在一种显而易见、开始就明白的关系。这种关系像为所有精神病所共有，但是，关于创伤性精神病中的这种特点尤为显著，我们是难以了解的。你们该了解，每种精神病的原因和机制中都存在相同的因素；但是对这种精神病来说，某种因素在症候的形成中占重要地位，而对另一种精神病而言，则是另外一种因素特别重要。正如偶像剧团，每个演员都将扮演一个特殊的角色，如主角、好友及恶徒等；每个人都选取适合自己表演特色的不同角色。因此，形成症候的幻想不如癔症那么显著；自我的"反作用"或抗拒作用在强迫性精神病中最重要，妄想狂的妄想则以梦里"二度美饰"的机制为特色。

对于创伤性精神病，特别是因战争而引起的创伤性精神病来说，我们印象最特殊的是自卫、利己的动机及对于自我利益的努力；假如只有这些尚不足以致病，不过疾病形成后却是仰赖它们来维持。这一趋势的目的在于保持自我，避免引发疾病的危险；它不愿意恢复健康，除非危险不可能再来侵袭，或是尽管有危险，但可获得相当的补偿。

自我对于其他一切精神病的起因和维持，都有着相似的兴趣；我们之前已了解精神病症候可由压抑自我以求满足，因此也受到自我的保护。症候可以使自我免去心理的痛苦，因此以症候的形成去解决心理冲突是一种很方便的方法，也最符合享乐原则。事实上，即便医生也必须承认对于一些精神病而言，用精神病去解决冲突才是最无害的，也最能为社会所包容。有时候，医生也承认他们对正在治疗的患者报以同情，你们听了不会感到奇怪吗？实际上，一个人不必在各种生活情境里都将健康看做是最重要的事；因为他们明白人们除去经受精神病的折磨外，还有其他痛苦，有时为了某种需要可能要以健康作代价；他们还懂得如果经受了这种病痛，常常可以免受其他的种种痛苦。所以，尽管或许精神病患者潜逃入疾病，但我们也要承认在许多的病例中患者有理由这么做，医生了解了这种情形也只好默许了。

但是我们可以抛开这些特例继续讨论。一般来讲，自我遁入了精神病，心理上便有"因病而获益"之感，某些情形中，还可兼有具体的外部的利益，有一些实际价值。我们列举一个最普通的事例说明。例如，一位被丈夫暴力虐待的妇人，假如其人格里有神经过敏的倾向，便逃往病里；假如她非常懦弱或因保守而不敢偷情求得满足；假如她也不够坚强，不能抵御外界的攻击而不敢与丈夫离异；再假如她不能独立维持生计，更不能奢望找到一位更好的丈夫；最后，假如她在性生活方面对那粗暴的男人非常依赖，除了逃入疾病，她便无路可走了。此时，疾病便是她反抗丈夫的工具，以此来自卫或实施报复。尽管她不敢对婚姻有所抱怨，却可以公然抱怨疾病之痛；医生便是她的良友，粗暴异常的丈夫也不得不宽恕她，为她花钱，准许她离开家，她也不再受到压迫。如果这种由疾病带来的外部的"偶然"利益非常显著，那么，你们就不要奢望这种症候会有治愈的可能了。

对于精神病所由起于自我希望和自我创造的理论，我曾表示反对；你们会认为我现在所讨论的"因病而获益",无疑是对这种说法提供辩护了。不过我要提醒诸位少安毋躁,我所说的话也许只能做以下解释:即自我对自身无法避免的精神病是欢迎的,或者精神病有可利用的地方它便尽情利用。这便是问题的一个方面。假如精神病于自我有益,自我当然与之相安无事,不过我们要考虑到有益之中仍有各种不利之处。一般来说,自我忍受了精神病很明显是有损失的。以它来解决冲突所付出的代价未免太大了;自我希望避免症候所带来的痛苦,却又不愿放弃已得的利益,这正是其所不能两全之事。因此,其实自我并未在这一点始终占有它所得到的主动地位。我们必须明白并记住这个问题。

如果你们是医生,而且对于精神病患者经验丰富,你们便不再奢望那些对病痛抱怨得最凶的患者,最容易接受你们的帮助,事实上恰恰相反。无论如何,你们总会很容易了解到只要是增进由疾病而获得好处的所有事情,都足以增强压抑作用所引起的抗拒,致使治疗的难度增加。另外有一种由疾病所得的利益并不随症候而来,而发生在症候出现以后。关于疾病的心理组织如果持续了过久的时间,就可能获得一种独立于实体的性质;它具有与本能相似的功能;它将与心理生活的势力相结合,甚至反对的力量也不排除,从而构建了一种临时安排;它几乎绝对不放弃可以表现自身的有用且有利的一切机会,因此,获得了巩固自身地位的新力量——第二机能。现在,我们不必再从患者中举例,且从普通生活中选取如下事实:一个工作能力很强的工人,工作中因意外而受伤致残。他不能继续工作了,不过也由此按期领取数额不大的赔偿金,且学会利用其伤残而讨饭过活。虽然他的新生活较低下,却因旧生活的破败方可维持;假如他的残疾被治愈了,你们便剥夺了他维持生计的手段,而这时他若再想重操旧业,已是一个疑问了。假如精神病也附带有这样的利益,便可与第一种利益并列,称之为因病症而获得的"第二重利益"。

我奉劝你们切莫轻视这些因疾病而获得的好处的现实重要性,而对于其理论意义不必太重视。除了之前我们已承认的特殊之外,这一因素常让我想起奥兰德尔所举的关于动物智力的一个实例:一位阿拉伯人骑着骆驼在深山中的狭窄山路上前行,突然在转弯处看见一头狮子正向他猛扑过来。于是，他陷入了一边是深谷一边是峭壁的绝境，只能坐以待毙了。而那头骆驼却不然，它纵身一跃与阿拉伯人一起跳下山谷，旁边的狮子只好干瞪眼了。其实，精神病能给患者的帮助大体上与此相当；以症候的形成来解决冲突，毕竟只是一种自发的过程，不足以适应生活的需要，并且一旦患者接受这一决定，便必须放弃他生而为人的高等才能了。假如此时尚有更多的选择可能，较为高尚的方法便是迎面而上与命运做一番公正的搏斗。

我不以一般的神经过敏着手研究，其动机究竟如何呢？我将要细述这一点。你们或许认为以此为开始将难以证明精神病源自性的观点，其实这样想是不对的。对于移情性精神病来说，必须先对其症状进行解释后才能看出起源于性；关于"现实性精神病"，就其一般形态而言，其性生活的起因却是显而易见的事实。二十多年前我便了解了这一事实，那时候，我开始怀疑，为什么要检查精神病患者时，一切关于性生活的事件都不予以考虑呢？而我也由于研究此事从而引起患者的不满，然而不久，我的努力便取得了成效，由研究得出观点：如果性生活属于正常的话，精神病就不致于发作，当然我是指现实性精神病。虽然，这个结论严重忽略了个体的差异，另外对于"正常"一词也缺乏准确的概念；但是大概而言至今这个结论仍具有相当的价值。当时，我便能发现在一种神经过敏与一种受伤的性状态之间的特殊联系；假如我依然用类似的材料进行研究，我仍然能将这些关系重复一次，我经常发现，一个人如果完全满足于一种不完全的性的满足如手淫，他便会患上一种现实性精神病；再如他选择了另一种不满的性生活方式，这种精神病也立刻变异为其他的类型。所以，我们可根据患者的症状推断出他的性生活的方式的转变。我一贯秉持此观念，直到患者做出证明而不再撒谎为止。不过，那时他们一定会找对性生活不感兴趣的医生来治疗。

我在那时又何尝不知道精神病的原因不必总属于性的；一些人虽然由于性的满足受创伤致病，不过也有些人是由于失去财产或是近期强烈的身体受创而致病。这些不同的解释在后来自然明白，而我对于自我及原欲的关系也会有更深刻的了解；并且若是更深入地研究这一问题，我们对于它的了解就更加完善。一个人只有到了自我无法处理原欲时才会致病。自我越强，那么原欲的处理便越容易；不管是什么原因，自我的势力每一次减弱，都会使原欲增加要求，便可造成精神病的发生。另有一点，在自我与原欲之间尚存在其他较为深切的关系，只是我们要将它放到以后再做讨论。最需要注意的是，不管对哪一种病例来说，也不管导致其患病的情境如何，维持精神病症候的能量都是由原欲所提供的，原欲的功能便随之失调了。

我现在应当告诉你们，现实性精神病和心理性精神病在症候上有着绝对的不同；之前我们所讲的，大多是关于转移性精神病即心理性精神病的第一类的。现实性精神病和心理性精神病都源起于原欲；也就是说，这些症候都是原欲功能的变态，就是原欲满足的替代物。但是关于现实性精神病的症候如感觉到头痛、痛苦，一些器官受到刺激及一些生理功能的减弱或消失，都在心灵里毫无意义可言。即便是癔症亦是如此，它们不单大多表现于身体，且都是纯粹的物质历程；它们的发生与我们所了解的复杂的心理功能都不相关。因此，以前会被认为精神病的症候与心理毫不相关，而事实上，只有现实性精神病的症候才确实与心理无甚关系。不过，它们究竟怎样成为原欲的表现呢？原欲不正是心理活动的一种功能吗？实际上要回答这个问题很容易。现在我们不妨重提一下反对精神病分析的第一种理由：反对者认为精神分析纯粹想只用心理学来解释精神病的各种症候，由于没有哪一种病症可用心理学来解释，因此我们几乎是没有希望的。不过，这些批评家忘了性的机能不单是心理的，正如它不纯粹是物质的一样。性的影响兼具身体的与心理的两个方面。我们已经认识到，精神病的症候是因生理的机能被扰乱后在心理上引起的结果，因此，假如我们说现实性精神病便是性的扰乱在机体上的直接表现，就不必为之震惊了。

临床医学为我们提供了一个有用的线索，这是许多不同的研究者所公认的，可借此加深对现实性精神病的了解。关于这类疾病的症状详情及其身体系统和机能所显示的共同特征，都和性质不同的毒素的慢性中毒或突然解除，例如醉酒及戒酒后所产生的症状，明显地存在相似之处。这两种病症可以与巴西多病的症候作类比，这种病也是中毒的结果，不过所中毒素是来自机体的新陈代谢遭遇干扰的结果，而不是来自体外。从这些比较结果来看，我认为我们必须把精神病看做是性的新陈代谢作用被扰乱的结果，不过其被干扰的原因或者说性的毒素太多，已不是患者自身能处理或者心理状态已不允许他对这些毒素做出适当地处理了。早在远古时期人们已经承认了这种关于性欲的性质的假说，例如，爱被称为"沉醉中毒"，可因酒精引起，这种观点将爱的动力多少移出身体之外了。现在我们该记得"性感带"的概念，想到种种不同的器官都能够产生性的兴奋。此外，性的新陈代谢或者是性的化学作用这些问题还是空白，我们对于这些事一无所知，无法推断性的物质是不是分为雌雄两类，或者仅假设为一种毒素作为原欲的种种刺激的动力便可以了。我们建立起来的精神分析这座大厦，其实也只算是一种上层建筑，迟早都要为它打造一个有机的基础，不过我们对于这个基础不曾略知一二罢了。

精神分析成为一种科学，它的特点在于所用的方法，不在于所要研究的对象。无论是研究文化史、宗教学、神话以及精神病的症候都可运用这些方法，而且不至于失去基本性质。精神分析的目的和成就在于发现心灵里的潜意识。现实性精神病的症候并非精神分析所要研究的问题，原因在于它或许由直接的毒素所引起；精神分析无法对它做任何的解析，此工作只能交给生物学及医学来研究。现在你们总该更好地了解了，我的材料为何要做如此安排。假如我首先讲述精神病学引论，自然就要谈到现实性精神病的简单知识，然后逐步论述因原欲被扰乱所引起的更复杂的精神病，方是正当的办法。当时，我便不得不搜集各方面关于现实性精神病的知识，而后者便成了精神分析的引子，视为认识这些症候的最重要的技术方法。然而我们所讲的题目乃是精神分析引论；因此，我认为比起传授一些精神病的知识给你们，为你们讲述精神分析的观念更加重要；所以，与精神分析的研究无甚关系的现实性精神病自然不宜放在前面了。我仍然认为，我的这个安排于你们是最有利的，精神分析的知识是值得受教育者们注意的，精神病学的理论却只是医学里的一章。

不过，你们希望我多关注现实性精神病也是相当有道理的。现实性精神病和心理性精神病在临床上密切相关，我们有必要更加注意。我想对你们讲的是，现实性精神病的简单形式可分为三种：一是神经衰弱，二是焦虑性精神病，三是忧郁症。当然这样的分类不免有可疑点，这些说法尽管非常通用，不过这些名词的含义却很难确定。一些医学家认为精神病所表现的形形色色的世界不可能进行归类，于是他们反对临床上所有病症的分类，甚至不承认现实性精神病与心理性精神病有区别；我认为他们太过火了，他们有些无理取闹了。上面所讲的三种形式的精神病有时单独发生，大多情况下却是混合的，并且带有心理性精神病的色彩。于是，我们也不能因此放弃它们之间的区别。我们应当了解，在矿物学中矿物与矿石的区别：矿物是可以分类的，无疑一部分原因乃是它们都是结晶体，与其他不同，矿石乃是矿物的混合体，这种混合是有相应的条件的，而并非仅依赖机会。关于精神病的理论，我们对其发展历程所知有限，当然不能与矿石的知识相比；不过我们如果能够辨认临床元素的话，这些元素应当像矿石那样先行提出，也不失为正确的研究方法。

现实性精神病和心理性精神病之间还有一种关系，很值得注意，并且对于后者症候的形成的知识有重要贡献；现实性精神病的症候往往是心理性精神病症候的核心或初期阶段。这种关系，在神经衰弱与转移性精神病中的转化性癔症之间，焦虑性精神病与焦虑性癔症之间，都是非常明显的；不过，它也在忧郁症与之后我们要讨论的一种精神病，即妄想性精神病（包括早期痴呆和妄想狂）之间有所表现。现在，我们以癔症中的头痛或背痛为例进行讨论，结果显示，这种疼痛利用了凝缩作用和转移作用成为原欲的幻想或者是记忆的代替物以求满足；不过，有时这种疼痛却是性的毒素的直接症状，而没有幻想成分的，即它也是性兴奋在身体上的呈现。我们本不愿意主张癔症的症候有这样一个核心的，不过它的确是一个事实，性的兴奋在身体上的一切影响，不管是常态的或病态的都特别容易为形成癔症的症候之用。它们正如一粒粒的沙土，被牡蛎拿来作为制造珍珠母的原料。在性交时一切性的兴奋的短暂表现都可被用于制造心理性精神病症候的最适宜、最便利的原料。

此外，还有一种在诊断和治疗时都同样有意思的历程。一些人尽管存在精神病的倾向，不过多数情况下都没有发展成精神病，然而，为何他们的身体一旦发生病变，也许仅是一般的发炎或损伤，往往便足以致病；因此，实际上的症候立刻将被用于那些正想大有作为的潜意识幻想的工具。在这种情形之下，医生首先要尝试这种治疗方法，然后再换另一种治疗方法，或者解除这种症候所依赖的机体基础，并不过问精神病倾向的有无；也许是对已形成的精神病予以治疗，而对身体的刺激置之不理。两种治疗方法有时候这种有效，有时候那种有效；而在这种混合的症候之中，确实没有可遵循的所谓一般性原则。

第二十五讲 焦虑

诸位，我知道，你们必定以为上次我对一般性神经过敏的演讲乃是最不完满的一章。我们都了解，大多数的神经过敏者常常深受"焦虑"之苦，认为对他们而言这是最可怕的。然而，我单单不曾提起"焦虑"的问题，这恐怕是最使你们惊讶的了。事实上，焦虑或者恐惧都可能更严重地成为最无聊的杞人忧天的理由。希望我们在这个问题上不至于敷衍了事；于是，我决定努力把神经过敏的焦虑问题郑重提出来，进行详细讨论。

事实上，焦虑或恐惧的确不必详加描述，无论是谁都曾亲历过这种感觉的，或者更准确地说，这种情绪。不过我认为，神经过敏者比其他人更容易感到焦虑的问题，我们还不曾进行认真讨论。或许我们认为他们理当如此的吧，有时候"神经过敏"和"焦虑"可以互相通用，似乎它们的含义相同，其实不然；一些常感到焦虑的人却并非神经过敏者，那些症候很多的精神病患者反而不曾呈现焦虑的倾向。

有一个事实是无论如何不容质疑的，那就是，焦虑乃是各种最重要的问题中的核心部分，如果我们揭开了这一谜底，就可以明了我们全部的心理生活了。虽然我不以为可给你们一个完满的解释；不过，你们总期望精神分析采用不同于学院派医学的一种方法来研究该问题。学院派医学更为关注的是引起焦虑的解剖上的历程。延髓受到了刺激，因此便告知患者说，他因迷走神经刺激而患上了一种精神病。的确延髓是一个好的对象，记得我之前在研究延髓时也花费过很多的时间与精力的。不过，现在我必须告诉你们，如果要认识焦虑的心理学，那些关于刺激所经过的神经通路知识，恐怕是最为无关紧要的事情了。

或许人们用很长的时间来讨论焦虑，却不认为它属于神经过敏。这种焦虑称之为"真实的焦虑"，与精神病的焦虑以示区别，你们总该领会我的用意了。对我们而言，真实的焦虑或恐惧似乎是一种最自然又最正常不过的事情；它们可称为人类对外界的危险或预料中的伤害在知觉上的反应。它与逃避反射结合，或视为自我保存本能的表现之一。而引起焦虑的对象及情境，大多根据个人对外界的认知及能力的感觉而不同。野蛮人害怕炮火或日食月食，同样的情形之下，文明人既可开炮，又能预测天象，自然不至于害怕。有时候知识的拥有可预料危险的来临，知识反而引起恐惧，例如，野蛮人在莽丛中发现足印便会因恐惧而避开，而自由人看到却无动于衷，他不知道这表示野兽近在咫尺。再如，经验丰富的航海家看到天边有一小块黑云，知道暴风将至，惊惧万分；但是对乘客来说，那实在是不足为奇的。

但是，真实的焦虑是合理的、有用的这一主张，若是深入研究，却也是很有修改之必要。在危险迫近时，唯一有利的，便是首先保持头脑冷静，估算比较自己所能支配的势力与将至的危险，然后决定最有希望的办法是逃避、防御或进攻。而恐惧本身实属无益，没有恐惧反而能有较好的效果。你们还应该了解，过分的恐惧是最有害的；它将导致一切行动变得麻木，连逃开都无法做到了。对危险的反应常包含两种成分：恐惧的情绪和防御的行为，受惊的动物是既惊且逃的，事实上这其中于生存有利的部分是"逃避"，而非"惊恐"。

现在，你们必然认为焦虑实在是于生存无益；不过在更详细地分析了恐惧的情境后，关于这个问题我们或许会有更深切地了解。我们首先要注意的是对于危险的"预期"，此时不但知觉敏锐迅捷，而且筋肉也蓄势待发。显然这种"预期"准备于生存是有利的；假如这种准备缺失了，或许后果将会极其严重。伴随预期心理准备而来的，便是筋肉的活动了，大都是采取逃避的动作，难度稍高些的是防御动作；此外，便是我们所说的焦虑或恐惧的感觉。恐惧的时间越短，甚至是一刹那只起到信号的作用，那么由焦虑的心理预期而成为动作行为就越容易，对整个事件的发展也越有利于个人的安全。因此依我之见，在我们所说的焦虑或恐惧中，焦虑的准备作用好像属于有益的部分，焦虑的发展无疑是有害的部分。

说到焦虑、恐惧、惊恐等名词在一般的习惯用法上的意义是否相同，在此我不作讨论。在我看来，焦虑乃是针对情景来说的，与对象无关；恐惧则完全集中于对象之上；而惊恐的意义似乎比较特殊，对于某些情境而言，危险突然袭来，焦虑来不及做好准备。因此，我们可以说："有了焦虑，便不至于再有惊恐之难。"

"焦虑"一词，你们免不了会觉得这个用法似乎是隐晦而不明确的。一般来看，"焦虑"常被用于表现感知危险时所引起的主观状态，这种状态被称为情绪。那么，动态的情绪究竟是怎么一回事呢？当然它的性质非常复杂。首先，它包含了某种运动的兴奋与发泄；其次，它包括了两种感觉，即已经完成的动作的知觉以及直接引入的快感或痛感，这些快感或痛感赋予了情绪主要的情调。但是，我绝对不认为这样的叙述已经完全指出了情感的实质。我们似乎对一些情感能有相当深切地了解，了解它的核心极其复杂的构造，无不是某些特殊的过去经验的再现。这种经验的起源非常早，为一般人所拥有，是物种发展史上所有者的所有物，而非个体发展史中的所有物。为了增加你们的理解，我也许可以这样说，一种情绪的状态的构造与癔症相类似，都是记忆的沉淀物。所以，癔症在发作时，可类似于一种新形成的个体情绪，那么常态的情感便是已成为遗传的普遍性的癔症。

你们千万不要认为，我刚才所讲的关于情绪的话是一般心理学的共识。实际上，这些概念只是精神分析的土特产，都生长于精神分析的沃土之中。心理学中关于情绪的理论，在我们精神分析家看来，根本毫无意义可言，更没有讨论的必要，如詹姆斯·朗格的学说。不过，我们也并非觉得自己关于情绪的见解便是完全无可非议的，它也只是精神分析在研究情绪领域的第一次尝试而已。我们接着往下讲，我们相信并了解，在焦虑的情绪中重新发现的过去的印象究竟是什么。我认为那是有关出生的经验，它饱含着痛苦的情绪、兴奋的发泄及身体的感觉等，足以构成生命对危险迫近的经验的原型，并且在恐惧或焦虑的情境中再现。出生时，产生焦虑的经验在于新血液的供给已停止，刺激便疯狂般地增强了，因此第一次的焦虑乃是由毒素所引起的。"焦虑"的意义可指狭小之处，狭路，这里则表示呼吸紧张，这种紧张的呼吸乃是在子宫口等这一具体的情境中所出现的结果，之后也总是与这种情绪一起重复出现。再者，第一次的焦虑也是产生于与母体的分离，的确耐人寻味。自然，我们承认有机体在经过了无数代以后，已经将这重复产生第一次焦虑的倾向根植其中。因此，无人能避免这种焦虑的情绪，纵然如传奇中的麦克多夫那样过早脱离了母体而没能体验到出生的经历，也无法幸免。至于非哺乳动物的其他动物的焦虑的原型的性质是何种，我们不能信口开河，我们也不了解那是怎样一种复杂的感觉，是否相当于我们感觉到的恐惧那样。

或许你们急切地想了解，关于出生乃是焦虑的情绪的起源和原型的观点，我是如何获得的。这当然不是玄想虚构而来的，却是来自人们直觉的灵感启发。多年以前，有很多家庭医生正围坐在餐桌旁，我也在其中。有位妇产科医院的助理为我们讲了一些在护士考试中的趣事。考官问道，假如出生时的羊水中出现婴儿的排泄物，有何意义？其中一位考生立刻回答说："因为那个孩子受惊了。"结果她引来众人的嘲笑，考试自然落第了。不过我很同情她，也由此对这个可怜的仰赖直觉的女人有所怀疑，她是否以其精准的直觉看到了一个极其重要的关系。

现在，让我们回头再来谈精神病中的焦虑。精神病患者的焦虑究竟存在哪些特殊的表现和状态呢？在这里我们有众多内容要讨论。首先，精神病的焦虑中有一种普遍性的忧虑，即所谓的"空泛性的焦虑"，它很容易依附于任何思想之上，从而影响判断力，引起渴望，伺机等待自圆其说。这样的状态可称之为"期待性恐慌"或"焦虑性期望"。患上这种焦虑的人常常为各种可能的灾难焦虑不已，将每一种偶然事件或不确定的事情都理解为不祥之兆。很多人在其他方面纵然不能说是病态的，不过他们常常有这种惧怕灾难将至的自虐倾向，他们被称为多愁善感、悲观消极的；实际上这属于现实性精神病中的焦虑性精神病，总有这种过度的期待性焦虑为其必然存在的属性。

除此之外，还有第二种焦虑与之相反，它常依附于一定的对象和情境，而在内心较受限制。这是种不同的特殊的、恐惧性的焦虑。美国著名的心理学家斯坦得·霍尔在最近曾把这些恐惧症用希腊语予以命名，使它们听起来就像埃及的十种疫病：不过其数目远大于十而已。注意，恐惧症的对象或内容常有以下几种：黑暗、天空、旷野、猫、蜘蛛、毛毛虫、蛇、鼠、刀剑、血、封闭场所、群众、独处、过桥、步行或航海，等等。这些乱七八糟的现象也许可归为三类。其中有许多现象和情境即便常人看来也是可怕的，它们也的确很危险；尽管这些恐惧症的程度看上去很过分，不过仍然能理解。例如，我们遇见蛇大都惊慌避开。对蛇的恐惧症可以说是为人类所共有。达尔文曾经看到一块厚玻璃后面的蛇扑过来，不禁十分恐惧。第二类的对象也与危险相关，不过这一类的危险常被我们忽视，大多数的情境是属于这一类的。我们了解，在火车里比在室内较容易遇到危险，如时而会发生火车相撞之事；再如，我们也了解船沉没对于乘客便是灭顶大祸；但是对于这些危险我们往往不甚在意，出游时乘火车坐船也不担心；又如，过桥时桥突然断裂，我们势必落水，不过这种事较少发生，其危险性便不被重视了。独处时也是有危险的，许多情境中我们是不愿独居，不过却不是任何情形都不愿独居。另外，如群众、封闭场所及雷雨等都是如此。关于这些恐惧症，我们所困惑不解的，与其说是它们本身，倒不如说是其强度而已。因恐惧症而产生的焦虑是绝对无法描述的。与之相反，精神病患者对我们在一些情境中所焦虑的事情，其实丝毫感觉不到害怕，虽然他们同样也称其为可怕。

另外还有第三种类型，那就是我们完全所不能了解的了。例如，某个健壮的成年人竟然害怕走过本城的一条街或一个广场，某位健康的女士却由于一只猫擦身而过或老鼠在屋内跑过而失声惊叫，我们将怎样才能发现这些人所焦虑的危险性呢？关于"动物恐惧症"已并非一般性恐惧的强度增加的问题了；但是，也有许多人不见猫就罢了，一看见便忍不住去抚摸它引起它的注意。老鼠原本就是多数女性恐惧的动物，不过她们却喜欢用"小鼠"类似的昵称，但在看见这个小动物时又惊骇大叫不已。某些人的行为就如小孩子，害怕过桥或广场。孩子们曾因受大人们的训诫了解了这种情境的危险性，空间恐惧症的患者如果在朋友引领下走过空地，便减轻了他们的焦虑。

前面两种焦虑，一种称之为"空泛的"期待性恐惧，一种为依附于某物的恐惧症，两者相互独立，并无关联。这一种不是另一种发展的结果，它们也较少合而为一，即便混合起来，也是极偶然的。最为强烈的一般性忧虑也不至于发展为恐惧症；也可以说，终身患空间恐惧症的人也不总是处于悲观的期待的恐惧。很多恐惧症都是成长后习得的，如对旷野、坐火车的恐惧等，还有的恐惧症似是与生俱来的，如害怕黑暗、雷电、动物等。前者乃是严重的病态，后者则为个人的怪癖；不管哪个，如果有后者的一种，便要怀疑他还患其他类型的恐惧症。在此，我仍要声明一句话：一切的恐惧症都应该属于焦虑性的癔症，或者说，我们都认为它与转化型癔症密切相关。

至于第三种精神病的焦虑却是一个难解之谜，这种焦虑与危险不必然相关。它或者在癔症中被发现，或者在与癔症的症候相伴而生；或者由不同刺激的条件之下发作，我们原是了解在这些条件下将产生一些情绪表现，孰料它便是焦虑性的情感；或者说它与任何条件都不相干，只是一种无因而现的焦虑症，我们尚且不懂，患者同样莫名其妙。纵使我们多方研究，也难以发现其中的危险或危险的蛛丝马迹在哪里。由这些自发的病症来看，我们所谓的焦虑的种种情形当有众多的成分。这种病症也可代以一种特殊发展的症候，如战栗、衰弱及心跳、呼吸困难等，至于我们认为的焦虑的一般情绪却消逝了。这些症状可称为"焦虑的等价物"，它与焦虑本身在临床与起源上都是相同的。

现在将出现两个问题，其一是真实的焦虑是对危险的一种反应，另一则是精神病的焦虑几乎与危险毫不相干；那么这两种焦虑之间是否存在相互关联的可能性呢？又该如何了解精神病的焦虑呢？现在，我们暂且假定但凡焦虑出现的地方必然存在所惧怕之物。

在临床观察中，有许多线索可引导着我们认识精神病的焦虑，下面略作讨论。

第一，我们不难发现期待性恐惧或一般性焦虑均与性生活的一些历程，或原欲运用的一些方式有着甚为密切的关系。这一点我们可列举那些有所谓兴奋受阻的人们所经历的最简单又最耐人回味的事例来说明。此时他们的强烈的性兴奋享受不到充分的发泄，经验得不到完满的终结。比如，男人在订婚之后，结婚以前；女人则是由于丈夫在性能力上的不足或因避孕而草草结束性事，便会出现上述情形。这时原欲的兴奋消逝了，却被焦虑的情绪取而代之，或形成期待性恐惧及与焦虑等价物的症候。男人的焦虑性精神病多起源于非尽兴的交媾，女人更是如此。因此，医生在诊断这类症候时，必须先研究这类起因的可能性。大量的事例证实了性的错误如能改正，那么焦虑性精神病即可消失了。

据我所知，即便向来反对精神分析的医生们也已然承认了性的节制与焦虑密切相关。不过，他们仍然试图歪曲这一关系，认为那些人原本就胆小谨慎，在性生活中也难免小心翼翼。但是，在女人那里我们发现了绝对相反的证据，她们的性的机能本质上处于被动，其性事的进行全由男人的行动而定。一个女人若是越喜欢性爱而越有满足的能力，那么对于男人的虚弱或不尽兴的交媾越易于表现出焦虑；而那些于性事无甚兴趣者或性要求不强的女人，尽管所处的情境相同，倒不至于出现严重的后果。

在今天，一般的医生都热心主张性欲的节制或克制了，不过，原欲若是不能获得满足，它一方面要求发泄，另一方面却无法转移升华，那么所谓的节欲也只能成为引起焦虑的条件。而对于是否致病，常常只是一个量的成分问题了。我们先抛开疾病不谈，仅就关于性格的形成来看，也不难发现节欲和焦虑及畏缩常如影随形，无所畏惧、富于冒险的精神，反而常与性的需要的自由宽容有连带的联系。这些关系虽然因受文化的多方面影响而有所改变，不过对一般人而言，我们不可否认的是，焦虑与节欲之间有密切的联系。

许多证据都表明原欲与焦虑在先天上的关系，不能在此细述。例如，在青春期或停经期，原欲的力量变得异常强大，必然会对焦虑产生重大影响。有许多的兴奋状态中，都能发现性的兴奋与焦虑相混合的现象，以及原欲的兴奋最终被焦虑所代替。因此，它所接受的事物通常具有双重性：第一，增加的原欲没有满足的机会；第二，是仅属于身体历程的一个问题。我们至今尚不了解焦虑所由起于性欲的原因何在；我们只好说，性欲消失了，焦虑的情绪随之产生。

第二，我们通过对心理性精神病特别是癔症的分析，可以发现第二条线索。要知道，焦虑常常是癔症的一种症候，空泛性的焦虑可以长期地存在或者在病发时表现出来。患者说不出究竟害怕什么；因此，便用化装作用与最可怕的对象联系起来，例如，死亡、疯狂和灾难等。假如对其焦虑或与焦虑相随而来的症候所发生的情境进行分析，我们常不难发现是哪种正常的心理路程被横加阻挠，最终为焦虑所代替了。或者说，我们可以想象潜意识的历程摆脱了压抑作用大摇大摆地进入意识里。在这个历程中，本应出现一种特殊的情感，如今奇怪的是，无论这种伴随心理路程进入意识的情感是什么都将被焦虑所替代。如果我们面前有一种歇斯底里性的焦虑，那么，潜意识里与它相当的情绪，也可为一种性质相似的情感，例如，忧虑、羞愧及困惑不解；也可为一种"积极的"原欲的兴奋，也可为一种反抗的、攻击性的情绪，譬如愤怒。因此，在其相当的观念内容被压抑作用所控制的时候，焦虑简直成为了一种通用的钱币，被当做了所有情感的兑换品。

第三，一些患者的症候因为采取了强迫性行为似乎可以避免焦虑，这些患者能够为我们提供第三条线索。假如我们禁止他们，不让他们做这些强迫性的动作如洗手或其他仪式等，或者他们自觉取消一项行为，那么，他们将难免受到极其恐惧的压迫，强迫着他们去做这些动作。我们明白患者的焦虑隐藏于强迫性的行为背后，他们这样做，完全是要逃避一种恐惧的情感。因此，我们也发现一种大致相同的关系，那就是压抑作用的结果，或是产生一种单纯的焦虑，又或是产生了混合性的焦虑，也可以产生一种没有焦虑的病症。从抽象上讲，如此便能够主张症候形成的目的不过是在于逃避焦虑的发展。于是，关于精神病的问题，焦虑的地位显然非常重要。

我们对于焦虑性精神病的仔细观察，可得出下面的结论：原欲在失去了自身正常的应用之后便足以引起焦虑，实际上，这种过程是以身体历程为基础的。由癔症以及强迫性精神病的分析中，还可得出另一种结论：引起焦虑的原因，还在于心理的抗拒作用导致原欲丧失正常的应用。所以，关于精神病的焦虑的起源，我们所知仅此而已。尽管仍然不太明确，不过要想增加我们在这方面的知识，现在还没有好办法。我们第二步的工作在于获悉精神病的焦虑与真实的焦虑之间关系如何，似乎更无从入手了。也许有人觉得这两件事无可比拟，不过病态的焦虑的情感与常态的焦虑的情感确实难以区分开。

我们想求得的这种关系，可以借用自我与原欲的对比关系来解释。焦虑之所以发展乃是自我对于危险的反应及逃避前的准备，这些我们都已了解；现在，我们更进一步来推理，假如自我在精神病的焦虑中，也企图逃避开原欲的要求，并且用对付体外危险的办法来应付体内的危险。如此一来，"若有所虑必有所惧"的假说便得以证实。不过，这个比喻尚不止于此。正如逃避外界的危险时肌肉瞬间紧张起来，结果便可站稳脚跟采取相当的防御之策，现在，精神病的焦虑的发展使得症候终至形成，那么焦虑便有了稳定的基础了。

至此，如有不易了解之处自然别有所在。原来焦虑的目的在于使自我逃开原欲，也就相当于焦虑的起源则在原欲之内，未免太过晦涩难懂了，不过我们必须牢记，某人的原欲原本就是他身体的一部分，当然不能视为身外之物。这便是焦虑发展中的"形势动力学"的问题，且至今尚未加以解释：例如，究竟是哪种精神能力受损耗了？或是说这种精神能力属于哪种系统？目前，我们不能对上面的问题予以答复；不过我找到另外两种线索；于是，我们要引入直接的观察和分析的研究以有助于我们的推论。如今，首先在儿童心理学中找到焦虑的源头，然后讨论依附于恐惧症的精神病焦虑的起源。

在儿童心理学中，忧虑心理是一种很普遍的现象，我们很难推定它究竟属于真实的或精神病的焦虑。我们在研究了儿童的态度之后，发现这两种焦虑的区别确实成了问题。一方面，儿童对陌生人、对新奇的对象及情境产生害怕心理不足为奇。只要想想他们的柔弱与蒙昧，就不难理解了。所以，我们认为儿童有一种强烈的真实焦虑的倾向；假设这种倾向来自遗传，也不过是由于它合于实用的要求。儿童就像是对史前人或现代原始人的行为反复重演，这些人无知而又无助，对于新奇的甚至是许多熟悉的事物都有着一种恐惧的感情，不过这些事物对于我们已不再可怕了。假设儿童的恐惧症至少部分可视为人类发展初期的遗物，这也正符合我们的期望。

关于其他方面，我们尚有两件事不可忽视：第一，儿童的焦虑各不相同；第二，假如小孩子们对各种对象和情境都畏惧异常，那么长大时常会转变为精神病患者。因此，真空的焦虑若过分，便成为精神病倾向的一种标志了。而且焦虑心理较之神经过敏更为原始；因此，我们得出以下结论，儿童及其成人之后所经历的对原欲力量的畏惧，皆因为他对于任何事都感到恐惧。所以，焦虑起源于原欲的假说是不能成立的；并且根据我们对真实的焦虑条件的研究，在逻辑上，自然得出下面的结论：对于自身软弱无助的意识，即阿德勒所谓的"自卑感"，假如成年之后仍然存在，便转变为诱发精神病的根本原因了。

这一结论既简单又好听易解，我们便不得不多加注意了，我们用以研究神经过敏的观念也因此而动摇了。这种自卑感及其焦虑和症候形成的倾向，好像确实可延续至成年，不过，至于在特殊的病例中出现了"正常"的结果，我们难免要多费一番口舌了。但是，对于儿童的焦虑心理的严密观察及分析，我们将有何收获呢？小孩子一开始便怕见陌生人，这种情境非常重要是因为它涉及情境中的人，之后才会关注情境中的物。不过，儿童畏惧陌生人并非由于他们心怀恶念，而是将自己的弱小与他们的强大相比较，因而觉得他们会对自己的生存、安全和快乐带来危险。这种主张儿童猜忌外界力量的理论学说，事实上是一种较为浅陋的理论。实际上，儿童遇见陌生人所表现的惊恐退缩，却是由于习惯使然，他希望着一个亲爱的熟悉的面孔，主要是母亲。既然已失望，便瞬间转变为惊骇，他的原欲既没有消耗，也不能久储不用，于是便变得惊骇而得到发泄了。这种情境是儿童焦虑的原型，它是出生时与母亲分离的原始焦虑的条件的再现。

黑暗与独居的情境最早使儿童感到恐怖；前者常常是终其一生存在；不愿意母亲或保姆离开的愿望则两者都包含其中了。曾经，我听说一个怕黑的孩子大声呼喊："妈妈，跟我说话呀，我害怕！""可是那有何用呢？你是看不到我的。"那孩子答道："要是有人说话，房间就会明亮些。"于是黑暗中所感到的期望一变而成为对黑暗的恐惧。我们远远没了解到，精神病的焦虑本是属于真实的焦虑的，且是特殊的一种；相反，我们发觉小孩子的行为多少带有真实的焦虑的意味，而它的特性又与精神病的焦虑相同，即由发泄受阻止的原欲所引起。儿童初生时似乎很缺乏地道的"真实的焦虑"。后来转变为恐惧的那些情境如登高、通过水上的窄桥、坐火车或轮船等，小孩子们是丝毫感觉不到害怕的，因其知之甚少，恐惧也越小。我们当然希望他可由遗传而得到这些保护生命的本能；你们该了解，因为儿童看不到危险而总是高估自己的能力，在行动时便无所畏惧。他们在河边奔跑，坐窗台，玩剪刀，以火戏耍，一句话，其所作所为都足以使身体受伤害而让看护者惊骇不已。我们自然不能让他们在痛苦的经验中学习，因此，我们不得不依靠教育使其引起真实的焦虑。

假如一些孩子很容易因教育训练而知道焦虑，对一些未受警告的事也能预感到危险，我们由此可猜测，他的天赋里便有更大量的原欲的需求，不然他们也必然会因原欲的满足而被惯坏。难怪那些成人中的神经过敏者，在小孩子时也是属于此类的；一个人若无法容忍其原欲大量地、长期地受到压抑，他便容易引起精神病。由此可知，这里体质的因素具有一定的作用，我们从不曾否认这一点。我们所反对的不过是，由观察及分析的所有一致性结果来看，体质因素本无作用，或仅起到无足轻重的作用，但是某些学者却认为这种因素至关重要而排斥其他方面的因素。

现在，我们把观察儿童的焦虑心理所得到的结论作以下概述：儿童的恐惧在最初与真实的焦虑，也就是对于真正危险的畏惧无关，但和成年人所有的精神病的焦虑密切相连。这种恐惧都起源于原欲的发泄受阻，似乎与精神病的焦虑相同；儿童一旦失去了爱的对象，就会利用这种恐惧取代外界的对象或情境。

你们现在将会很高兴地听到，我们由恐惧症的分析中所得出的结论，并没有超过我们的预料。儿童的焦虑是这样的，恐惧症也是如此；其结果都是，原欲如果不能发泄，就会不停地转变而成为一种类似于真实的焦虑，便把外界无足轻重的危险取代原欲而成为代替物。这两种焦虑互相一致不足为奇；儿童的恐惧一方面是之后焦虑性癔症的症候所表现的恐惧的原型，同时也是它的先导。每种癔症症候里的恐惧尽管有着不同的内容与名称，却都可以溯源至儿童的恐惧并继承了它；其不同点在于它们的作用机制。对成人而言，纵然原欲得不到发泄却也不至于转变为焦虑。他们早已知晓如何将原欲保存起来或者转作他用。然而，假如其原欲依附于一种遭受压抑作用的心理冲动之上，那么，与儿童相似的所有情形便随之而来，因为他已退至儿童的恐惧，因此，他的原欲将易于转变为焦虑。你们应该记得，我们曾对压抑作用作了简要叙述，不过当时所关注的是被压抑的观念其命运如何，因为它很容易辨识也方便叙述，而依附于这一观念之上的情感其结局当如何，便被忽略过去，如今我们了解到，不管在正常状态下这种情感有哪些性质，此时它的直接命运都将是转变为焦虑。这一种情绪的转变便是压抑作用的另一个更为重要的结果。这件事并不太容易展示出来，因为我们尚不认为潜意识里情绪的存在，也像之前主张潜意识观念的存在一样。一种观念无论是潜意识的或意识的都将保持不变；我们还必须说与潜意识观念相当的究竟是什么，这有待于以后的彻底了解与考察，现在，我们自然不能妄言与潜意识相当的究竟是何物，也不便于在此作讨论。不过，我们仍然要保留自己已获得的印象，也就是焦虑的发展与潜意识系统密切相连。

我们说过，原欲受到压抑便会转化为焦虑，或是以焦虑的方式而求得发泄，这便是原欲最直接的命运；现在我必须补充一句：变成焦虑并非压抑作用下原欲唯一的最终命运。关于精神病还有一种历程，其目的在于抑制焦虑的发展，并且用以达成目的的方法多种。例如，仅仅是恐惧症，其精神病的历程便可分为两期：第一期，压抑作用得以完成，原欲转变成焦虑，这时的焦虑多针对外界的危险；第二期，建造各种防御的壁垒以避免接触到外界的危险。自我既然深知原欲的危险，便以压抑作用作为逃避原欲压迫的工具；恐惧症便好似一座城堡，那可怕的原欲就像来自外界的危险一样，城堡于是被用来抵抗着这些危险。恐惧症的防御体系仍然存在着不足，城堡虽然可抵御外敌，不过来自内部的危险却无可避免，将来自原欲的危险投射于外界，自然永远没有效果。因此，其他精神病将利用其他的防御之法，来阻止焦虑发展的可能；在精神病心理学中，这是一个最有意思的部分。遗憾的是，此时讨论这一问题，难免离题万里，并且要具有特殊的知识基础。所以，我们现在只作略述。我之前说过，自我安设一种反攻的壁垒于压抑作用之上。这个壁垒必须保全，压抑作用方得以继续存在。而反攻的任务便是各种抵御之策，避免压抑作用以后焦虑又有发展。

让我们回头再谈谈恐惧症的问题。现在，我希望你们了解到，只是解析恐惧症的内容，研究其起源，而且除了引起恐惧的对象或情境外而不管其他，是绝对不够的。恐惧症的内容的重要性与梦的显意相当，只是谜面而已。我们必须承认，种种恐惧症的内容无论如何变化，仍然有很多由于物种的遗传关系而特别适合成为恐惧的对象，这一点霍尔曾经说过。然而，这些恐惧的对象除了与危险有象征性的关系之外，和危险本身并无联系。

所以，关于焦虑的问题，我们坚信它在精神病心理学中占有核心地位。我们还深深感觉到焦虑的发展与原欲的命运以及潜意识系统都密切相关。不过尚有一个事实：即"真实的焦虑"应看做自我本能的一种保存自我的表现。尽管这一事实无法否认，不过它却不能完满地列于我们的理论系统内，这是理论的美中不足之所在。

第二十六讲　原欲说：自恋

诸位，最近，我们已反复说过了性本能与自我本能都有哪些区别。首先，就压抑作用而言，我们了解到两种本能如何相互抗拒，之后性本能是如何在表面屈从，而以迂回曲折之策求得满足，作为损失的补偿的。其次，从必要性来看，性本能和自我本能在最初便各有不同的关系，因此，其发展也各不相等，对于现实原则的态度也彼此各异。最后，由观察可知，相比于自我本能，性本能与焦虑的情感有着更加密切的关系，当然，这个结论仅在某个点上尚未完满。我们可再列举下面的最值得注意的事实，来支持这个结论：饥渴之感是保存自我的最为重要的两种本能，但从未曾转变为焦虑，而未获满足的原欲转化为焦虑的现象却很常见。

因此，我们对于性本能与自我本能严加区分，其理由的正确性是谁也不能否认的。我们说性本能只是个体的一种特殊的活动，事实上已默认了两者的区别。而问题是这个区别究竟有何意义，对我们来说它是否重要。关于这个问题的答案依以下两点而定：第一，性本能在身体及心理上的表现，与自我本能相异达到了何种程度，可否加以规定；第二，由这些差异所引起的结果其重要性如何。原本，我们并没有坚持两种本能在本质上有差异，即使有差异，要了解也似不易。它们也只是个体能力的来源，假如我们要讨论它们在基本上是同为一种属性，或是分作两种属性，那么就要以生物学事实为依据，而不是以这些概念为基础。现在，关于这方面的知识我还知之甚少，即便我再对此多些了解，于精神分析的研究也无益。

荣格认为，所有的本能都源自一种本能。所以，他将一切出自本能的能力皆称为"原欲"；显然，这种理论对于我们的工作无济于事。尽管我们可采取这种办法，然而，却绝对不能使精神生活里不再有所谓的性的机制，因而不得不将原欲再分为两种：即性的和非性的。不过，仍然保留"原欲"一词，以此专指性生活的本能，正如之前我们用过的那样保持不变。

在我看来，是否应当将性的本能和自我保持的本能加以区别，对于精神分析是无关紧要的，况且在精神分析的学科里讨论这一问题并不适宜。不过从生物学的观点来看，有许多方面都已经证实这个区别相当重要。因为有机体的功能只此一种，那就是关于性，它仿佛超越个体之外而与物种互相联系。这种机能的应用并不像其他活动那般，往往对个体有益，而且有时为追求性的巅峰的快乐，而不免将生命置于危险或者灭亡的境地。但是，个体的生命必须保留一种异于其他新陈代谢的历程，以繁衍后代，保存种族的生命力。至此，一些个体原本认为自身极其重要，认为性的机能与他种机能并无差别，不过是追求满足的一种手段，但是，从生物学的观点来看，个体的有机体只是物种延续的一个片段，与不朽的物质相比，它的生命何等短暂，这只作为物质的暂时的寄身场所而已。

然而，我们以精神分析去解析精神病，就无须作深入的讨论。性的本能与自我本能的区别已被用以了解"转移性精神病"的关键。转移性精神病的起源可回溯至一种最基本的情境中，在这个情境里，性的本能与自我本能是互相冲突的，或以生物学术语来说，自我以本身为独立的有机体的资格与其自身的另一种资格，即作为种族延续的分子，是相互反抗的，尽管表述不很准确。也许这个分立自从有了人类才开始存在，总之，他之所以比其他动物较优胜，也许仅在于他有患上精神病的能力。因此，原欲的过分发展及精神生活的异常繁杂，似乎构成了引起这种冲突的条件。不管怎样，人类在这些条件之下，已明显地远远超出了动物的发展，因此说，人类具有患精神病的可能，似乎只为证实其人类文化发展能力的相对面。不过，这些仍然都仅是我们离题而做的推论而已。

现在，我们仍然依据这个假说推动研究的进行，那就是，性本能的表现与自我本能的表现可一分为二。关于转移性精神病，这个区别不难发现。自我对于自身的性欲对象的能力的投资，我们称之为"原欲"；关于来自自我保持本能的努力，可称为"兴趣"；假如我们推理出原欲的投资、变化及最终的命运，我们便可初步认识精神生活里种种势力的运作。转移性精神病为这一研究提供了绝好的材料事例。不过，我们对于自我及其构造以及自我机能的各种组织仍缺乏认识。因此，我们希望对其他精神病的解析，将有利于这些问题的理解。

关于精神分析的概念，有人早就用它的理论去研究其他情感内容了。1908年，我和亚伯拉罕先生经过讨论，提出了一种主张并发布于世，认为"精神分裂症"的主要特征是原欲并没有投资于外界的对象。然而，那时出现了这样一个问题：痴呆症患者其原欲在离开它的外物之后的结果究竟如何呢？亚伯拉罕毫不犹豫地主张原欲回归于自我，并且认为原欲的回归乃是精神分裂症中某种夸大的妄想的起源。这种夸大的幻想正好像是恋爱时夸大了对方的身价。于是，通过研究精神病的情绪以及正常恋爱的生活方式，使我们首次认识了精神病的情感的一个特点。

在这里我要对你们说，亚伯拉罕的这种观点仍保留在精神分析之中，是我们关于精神病理论的基础。我们已经慢慢了解到下面的概念：原欲尽管依附于某种对象，并且有一种表现，即附着于这些对象上谋求欲望的满足，不过也可抛开这些对象取而代之以自我本身；这一观点经过发展逐渐地完善而更加周密。以前，P·奈基使用了"自恋"一词以描述一种性的变态，也就是某个成年的个体将对于所爱之人的拥抱与抚摸施于自身。现在，我则要借用它来表述原欲的这种应用方式。

我们只需略加思考便能立刻发现，这世间的确存在着这种迷恋自己身体的现象，如此，这种现象必然不完全是例外的或无意义的。或许恰恰相反，这种自恋是普遍性的原始的现象，有了自恋之后才有对客体的爱。不过，自恋的现象并非因此便消失了。我们还要记住"客体原欲"的发展进化，在这一时期，儿童的性的冲动都可在自身中谋求满足，这就是我们所说的性的自慰满足，之后，性的生活的退化而并非学会了顺从于现实原则，就可以这种自慰的能力作解释。所以，我们认为，自慰似乎就是原欲在自恋阶段的性的活动。

简单地说，在"自我原欲"与"客体原欲"的关系这个问题上，我们已得出一个相当的观念，而且将以生物学上的理论比喻说明这个观念。你们应该了解，最简单的生命体不过是一团未分化的原形质。这种原形质常以所谓"假足"伸向外边；也可以将这些假足缩回而使原形质重新聚为一团。这些假足的伸张正如原欲之作用于客体，不过最大量的原欲仍然保留在自我之中；根据我们的推测，在正常的状态下，自我原欲转变为客体原欲是不难的，最终，客体原欲又将回归于自我原欲。

有了这些概念的相助，我们便能对整个心理的状态进行解析，或者更保守地说，可能用原欲说对正常的生活状态加以表述，比如，恋爱、身体患病和睡眠等。在睡眠的情境里，我们可以假设，睡眠的常态便是脱离了外界而集中精神以完成睡眠的愿望。我们已了解到，在夜晚梦中的精神活动的目的在于保护睡眠，并且完全在利己主义动机的支配下。在原欲的帮助下，我们还可更进一步认为，睡眠时，无论原欲或利己主义所有一切对外物客体的投资，都被收回而集中于自我。难道这些不足以使我们对睡眠的恢复体力及消解一般疲劳的功能有更新的了解吗？睡眠与在母体胎内生活的相似之处可由此得以证实，同时也可扩大它在心理活动的意义。在睡眠中，原欲分配的最初阶段也可以重现，此时，原欲和自我的利益是一致的，同处一室，在自足的自我中合而为一，不再分开。

在这里必须附带提及两项观察。第一，自恋与利己主义有何区别？我认为自恋乃是原欲作为利己主义的补充。我们在谈到利己主义时，仅仅着眼于个人的利益；而自恋却是关于原欲需求的满足。在实际生活中，这两者可为两种互不相关的动机。某个人或许是绝对利己主义者，不过，假如他的自我原欲满足要在客体对象之上求得，那么，其原欲对于客体便有着强烈的依恋，此时，利己主义便保护他的自我，避免因对客体的欲望而受到伤害。一些可以是利己主义的，同时却有着强烈的自恋倾向而感觉不需要客体对象，这种自恋的现象或表现为直接的性满足，或表现为所谓的"爱情"，与纯粹的"肉欲"有所区别。在这些情境中，利己主义是显而易见的，常在的；所谓的"自恋"便是动态的成分。与利己主义相对的则是利他主义，不过，利他主义却不是原欲在投资客体上的一个名词；利他主义与原欲不同，它没有在客体之上求得性的满足的欲望。然而，假如这种爱情升至最高的程度，利他主义也可以将原欲的投资投射于客体之上。

大致是说，性的客体可以收回部分的自我自恋，因此自我常过高地估计对于客体的性的欲望。假设除此之外辅以利他主义，使得自恋者有求于客体对象，那么，性的客体便完全吞没自我而成为至高无上的存在。

假如我们在这些单调而枯燥的科学玄想之后，引诗以说明自恋与热爱的区别何在，并且加以"经济的"类比，那么，你们便会轻松自在了。我们将引用歌德在《西东歌女》里的诗文，为苏丽卡与恋人哈坦的对白：

苏丽卡：奴隶、胜者及群众

都异口同声地宣称，

自我的存在，

是一个人的真正的幸福。

假如他可以保持自我，

便没有拒绝他人的必要；

假如他仍然是他，

便可以忍受所有的财物损失。

哈　坦：就算你是这样吧！

而我将为你指出另一条路，

在苏丽卡身上，我看见

人世间所有的幸福。

假如她钟情于我，

我便甘愿牺牲一切；

假如她舍我而去，

我的自我也立刻消灭。

那里的哈坦将永远成为过去；

假如她爱上了一位幸福的情人，

我将改变我的身份，

在想象里，

与他合为一体。

第二，乃是梦的学说得以拓展。梦的起源是无法解释的，除非我们假设在潜意识里，受压抑作用的观念向自我宣告了独立，而自我为保护睡眠，尽管已收回对客体对象的投资，不过这些观念依然脱离睡眠的支配而保持自己的活动。借助于这一假设，我们方可知道那些潜意识的材料如何利用了夜间检查作用的消失或减弱，进而重塑白天的残留经验，以造成了一种本人所禁止的梦的欲望。从反面来讲，这些残留的经验原本就与被压抑的潜意识的材料存在一种联系，由此可能产生一种反抗的势力，抗拒睡眠的欲望及原欲的回归。所以，我们当把之前所讲的梦的构造的理论，重新并入这一重要的动力因素之中。

一些情形，如身体患病、伤痛的刺激和器官的发炎，显然可使原欲自客体回归自我。这样的回归使原欲重新依附于自我之上而集中于身体的病痛。在这样的情形之下，我们简直可以说原欲自客体的回归相比于自我的兴趣从外界事物的收回，更使人惊骇。它似乎对我们了解忧郁症有帮助；在忧郁症里，一些从表面看不到任何伤痛的器官反而要求自我的注意。然而，对于这个问题或其他的可用原欲回归自我来说明的情形，我将不再多作论述了；我认为，你们必定会有两方面的质疑。第一，你们会问，我为何在讨论睡眠和病症的时候，必须坚持原欲与兴趣、性本能与自我本能的区别，事实上，关于这些现象的解释，我们只要假设任何个体都有一种自由活动的统一性的能力，作用于客体之上抑或凝聚于自我之中，如此便可以达到这一方面或那一方面的目的了。第二，你们会问，为什么我竟如此胆大，将原欲自客体的回归视为病患的起因，而这种由客体原欲转变为自我原欲，甚至为一般能力的变化过程，便是一种日日夜夜常有的正常的心理活动。

以下是我对你们的答复。你们的第一个质问听来似乎理由很充分。在睡眠、疾病以及恋爱等的研究中，自我原欲和客体原欲的区别或者原欲与兴趣的差异，或许并非显而易见。但是，关于这一点你们好像忘记了我们最初的研究，我们现在所讨论的心理的情形，在实际上正是以这些研究作为依据的。我们已经了解转移性精神病所引发的冲突，因此，必须将原欲与兴趣、性本能与自我本能区别开。从此，我们便常常关注这一区别。而且对于自恋型精神病如精神分裂症，进行解释或完满地解析它们与癔症，还有强迫性精神病之间的异同，便要假设客体原欲极有可能转化而成自我原欲，也就是说，必须假设我们承认了原欲的存在意义。之后，我们便引用了所得出的不可否认的理论对疾病、睡眠和恋爱予以解释。我们将这些理念试用于各处，观察究竟在哪方面是可行的。因此，没有依据分析的直接经验，只有一个结论：原欲无论是依附于客体或自我，总存在着一些原欲不能转变为自我的兴趣；自我的兴趣却必然不能转变为原欲。然而，这句话只用以显示性本能与自我本能的区别；我们已对这个区别作了批判的考察，由此可见，它暂且仍然有效，坚持这一点直到他们已推动价值时再作讨论。

其实，你们的第二个质疑引起了一个颇为合理的问题，不过论点难免错误。客体原欲回归于自我不必然致病；原欲每每在睡眠之前收回，而在醒来后再复原，当是千真万确的。例如，原形质的微生物在收回其假足之后，常常立刻即复又伸出。不过，假如有一种肯定的、势力很强的心理过程，强迫原欲自客体收回，其结果自然不同。因此，那些转变为自恋的原欲便无法再回到客体；原欲的自由运动受到障碍，因此疾病便产生了。假如自恋的程度累积超出某一极值，就变得无法忍受。我们也许可以推想它正是由于这个原因才会向客体投资的。自我也只能释放原欲以免积累过多而致病。假如我们计划对精神分裂症加以更特殊的研究，如此我便要告诉你们，致使原欲离开客体后而无法返回的那个历程，实际上，与压抑作用密切相关，或可视为压抑作用的其中之一。不管如何，假如你们了解到这个历程之所以产生的最初条件，据悉，它们几乎与压抑作用互相一致，因此，你们就不难认识这些新的事实了。所谓的冲突也相类似，而且互相冲突的势力也是相当。但是，它的结果仍然与癔症有所不同，原因就在于意识倾向不同。这些患者的原欲的发展都是位于生命的某个特殊时期，并且引起症候的执著点的位置也不相同，或者位于早期自恋的阶段，或位于精神分裂症的最后便返回此处。总的来说，关于自恋型精神病而言，我们必须假设其原欲在发展上的执著时期，要远远早于癔症或是强迫性精神病，不过你们也听说了自恋型精神病，在事实上比转移性精神病更加严重，然而你们对后者的研究所得出的理念也足以用来解释前者。这两者之间存在着许多相互沟通的特点；实际上，它们同属于一组中的现象。因此，一个人如果没有关于转移性精神病方面的认知，就难以奢望对这些症候所属的精神病作出适当的解释。

精神分裂症症状并不同于其他，它们的引起并非因为原欲无法返回客体而累积于自我之中，犹如自恋。它们尚有其他的表现情形，可以追溯至原欲返回客体的努力，即重建与恢复的尝试。其实，这些才是这种症候最为显著的特征；它与癔症有相类似的症状，偶尔也有少许症候与强迫性精神病相仿；不过总的来说，却是不同之处居多。关于精神分裂症，其原欲返回客体的努力或客体观念的尝试，似乎真的是有所收获的，不过所得的也只是原物的一些残影，例如，依附于原物的名词、影像。限于篇幅的长短，关于这个问题，我们不作更多说明了。不过，我认为我们可由原欲返回客体的努力这个方面，推动意识的观念与潜意识观念之间的区别的认识。

现在，我们有望对精神分析的研究再推进一步。正因为我们有了原欲的概念，自恋型精神病已有了解的可能；目前，我们的工作便是从这些病症之中发现患病的动力的起源，同时鉴于自我的了解，拓展扩充关于精神世界的知识。我们的目的在于建立自我心理学的理论体系，不过，自我心理学的基础却不能是我们自己的自我自觉提供的材料；必然要像原欲心理学理论那样以对症状的分析作为依据。也许我们认为自我心理学如果成立了，我们已有的关于转移性精神病的研究中相关原欲的知识就会无足轻重了。但是，我们现在尚未在这方面有长足的进展。自恋型精神病的研究，自然不能采用强迫性精神病的研究方法，你们很快便可懂得是什么原因。对于自恋型精神病患者来说，我们常常在走通一小段路后，便会发现此处乃一死胡同而碰壁。你们知道，转移性精神病的机制中也有这样抗拒的壁垒，不过这种类型的壁垒是一段一段地冲破的。但是自恋型精神病的抗拒坚不可摧，至多只能伸长脖子窥探一下墙外风景聊以自慰。所以，我们必须想方设法找到适合的研究方法，至今尚未成功。我们拥有数量十分可观的患者的材料，虽然不足以对我们的疑问作出解答。现在，我们只有以转移性精神病的研究的知识来诠释他们说过的话。关于我们的出发点，这两种病症的诸多相似之处已作了相当满意的担保。那么，这种研究的方法成效如何，我们拭目以待。

此外，还有其他的困难阻挡着我们的进展。其实，只有对转移性精神病进行过分析研究之后，才可以对自恋型精神病及与自恋相关的精神病加以研究。不过，精神病医生从不研究精神分析，我们的精神分析专家所能见到的精神病实例少之又少。因此，我现在必须培养一些预先接受精神分析训练的精神科医生。美国已在这个方向上做出了尝试，几位精神病医生的领军人物正对学生们演讲精神分析的理论学说，医院或精神病院的主治医师，也都希望用精神分析的理论指导对患者的观察治疗。有时候，我也窥探到自恋症的奥秘，所以，我要告诉你们一些关于这种症候的见解与观点。

妄想症是一种慢性的精神错乱，在如今的精神病学分类上，它的地位很不确定。然而，它与精神分裂症密切相关是毋庸置疑的；我之前曾建议应把二者都归于妄想性精神病的名下，妄想症的形式因幻想的内容各不相同具有不同的名称，如夸大妄想、被害妄想、嫉妒妄想及被爱妄想等，我们并不希望精神病学可解释这些现象。精神病学曾经以其理智的合理化作用，试图以这些不同的症候相互解释，让我们试举一个古老却不理想的实例：病人确信自己受到迫害，因此推想自己必然是一位重要人物，于是便产生过分夸大的幻想。根据我们对概念的分析，这种夸大的妄想是因为原欲自客体回归，从而使得自我膨胀而致病，便形成了"二度自恋"，乃是早期的幼稚形式的再现。不过在被迫害妄想症里，我们由观察发现了一条认知线索。首先，在大多数的事例中，我们知道，迫害者与被害者都为同性；原本这可以是无害的解释，但是，从那些经过严格研究的例子中可知，似乎患者在还健康时对这位同性非常爱恋，仅仅因为病发才把他当做迫害者。这类病症可由于联想而加重，并且可以把一个被爱的人换成他人，如将父亲换成师傅或权威人士。从这些大家一致认同的观察来看，我们认为，一个人采用被害妄想症作为他的护身符，乃是想要反抗一种强烈的同性恋的冲动。爱的情感一旦变为恨，是足以危及那个既恨又爱的对象的生命的，这种转变与原欲的冲动转变为焦虑无异，皆是压抑作用下常出现的结果。我们举一个最具普遍性的例子来说明。一个年轻的医生曾在他的公寓里恫吓过一个大学教授的儿子，因此，他不得不从那里离开。他们两人本是密友，而此时他认为，他的密友具有超人的力量和邪恶的企图；他最近几年的种种不幸以及在工作和生活上的困境，他认为都是这位朋友在作怪。还不止如此，这位恶友和他的父亲又发起了战争，直接导致俄国人对边疆的侵扰；他们曾以各种方法想要谋害他的生命；因此，他深信如果恶人不除，便会使整个社会大乱不止。然而事实上，他依然深深地爱恋这位朋友，他也曾有过枪杀他的良机，最终因心怀不忍而放弃。我和患者进行了短暂的谈话，其结果让我了解到他们的友谊开始于学校同学的时候，至少有一次他们的关系已经超出了友情的界限，某个夜里，他们有过一次完全的性交。从患者的年龄及品格来看，年轻而又品貌皆佳的他应该有爱女人的情感，然而他从没有这个表示。他也曾和某位美丽富有的女孩子订了婚，却因他太冷淡而解除了婚约。多年以后，他发病了，在他正初次给予一个女人以性的满足的时候。她怀着爱恋和感激的心情拥抱着他，而他却突然感到一种苦痛，犹如利刃穿过头颅。他在以后叙述当时的感觉，犹如在解剖尸体时头部被切开一般；他的朋友恰好是位病理解剖学家，因此，他渐渐地以为，那个女人是他的这位朋友派来引诱他的。因此，他对以前所遭受的来自这位密友的种种迫害，对他的阴谋诡计更为了解了。

不过，有时候迫害者与被害者也可能是异性的，如此一来，要说这种病症乃是反抗同性之爱，岂不是自相矛盾？我曾有机会对这种症候进行诊察，表面上看与此互相矛盾，事实上它们却是互相印证的关系。某位年轻的女子曾幻想自己被一名男子迫害，该名男子曾两次与她发生过亲密关系；实际上，她最初是对一位妇人心怀恨意，这位妇人或许可视为其母的代表。她再度与他相会之后，才将被迫害的幻想由那位妇人转移于那名男子；因此，关于这个病例，迫害者与被害者性别相同的观点仍然是正确的。由于患者在向律师和医生叙述的时候，对第一次的幻想只字未提，于是，从表面上看，它与我们对妄想症的理论相悖了。

选择同性作为对象较之选择异性作为对象，原本就与自恋有更为深刻的联系；爱恋同性的热情一旦被拒绝，就特别容易折回而形成自恋症。在这些演讲中，我还没有机会将关于爱的冲动的途径及基本计划的知识全部告诉你们，现在也无法再作补充。我最想让你们知道的是下面几句话：对象的选择，或原欲超出自恋时期的发展，可产生两种形式：第一种是自恋型，它以类似于自我者作为对象，来作为自我的替身；第二种是依存型，这种类型的原欲以能满足自己幼稚期需要的长者作为对象。原欲强烈地执著于对象选择的自恋型，便是有着显著同性恋倾向的人的一种特征。

你们应该记得，我在本篇的第一次演讲中，曾经列举了一个女人的妄想性嫉妒。现在，在我们的演讲即将结束时，相信你们会希望我用精神分析来解释幻想。不过对于这件事，我将要告诉你们的可能远不如你们所期望的多。妄想不被逻辑论证与实际经验所影响，与强迫观念是一样的，都可用它们与潜意识材料的关系进行解释；这些潜意识的材料，一方面被幻想或强迫观念阻遏，另一方面也借助幻想或强迫的观念得以呈现。两者的区别在于这两种情绪的形式以及动力的差别。

抑郁症与妄想症相同，都可分为多种不同的临床类型，我们也可约略窥知这种病的内部构造。我们已了解到，这些患者感到苦恼或深深自责的实际上是关于性的对象，他们都是自己所失去的或因某种过失而不再加以珍惜。所以，我们认为，抑郁症患者的确是将原欲自客体那儿撤回了，不过由于一种"自恋性的仿同作用"的历程，将客体移植于自我之中，从而以自我取代客体。现在，我只能以一种叙述的观念表示这一历程，无法用形势论和动力学的概念加以解释。此时，自我被作为已经抛弃了的客体；要加之于客体身上的所有报复行为和粗暴待遇，自然都改施于自身了。因此，可推想抑郁症患者的自杀性冲动，也因为下面的假说更能为人所理解了：患者对自身的痛恨，即等于对那既爱又恨的客体的痛恨那样强烈。抑郁症与其他自恋性的病症相同，它的情绪与生活显然具有一种"矛盾情感"的特征，这个名称乃是由布洛伊勒所定而被我们常提及的；这一名词的意义，是指对同一个人具有两种相反的情感，即爱恨交加。遗憾的是，我们在此并不能对这种矛盾的情绪作更详尽的论述。

除自恋型精神病外，我们知道的还有一种癔症的"仿同"的形式。在此，我非常希望用简单的几句话告诉你们这两者有何区别，可惜已没有可能了。现在，我们对于抑郁症的周期性或循环性作一简略讲述，你们会有兴趣的。如果条件适宜，我们可在症状两次发作的间隙，采用分析疗法以防止其病情的复发。我们已多次尝试成功了。于是，我们知道在抑郁症、狂躁症或其他精神病中，一种特殊的解决矛盾的机制正在运行，这种机制的先决条件与其他精神病具有一致性。你们应该想象得到，精神分析在这方面是很有用武之地的。

关于自恋型精神病的分析，将有助于我们获得自我的组成、自我的功能和元素构造的一些知识。从前，我们对这一方面作过粗略探讨。我们由所观察的幻想加以分析而得出这样一个结论：自我有一种功能，时刻不停地在监视、批评或比较，与自我的另一部分互相对抗。因此，我认为患者的诉说，认为有人监视着自己的一举一动，每个想法也都为人所知而进行考查似的，事实上，已经道出了一个没有人能知其为真理的真理。他的错误仅是他自以为这股可恨的势力并非自己所有，而是来自身外；实际上，他在自我发展上创造了一种自我理想，并于自我之内发现了一种衡量的界尺，使他能够借这种自我理想的活动，来衡量实际的自我和所有的活动。我们进一步推想他要创造这一理想的目的，在于由此恢复最初的幼稚性自恋症的自我满足，这种满足已随着年龄渐长而屡遭压抑、伤害而牺牲了。这种自我批判的功能乃是之前所谓自我的检查作用或称之为"良心"；在夜间入梦表现为抵御不道德的欲望的，便是与此性质相同的功能。这种功能如果能从被监视的幻想中分析出来，我便懂得这种功能起源于何处，那是受父母、师长及社会的影响并通过这些典范自比的过程而产生的。

上文所述乃是精神分析应用于自恋型精神病的研究所得的一些结果。可惜终是太少，尚有许多未能使我们明白的概念，我们只有通过对新材料多年的研究才可以完全掌握这些概念。这些结果之所以成立，是因为应用了自我原欲或自恋原欲的概念；这些概念的相助，使得我们可将转移性精神病的成果推而广之，来解释自恋型精神病。但是你们现在会问：自恋型精神病及其他精神病的所有失调现象，能否都可用原欲说的理论予以解释？是否可以在病症的发展中发现精神生活里无所不在的原欲因素？是否可以完全不把病症的成因归于自我保存本能的失常？我认为这些问题的解释似乎不太重要；而且，我们现在还无法对此做出答复；我们尽可静等将来的科学来解决。据我推想，那时必然会证明这种致病的能力乃是原欲的冲动所独有的。因此，"原欲说"的理论无论是对于实际的神经病或是最为严重的精神病，即个人分裂的精神病，都可大获成功。我深深知道，原欲的特征便是不顺从现实原则及需要的支配。不过，我又认为自我本能与此处也必然有连带的关系，原欲既然有致病的情感，于是自我本能的机能不得已而受到侵扰。即使我们承认，在严重的精神病中自我本能是最主要的受害者，我们的研究方向也绝对不会由此而失去作用；这些且让未来作决定吧。

现在，我们暂且回来再谈谈焦虑，希望能对我们之前的不了解之处作出说明。我们曾说，焦虑与原欲的关系原本就相当明确，不过要与下面一个不可否认的假说互相调和，恐怕不易。即由于危险而发生的真实的焦虑是自我本能的一种表示。不过，假如焦虑的情绪非源于自我本能而是源自原欲，我们又将如何应付呢？焦虑的情绪常常足以伤身而有余，程度越高，危害也越显著。它频繁地侵扰着唯一可保全自我的行动，无论它是逃避或自卫。因此，假如我们将真实的焦虑的情绪成分归于自我原欲，并把其所采取的行动归属于自我本能，于是一切理论上的难题便可迎刃而解。你们也不会主张我们知道恐惧而逃避。我们之所以因恐惧而逃避，乃是起源于对危险的知觉而引发的同种冲动。历经危险而幸存的人，是因为他们冷静地伺机而动，却不会因恐惧而使行为受阻，如举枪瞄准进攻的野兽，的确这便是最有利的方法。

第二十七讲 转移作用

诸位，现在我们的讨论已经接近尾声，你们必然心怀一种期望，不过可不能由此而产生一种误导。也许你们觉得我在讨论了精神分析种种复杂的难题之后，绝对不会在结束时不讲一讲关于治疗的问题，精神分析的工作终究是以治疗为归宿的。事实上，这个问题我绝不会略而不述的；因为我还要告诉你们一个与治疗现象相联系的新的事实。假如没有这些认知，你们将很难深刻了解之前一直在研究的各种病症。

我想，你们急切想知道的并非实际的精神分析治疗的技术指导，而是要了解精神分析治疗的一般方法内容与大致的成就。当然，没有谁可以否认你们有权利知道这些事情；不过，我可不想告诉你们，我更主张你们自己摸索了解。

大家请想一想，但凡重要的事实，从病症产生的各种起因到种种症状与患者内心的因素，你们都已了解了吧。那么，究竟哪一点上可接受分析治疗的影响呢？首先是遗传的倾向，这个问题在别的学科那里所讲的已是足够，我们不再详述，而且也没有新的内容可以讨论。然而，你们不要因此而认为我们可以轻视它；我们研究精神分析，自然相当了解这个问题的影响力。无论如何，我们不能使遗传发生改变；这是一种既定的事实，使我们努力的范围有所限定。其次，是儿时经验的影响，这在精神分析常常是最为重要的材料；它们都是过去式的，我们对此当是无可奈何。第三，是其生命里的一切不幸遭遇，即"现实上的挫折"，由此引起生命过程里爱的缺失如贫穷、家庭失和、婚姻失败、愤世嫉俗及道德苛求，等等。虽然在这些方面都可以收到很好的治疗效果，不过它也必须遵照维也纳传说中的约瑟王施恩降祸的老办法，指人以路才能使人尽顺从，灾难从而烟消云散；但是我们都是何等样人，也能广施治疗法的恩惠于患者吗？我们只是凭医术来谋求生计，在社会上堪称既无权又无势，又不像其他医生那样医治穷人，我们的治疗方法需要花费较长的时间和精神。但是，你们坚定地认为，我们之前所讲的种种因素必然有一种可接受治疗的可能。假如是社会道德剥夺了患者的快乐，我们在治疗时可告知并鼓励患者冲出这些障碍的樊篱，不惜放弃理想去换取快乐和健康，理想尽管备受推崇，而世上弃之不顾的也不乏其人。然而，健康或许由于"任性的生活"而得，精神分析必然会因此而沾染不符合道德的污点：使个人受益却于社会有碍。

　　这种关于精神分析的错误的印象你们是从何处得来的呢？当然，精神分析疗法中有劝人"随心所欲地生活"的部分，那是由于对患者而言，原欲的欲望与性的压制，或者说纵欲与禁欲之间其感官有一种矛盾冲突。这种矛盾并非以其中一方压倒另一方便可以解决了。对于精神病患者来说，虽然禁欲主义能一时获胜，那些被忽视的压抑性的生活的力量转而去病症里求得满足的补偿；反之亦然。这两种方法皆不能使心中的矛盾予以消解，总有一方无法求得满足。而那些矛盾冲突并不激烈，医生的劝告也能稍稍有效的病例实属少见，并且这样的情形就用不着精神分析了。那些容易感受医生影响的人们，即便没有影响也必然可自求解决。事实上，假如某个禁欲的男人想要非法的性交，或者某位性生活不满足的妻子想要找位情人，他们绝不需要医生或精神分析家的应允。

　　往往，人们在讨论这个问题时容易忽略整个问题的关键所在，即精神病患者致病的矛盾与正常人的各种矛盾冲突争衡是不同的，正常争衡的两种相反的冲动处于同一个心理领域，而引起精神病的矛盾中，两种力量必有其一进入了前意识或意识的平面中，另外一种则被禁止于潜意识领域里。所以，这种矛盾并非任何一方所能了结的；这两种敌对势力，在实际上，无异于一个天南，一个地北。如果使矛盾消解，便必须两者相遇于同一领域。我认为这便是精神分析的工作。

　　此外，假如你们还认为精神分析治疗对于劝导人生或指示行为也是不可或缺的，那么你们不免又走进了一个误区。事实上，我们竭力避免成为导师的角色，我们所期望的是患者自行解救。为实现这个目标，我们往往劝说患者，在对其进行分析疗法时，暂且不要对生命中的重大事件做出决断，例如，事业、婚姻或离婚等，且等治疗结束再说。或许你们并没有想到这一点吧。关于那些年轻人或无法自立的人自然不做此限制。他们所需要的便是医生兼教育家的角色，我们只好勉为其难，此时我们应深知肩负重任，处理问题也格外慎重了。

不过，当我们为鼓励精神病患者"随心所欲地生活"受指责而辩解时，请不要误解我们就是传统道德的卫道士了。它们都与我们的治疗目的无关。我们只是观察者而不是社会改良家；所谓的观察当然离不开批判，所以，我们不可能对传统的道德坚决拥护或者对社会关于性的问题的处置予以赞美。我们不难了解所谓的社会道德常常是付出了过多的牺牲，也明白所谓道德的行为必然难免虚伪，并且毫无智慧。我们对于患者是不会隐瞒道德的欺骗性的，务必使他们对性的问题的看法同其他各种问题一样，思考问题时习惯于摒弃偏见；假如他们在治疗结束以后，可以在纵欲和禁欲之间协调适中，则无论结果怎样，我们便不至于受良心的谴责了。不管哪一个人，在经过训练而认识了真理之后，便可能抵抗种种不符合道德的危险力量了，或许他的道德标准的某个方面与其他人并不一致。关于禁欲所引起的精神病症，我们无须过高地作出评价；而那些为数不多的因原欲的积累而致病的种种症状，则在不必费力的性交中便可解决。

所以，我们不能假设精神分析的治疗效果，必然要患者放纵性生活；我们必须寻求别的解释。还记得我在对你们的这个想象作辩解时，说过这样一句话，也许能使你们获得正确的理解。精神分析之所以有疗效，乃是用一种意识的事物替代了某种潜意识的事物，因而把潜意识的思想转换成意识的思想。你们若是这样想，就掌握了问题的关键。我们将潜意识转化为意识，即潜意识扩大而进入了意识领域，因此压抑作用消除，症候于是被消解，那么两种致病的冲突势力总能成为正常状态下的矛盾。精神分析所做的便是使得患者出现这种心理的改造，这样的改造能达到什么程度，那么患者也将得到同样程度的利益。假如，压抑作用消失或类似于压抑的心理过程也全部解除了，则我们的治疗便宣告完成。

现在，我们将努力的目标以各种不同的公式表达出来：即潜意识转化为意识，解除压抑作用，或者填补缺失了的记忆等，实际上它们所指的皆是一件事。或许你们并不满意这种说法，认为精神病患者的恢复应该大不一样，接受了精神分析治疗以后他应该变成完全不同于以前的人物；不过你们也了解，整个分析治疗的过程只是使潜意识的材料较以前稍减，而意识的材料稍增多而已。或许你们对这种改造内心的重要性不甚了解。接受了分析治疗的精神病患者虽然在骨子里与以前相同，然而他的确变成了一个不同的人，即，如今的他可以配合自己的条件转变成最好的状态。如此便不是一件无所谓的事件了。假如，你们了解我们的所有成果，就能了解我们以最大的努力来引发这种在心里看似不起眼的改造，那么你们便会理解各个阶段心理差异的重要性了。

现在，让我暂且离开主题，来跟你们谈谈所谓的"原因疗法"有哪些意义。一种治疗方法，如果抛开病症的外在表现，而寻求一个切入点来消解它的病源，便称之为"原因疗法"。那么，精神分析是否就是一种原因疗法呢？要回答这个问题并非易事，不过我们也由此深信这类问题的不切实际。精神分析治疗的目的自然不是直接消除疾病的症候，它与原因疗法的实施大体一致。然而，在其他的方面二者也不相同，我们寻求病源病因，要大大超出压抑作用本身，深入其本能的倾向及结构，直到这些本能的发展的失常等。假如我们能以化学的方法来实施心理机制的改造，可随时增减原欲的分量或牺牲一种冲动而使得另一种冲动增强，这便是真正的原因疗法，我们的精神分析便成为观察原因的不可或缺的第一步的工作。不过，你们也了解如今还没有一种影响可达到原欲的心理过程；精神分析疗法所选的便是朝向因果系列的另一点上进攻，它不在症候之上，而是在于较远的症候的下层；这个地方只有在一种非常特殊的情形下，我们才可接近它们。

如此，我们究竟怎样才能使得患者的潜意识进入到意识之中呢？之前我们认为事情很简单，只要把这种潜意识的材料告知患者便可完事了。不过，现在我们了解到此乃谬误，皆因目光短浅所致。我们所了解的他的潜意识与患者自己所知道的潜意识二者并不同一。即便我们将这些潜意识信息告诉患者，他也不可能予以同化来代替自己潜意识里的思想，充其量也只是兼容，实际上极少改变。因此，我们不得不寻求其他如形势的观点来处理潜意识的信息；从患者的记忆里寻求最初产生压抑作用的因素。首先必须使这种压抑作用消失，然后，潜意识的思想转换为意识的思想的工作才能立即完成。然而，该如何使得压抑作用消失呢？于是，我们的工作便进入下一阶段，即消除压抑作用赖以维持的抵抗力。如此，第一阶段发现压抑，第二阶段消除压抑。

那么，这个抵抗力要怎样才能消除呢？方法仍然是首先找出抵抗力的根源，告知患者。关于抵抗力都是为抵抗一种不舒适的冲动所引起，或是我们要消除的压抑，或是更早活动的压抑。所以，我们要做的也只是重复以前的方式，即进行分析和验证之后告知患者。然而，此时我们要适得正道以行。那些抵抗力乃是自我本能，并不属于潜意识的，因此，自我本能必须与我们合作，即便它不属于意识也无妨。之前我们了解到"潜意识"在这里有两种含义：一是指一种现象，二是指一个系统。听起来它好像模糊不清，不过也只是在重复我们之前讲的内容而已。在前面的演讲中我们早已谈到，假如我们通过分析而发现这种反抗力的所在，便可望这种抵抗力可以消失，抗拒作用因此而消解。然而，我们有何种本能的动力可供支配，来推动这件事的成功呢？首先是患者渴求恢复健康的欲望，使其甘愿配合我们；其次是理智的作用，我们的分析可增强病人理智的力量。如果我们对他稍作提示，他就很容易地运用理智发现抵抗力，从而在潜意识里寻到与抵抗力相当的观念。假使我告诉你："仰头看天，就会看见一个氢气球"，或者假使我只请你抬头看天，问你能看见什么，那当然是在前一种条件下，较容易看见氢气球。正如学生初次使用显微镜观察事物，教授们必须告知所看为何物，不然的话，即便镜下有物，他也看不出什么来。

现在，我们来讨论一些事实。关于精神病的各种形式，例如，癔症、焦虑性精神病、强迫性精神病等，我们的理论非常可靠。我们用这个方法所寻得的压抑、抵抗力以及受压抑作用控制的观念在何处，就可以使得抵抗力和压抑消失，从而使潜意识的思想进入意识之中。我们在实施这种方法时，立刻便感到每当克服了一种阻力时，患者的内心就有一种激烈的决斗如火如荼，处于同一领域的心理冲突的常态争衡，此方为援助抵抗力的动力，彼方则是打消抵抗力的动机。我们希望由此解决这个矛盾，消除症候。因此，我们成功地将之前由于压抑作用而暂时和解的争斗再度引起，作为我们的新贡献。那就是：首先，要使患者明白旧的方法足以致病，而新的方法必然恢复健康；其次，告知病人那些本能的冲动在遭到抗拒之后，情形已大不相同。彼时自我尚且柔弱，恐惧于原欲的诸多危险而试图退缩；如今的自我非常强大且经验丰富，并且幸得医生相助。所以，我们希望再次引发这种矛盾，使之比压抑作用有更圆满的结果；若是你们尚有怀疑，我们便列举在癔症、焦虑性精神病及强迫性精神病中治疗成功的事例作为证明。

除此之外，关于其他类型的精神病，虽然情形相似，然而我们的治疗方法却不能奏效。在这些病症之中，自我及原欲之间也发生一种冲突而形成了压抑，而形成压抑的这种冲突与转移性精神病的冲突在形势上略有区别。同样的，我们也由患者的生活中追溯压抑所发生的那个点；我们也用同样的方法，胸有成竹，给予他同样的帮助，告知他所要求得到的事情；并且，现在与压抑作用形成时的时间差距恰好对冲突的良好结局很有利。但是，我们却不能成功地克服一种阻碍作用，使一种抵抗力消失。例如，妄想症、抑郁症及精神分裂症的患者，或许他们不受精神分析的影响。这究竟是什么原因呢？难道是因为智力的不足吗？接受精神分析的治疗需要有一定的智力，不过，对于那些最聪明的、能进行演绎推论的妄想症患者而言，其智力不如他人吗？而其他的动力都没有欠缺；抑郁症患者与妄想症患者有所不同，他们对自己的痛苦认识深刻，只是这并不能促使他们易于接受精神分析的影响。所以，我们遇到了一种完全没有了解的事情，我们不能不怀疑自己是否真的有能力了解并治疗其他精神病。

现在，我们如果专心讨论癔症和强迫性精神病，立刻便会遇到第二个出乎意料的事实。患者在接受简单的分析治疗以后，对于我们便产生了一种特殊的行为。我们认为已对影响治疗的一切力量，都予以相当的关注，并且对患者和医生之间的情境进行了充分的考量，从而得到一个最为可靠的方案；然而，好像有什么我们没有考虑到的因素突然入侵。这个新的意外现象本身乃是复杂异常；因此，我首先列举若干常见而又简单的事例加以略述。

作为患者，原本应该只关心自己的心理冲突是否解决，他却逐渐对医生产生一种特殊的兴趣。所有与医生有关的事情对他而言，似乎比自己的事都更加重要，于是他不再把注意力集中于自己的病情。一时间，他特别顺从医生的安排，竭力表示感激之情，与医生的关系也变得很和善，处处显现出人意料的美德。因此，分析家对于患者也很有好感，深感能治疗如此和善的患者多么幸运。病人对精神分析家也赞不绝口，认为他集各种美德于一身，他若有机会见到患者的亲属，也会听到对他的尊重称赞之词；亲属们告诉他："他对您非常敬佩，非常信任；您说的话对他来讲无异于天理。"这时候，或许有明眼人插入一句话："除了您之外，他不会说任何其他的事，他总是引用您说的话，简直令人讨厌。"

当然，医生此时非常谦逊，认为患者尊重他无非是希望他治愈他的病症，再者便是治疗的过程，使患者增加了前所未有的知识。在这种情形之下，分析治疗呈现出惊人的进展，对于医生的暗示患者很是了解并集中注意力于症候的治疗，因此，分析时需要的材料，即他的回忆及联想唾手可得；而他的解释也正确可靠以致分析家也深感惊奇，认为外界对这些新的心理学理论多为反对，而患者却是甘愿接受，简直是令人兴奋不已。既然分析治疗如此和睦，患者的病情自然渐渐好转。

但是，这种好光景并不会长久，终有一天愁云惨淡。于是，分析治疗遇到了停滞，患者已经没有什么可以陈述的了。我们无疑地觉得有他对于这种工作没了兴趣；有时候让他表达出心中所想的事情而不必有意见，他也充耳不闻。此时，治疗情境不再能影响他的言行；就像他从不曾与医生有过合作的承诺或契约什么的；从表面上看，显然他被那不可告人的意图分散了注意力。这种状况下治疗很难继续，原因就在于有一种新的抵抗力产生了。事情的详细经过究竟怎样呢？

假如这种状况是可以了解的，那么这种扰乱的原因就是患者对于医生本人的那种强烈的友爱的情感，医生的行为及医患关系都不能对此做出合理的解释。这种情感的表达方式及目标，应该因两人的情形而不尽相同。

假如是一位少女和一个年轻的男子,将被认为是正常的;一位少女常与一位男子独处,谈的又都是心腹之事,并且男子处在指导者的位置,因此她对他心生爱慕,实在自然不过了;不过,一位精神病女子的爱的表现难免有些许程度的非常态情形,这些事实暂且不论。如果两个人之间的情境与上述假设的例子距离越大,那么这种倾慕之情也就更加不可解。假如有位年轻的少妇婚姻不幸,医生也尚未有所爱,她对他有强烈的感情而甘愿离婚与他结合,或者离婚之事已不可能而与他私下相恋,这也是可以理解的。除了精神分析以外,这样的事情也是很常见的。但是,在这样的情境里,女子或妇女常常有这种惊人的供述,她们对于病情的治疗也秉持一种特殊的态度:她们知道,除了爱情再没有别的方法可以治疗她们,她们最初就希望,从这样的关系中或最终可以获得现实生活中所缺乏的安慰。有了这种期望,她们容忍精神分析的诸多麻烦,不惜剖析自己的内心。我们可以再补充一下:"因此,对于那些难以接受的事情才会更加了解。"但是这些供述实在令我们惊骇,我们的一切考量全部化为乌有了。在整个问题中,我们将这个最为重要的元素忽略掉了吗?

然而这的确是事实;并且我们的经验越丰富,这种新元素也更不易否认,它改变了整个问题,也羞煞了我们的科学估算。我们想到,最初几次时我们认为那只是分析治疗所面临的一个意外的阻碍。然而,这种对医生的垂爱即便在最不合理或最荒唐可笑的情境之中,也丝毫不见所谓的引诱可言,如一位老妇人和白发苍苍的医生之间,亦不可免。如此,我们就不能再把这些事视为意外,而是必须承认它其实与症候的性质确实密切相关。

这个我们必须承认的新的事实可称为"转移作用",是指患者转移情感移至医生身上,由于接受治疗时的情境,势必无法解释这种情感的起源。我们更怀疑的是,这种情感起源于其他的方面,即它先前已经在患者内心形成,之后趁此机会转移至医生。这种情感转移的表达可以一种热烈的方式求爱,也可以是比较温柔的方式。如一位少妇与一位老翁,尽管她不想成为其妻子或情人,也极可能想成为其女儿,原欲的欲望稍作改变,就可成为一种柏拉图式的理想的友谊的期望。一些妇女了解怎样使自己的情感转移得到升华,使这种情感的存在天经地义;另一些人仅以较粗放的、原始的甚至几乎不可能的形式来表达。不过，其本质基本相同，有着共同的起源，乃是有目共睹的。

假如要对这个新的事实限制以范围，须作一点补充说明。例如，男性患者又是怎样的情形呢？在这里，我们希望至少不存在性别或性的吸引的麻烦。不过，他们的情形基本上与妇人相仿；同样对医生产生仰慕之心，极力夸赞他的品质，顺从他的一切安排，也对所有与他相关的人心怀妒意。情感转移的升华多发生在同性的男子之间，并且极少有直接的性爱，正如患者所表现的同性爱恋的倾向都可转换为其他方式来表达。男性患者有一种特殊的表现方式，乃是分析家所常见的；这种方式乍看似乎与上述的情形适得其反，那便是一种消极的或反抗性的情感转移。

转移作用在治疗开始时便于患者内心产生，而成为最强大的动力。它的结果如果是促使患者积极合作，那么便有利于治疗的进行，自然也不易引人注意或被发现；相反，如果成为一种抵抗力量，就不得不引人注目了；此时有两种截然相反的心理活动使得患者改变对于治疗的态度：其一，情爱的力量过于强烈，肉欲之势崭露头角，因此便引起内心对自我的反抗；其二，友爱的情感一时间变成了敌视。大体上看，敌视情感的发生往往比友爱情感较晚，并隐藏于友爱的情感背后；假如两种情感同时发生，就会成为情绪冲突的好例子，这种情绪的冲突支配着人们的所有最亲近的关系。因此，敌视或友爱的情感都是依恋情感的一种表达形式，正如反抗与服从虽然相反，却都依赖于他人而存在。患者对于分析者的敌视当然也属于一种情感转移，由于治疗的情境并非这种情感产生的原因，以此来看待消极的情感转移，与上面所说的积极的情感转移的观点是一致的。

这种转移作用的起源究竟在何处？它将给我们的精神分析带来怎样的困难？我们又将如何克服这些困难？又将因此而获得什么样的便利？关于这些问题，我们在专门讨论精神分析疗法时，再逐一论述。患者因为受到转移作用的影响而对我们有所要求，当然我们要顺从他们的要求；否则，如果横加斥责，则未免太蠢了。假如要使他克服转移作用，不妨直接以事实告知，向他解释他的倾慕并非在现在的情境中产生的，自然与医生毫无关系，只是他的某种过去的再现而已。所以，我们要求他把这种再现重新归到回忆里。这时，看似为治疗的最大障碍的转移作用，不管是友爱的或敌视的，都可转变成于治疗有利的最便利工具，来揭露其心灵最深处的事情。但是，这种意外的现象不免使你们惊异万分，于是，我还要就因此而产生的不愉快的现象约略说上几句。你们要记得，我们所分析的患者的病情并不能说是已告结束，它正如生物体那样不停地发展着。而开始的治疗并不足以制止这个发展，因此患者一旦接受治疗，便集中所有的注意力于一个方向。所以，转移作用就好像是一棵树表皮层与木材层之间的新生层，它有新的组织得以形成而使树的半径逐渐扩大。情感的转移作用如果发展为这种情形，那么患者的回忆及联想便退居次要的位置。这时，我们要将旧的症候抛开，转向新症候的治疗上来。关于这些旧病的新版本，分析家们可以追溯到它的起始、发展和变化，由于他本人便是这件事的核心目标，于是他对这个经过非常熟悉。患者的所有症候都失去了原来的意义，代之以新的意义；这个新意义包含于症候对于转移作用之中；否则，只有那些可作为这种适应的症候才没有被消灭。假如我们可望治愈这种新型的精神病，即等于将原有的症候也一并治愈，也就是说，我们完成了治疗的所有工作。患者与医生如果能恢复正常的关系，并摆脱压抑的本能倾向的影响，那么在离开了医生之后，也能得到长期的健康。

对于癔症、焦虑性精神病和强迫性精神病等而言，转移作用对它们的治疗绝对重要，所以这些病症都同属于"转移性精神病"。无论是谁，如果能从精神分析的经验之中获得一个关于情感转移的事实的准确的印象，就不至于再对那些通过症候求得发泄的被压抑的冲动有什么样的性质；这些冲动有着原欲的意味，此外再找不出更强有力的证据了。因此，我们说在研究了情感转移的现象以后，我们更加深信症候的意义确实为原欲的替代的满足。

但是，我们认为现在应该将之前对于治疗作用的概念加以更正，来求得与这个新发现互相一致。在我们应用精神分析法而求得以抵抗力来解决正常的冲突时，他渴求一种强大的力量，帮助他达到我们对他的要求，进而恢复健康。不然，他必然将重蹈覆辙，使进入到意识里的观念重又为压抑作用所制。斗争的结果并不取决于他的理解力，因为他的理解力不够强大，又没有自由，不足以取得此般成就；而是取决于他与医生的关系。如果情感的转移作用为积极的，他就会认为医生是权威的代表，对于他的观点深信不疑。假如没有引起转移作用或者转移作用是消极的，那么，分析家和他的观察就很难再引起患者的注意了。信赖的来源便是爱，是不需要什么理由的。如果不是由所爱的人提出的，就不会被列入重要事件而考虑。没有了爱作为他的支撑，就不能对大部分的人产生影响。因此，一个人在智力方面来说，只有在原欲作用于客体时，才会被他人所影响；我们认为对于有自恋倾向的人们来说，最优良的精神分析，恐怕也是英雄无用武之地。这样的观点是相当有道理的。

当然，每个正常人都有一种能力可以把自己的原欲作用于他人；精神病患者的这种转移情感的倾向只是这一共性中较为突出的现象而已。如此重要的普遍的共性，竟然没有引起关注或被利用，难道不是很奇怪吗？事实上，已经有人注意到它并进行利用了。伯恩海姆凭着他敏锐的思维而建立的"催眠说"理论体系，前提便是依据人类多少都受到暗示或具有"可接受暗示"的可能。他所说的"可接受暗示性"也就是一种情感转移的倾向，不过他把这种倾向的范围大大缩小了，致使这种消极的转移作用被排除在外了。但是，伯恩海姆却不曾说过什么是暗示，它是如何起源的；他认为这已是一个不争的事实。他也不了解"可接受暗示性"依赖于性的或原欲的活动。因此我们不得不承认，为了在转移作用里发现暗示的性质，我们必须放弃在催眠的状态中进行治疗。

现在，我要暂时停下来，让你们对之前的讨论加以回味，听听你们的意见。我相信，此时你们的思想必然会有一种强烈的抗议，若是不给你们发言的机会，恐怕大家将无心听讲了。你们肯定想要说："如此你是承认了和催眠专家那样向暗示来求助了。我们一向都是这么认为的。不过，你们为什么如此曲折地去寻求以往的经验，创造了潜意识的材料，分析种种伪装作用，消磨了如此多的时间、精力和钱财，最后还不是要用暗示来作为有效的帮助吗？为什么你也要用暗示来治疗精神病的症候呢？再者，假如你仍然用如此曲折的方式治疗，可使得直接暗示背后所隐藏的诸多重要的心理学现象显现出来，那又有谁来证实这些事实的可信呢？它们同样也是暗示或意外暗示的产物，不是吗？你难道不能采用这种方式，来让患者接受你所认为正确的一切事物吗？"

你们这些异议很耐人寻味，当然我必须予以回答。不过今天不行了，时间已晚，且等下次再作详述。你们要相信我是必然要作答复的。那么，现在我必须对今天所讲的内容作一结束。我曾答应你们以情感转移的作用，来分析我们的治疗为什么对自恋精神病未能有效。

这种现象我用几句话加以说明就足够了，你们就了解这个谜是如何轻易地被猜透，每个事实是怎样圆满巧妙地贯通一气的。经验表明，自恋型精神病患者是没有情感转移能力的，即便有也是具体的、微乎其微的。他们之所以离开医生，非因敌视而是漠视。因此，他们不易受医生的影响；他们对医生的话只是冷漠以对，没什么印象，所以对其他病症有疗效的方法，对他们却没有作用。他们总是依然如故，常常屡次想靠自己的力量恢复健康，反而招致病态的结果，对此我们也是爱莫能助。

根据我们对于这类患者的临床观察，他们必然是将原欲对客体的投注予以放弃了，而把客体的原欲转换成了自我的原欲。这一点我们也曾说过。所以，这种精神病与癔症、焦虑性精神病及强迫性精神病都不同。这个推想也能由他们接受治疗时的行为中得到印证。由于他们的情感转移能力的缺乏，因此，我们无法治疗他们。

第二十八讲　精神分析疗法

诸位，今天我们要讨论的主题想必你们已是知道的了。在上次演讲中，在我承认精神分析疗法的效果有赖于情感转移或暗示时，你们曾提出异议，为何不采用直接的暗示，从而将下面的这个问题引了出来：即我们承认了暗示具有如此重要的地位时，我们是否还能保证心理学的发现的客观性呢？我也答应你们对这个问题作出完满的回答。

直接暗示是指根据症候采用直接抗拒的暗示，它是你的权威与疾病的动机间的一种挑战。在这种挑战里，你不必过问这些动机，只要患者不显示任何的病症。或者说，你是不是将患者催眠，便是毫无差别。伯恩海姆独具慧眼，多次指出暗示在实质上具有一种催眠的材质，催眠本身就是暗示的结果，是一种受到暗示的状态；伯恩海姆喜欢清醒时实施暗示，这种暗示和催眠下的暗示结果完全相同。

现在，我究竟是先讲述经验的结果呢，还是先进行理论的探讨？

那么，我们先从经验开始吧。1889年，我去南锡拜访伯恩海姆先生，成为他的一名学生，并将他的关于暗示的著作译成了德文。多年来，我都在采用暗示的治疗，一开始采用"禁止性暗示"，到后来，我结合了布洛伊尔的查问病人心理的询问法，所以，我已有充足的经验进行推论暗示或催眠疗法的结论了。

根据古人对于医学的见解，最为理想的治疗方法必须迅速而有效，结果值得信赖，并且不被患者所厌恶。伯恩海姆的暗示法完全符合其中的两项要求。这种方法比分析法要迅捷，并且不会使患者产生不愉快的情感。然而，从医生的角度来看，到底单调许多；无论怎样的患者它所采用的方法皆相同，只是阻止各种不同病症的发生，并不去了解各种症候的意义或是否重要。这样的治疗是机械的而不是科学的，染有江湖术士的欺骗色彩，然而为了患者的健康，我们则不必计较太多。不过，从这种理想治疗法的第三个条件来说，催眠术堪称绝对失败了，其结果并不可靠。一些病症可采用这种治疗法，一些却不能；有些病症采用这种治疗方法效果显著，另一些病症则收效甚微，其原因却不得而知。不过，最令人遗憾的乃是治疗的结果并不能持久，经过了一段时间，再向患者谈及，总会出现病情复发或转为其他病症的情况，这时候便需要再次的催眠。不过，有经验丰富者便会警告患者，劝阻他不要由于多次的睡眠而使自己好像服用麻醉药那样，失去自我的独立性，嗜此成癖。从另一方面来说，在实施催眠疗法后，有时便达到了以最少的付出收到完全治愈的效果；不过收效的条件却难以理解。有一次，我有了较短时间的催眠治疗，医好了一位病患，那是一位妇女，突然她对我很敌视，并且是没有缘故的，结果病情复发；再后来，我与她达成和解并医好了她的病，然而，她突然又对我恨之入骨。另外一次，我治疗一位患者，也是一位妇女，病症十分顽固，我曾经多次解除她的精神病的症候，不过在我进行诊断时，她突然张开双臂环抱我的颈项。不管你是否喜欢，鉴于这种情形的出现，我们便不能不对暗示性权威的起源和性质加以研究了。

　　关于经验的讨论就到此结束了。综上所述可知，抛开直接暗示法，未必不能以其他方法取而代之。现在，我将这些事实联系起来加以解释。暗示疗法对医生的要求稍多些，而对患者的要求则较少。这种方法大多数的医生都表示接受。医生曾对神经过敏的患者说："你只是有些神经过敏而已，没有什么病，而我可以在五分钟内简单说几句话，便可令你们的症状完全消失。"不过，这里有一个最低程度的限制的努力，并不适用任何的治疗方法便可完全治好一种重疾，这未免有些违背我们力所能及的普通信仰了。假如可以把各种疾病的症候加以比较，则由经验来看，直接暗示的疗法并不能治愈精神病。不过我也了解这个论点并不是完美而无懈可击的，例外的事件也总是有的。

　　依据对精神分析的经验可以了解到，催眠的暗示与精神分析的暗示有以下几点区别：一，催眠技术的治疗必然粉饰患者心中隐秘的事件；而精神分析则暴露隐事而后予以消除。前者是伪装，后者则是实施手术。前者并不直接暗示症状，反而增加了压抑作用的力量，也不能改变症候形成的一切历程。后者则由分析引起症候的冲突之中寻求病发的原因所在；利用暗示，改变这些冲突的最后结局。催眠疗法则不允许患者做任何活动，当然也不作任何改变，所以一旦出现新的诱因，更无法抵抗了。精神分析要求患者像医生那样去努力从而使得内心的压抑作用可以消失，这种压抑如能克服，则患者的心理生活便有了持久的改变，并有较高级的发展，于是对旧病复发便有了抵御的力量。使压抑作用产生的抗拒得以消失便是精神分析疗法的主要成就；患者须有这样的能力，医生才可以用"教育性"的暗示实施治疗以帮助患者。因此，我们说，精神分析疗法可称为"再教育性"的治疗。

现在，我希望你们已经了解精神分析采用的暗示和催眠疗法的暗示有所不同了；前者只以此作为辅助治疗，后者则专靠暗示。我们既然已把暗示的影响追溯至情感转移的作用上，因此你们应更加清楚催眠治疗的结果多么不可靠，精神分析疗法自然也是较为持久了。催眠术治疗成功与否，全凭患者的情感转移作用的条件而定，这些条件不受我们的影响；某个接受催眠的患者对于情感转移的作用常常很消极，充其量也是两极性的或者采取特殊的态度来抗拒着情感的转移，我们毫无把握。而精神分析则是直接作用于情感转移的作用，使之自由发展从而为治疗施以援手。所以，我们尽可能利用暗示进行控制；患者便不能再随心所欲地自由支配其暗示接受性，如果他有接受暗示的可能，我们便对这种暗示接受性进行利导。

现在，你们也许认为，不管精神分析背后的原动力是情感转移或是暗示，它对患者的影响都使我们对所发现的客观性及准确性产生了怀疑。"治疗有利而研究有害"，这是精神分析的反对者们常说的话；尽管这些话很无理，不过我们却不能因此而弃之不顾。假如它是有一点道理的，精神分析便成为暗示治疗技术里最为特殊的变式，因而也是最有成效的一种；那些关于患者的以往的经验、心理的动机和潜意识等的理念便不必被重视了。的确，那些反对者都是如此想的；他们认为那些所谓的性的经验，都由我们事先设想出来的，然后再将这些经验的意义或其本身"注入患者的心灵之中"。要反驳这些指责，用经验的证据要比用理论的力量更使人满意。实施过精神分析的任何人都深知这种方法是不能给予患者任何暗示的。当然，想要使患者成为某种理论的信徒，误信医生，仿佛医生的弟子一样，做到这些并不难。但是，在这种情境下，我们采取这种方法只是影响他的智力，而对他的病情却不产生作用。然而，在我们要求他叙述自己内心所寻找的事情时，与他自己的内心实际存在的事情相当，他就可以解决冲突从而克服抵抗力。精神分析在进行时，将把医生的错误推想逐渐地消灭，而以正确的意见取而代之。我们的目标在于应用一种很慎重的分析技术，阻止因暗示所形成的暂时的成功，不过即便成功也无妨，我们并不将最初的疗效即视为满足。我们认为，如果各处疑难的症状问题没有解决、缺失的记忆无法补充、压抑作用的原因尚未找到，那么，精神分析的工作便没有完成；假如时机尚未成熟，过早地产生结果，我们便要把这些视为精神分析的工作障碍，而不是精神分析的推动力，因此，我们必然要不断地解除形成这些障碍的情感转移的作用，并否认已经取得的治疗效果。总之，精神分析的特点，足以使分析疗法与纯粹的暗示法区别开，而分析疗法所取得的效果也有别于暗示所取得的疗效。在其他的暗示疗法中，情感转移作用都完好地保存起来，而只有精神分析疗法情感转移本身便是治疗的对象，并经常不断地对它的各种形式进行剖析和研究。在分析治疗结束时，情感转移的作用本身也将因此而消灭，因此，治疗结束后的效果是持久的成功的，不过这个成功必定不以暗示为基础，而是因为患者的内心已发生的转换，其内心的抵抗力在暗示的协助下已被克服了。

在分析治疗时，预防暗示所产生的片面的影响就必然要不断地与抵抗力战斗，这些抵抗力较易于将自己伪装成消极的敌视情感。我们也必须注意到这样的一个论证：分析疗法可有众多的结果，或由怀疑及暗示所引起，事实上可用其他材料以佐证并非如此。例如痴呆症患者及妄想症患者，便没有被暗示所影响的可能了。不过，这类患者所说的侵扰意识里的幻想与象征的转化，等等，都与我们所研究的转移性精神病患者的潜意识的结果相一致，因此，我们的分析尽管常遭到质疑，也的确为客观的证据所证实。我认为，如果你们信赖这些方面的分析，必然不至于出现多大差错。

现在，我们要用原欲说的理论完成精神分析的治疗作用的论述。精神病患者既没有享乐的能力，也缺乏成事的能力；因为他的原欲所依附的本非实物，最后由于将原欲保护在压抑作用之下而消耗了过多的能力，其所剩无几的能力就不足以表现自我了。假如其原欲与自我不再有冲突，自我又可以支配原欲，他就不会再有病了。因此说，我们的治疗工作在于释放原欲，使他摆脱以前的迷恋之物（当然我们接触不到这些迷恋之物），从而重新服务自我。那么，精神病患者的原欲究竟在何处？要找到它很容易，它依附于病患的症候之上，症候给予它替代性的满足，满足当下的一切要求。所以，我们务必要控制患者的症候并予以消灭，而这些恰恰是患者所求于我们的工作。不过，要想消灭症候，则要先追溯至症候的源起之处，诊察它们之前的矛盾冲突，然后借助推动力的作用将这些冲突及矛盾引导至另一条出路上。如果我们要对压抑作用加以考察，便需要利用引起压抑作用的记忆的线索方可有一些效果。尤为重要的是，注意患者与医生的关系及情感转移的作用，使得早期的那些冲动再度重演，患者将会尽可能地仿效以前的行为，因此，我们引导他激发其内心所有的可用力量，寻得另一条出路。如此，情感转移的作用好像一个各种力量角逐争斗的决斗场。

所有的原欲及原欲的一切反抗力都集中于医生与患者的关系之中；所以，必须将原欲由症候中剥离出来，患者似乎将这种人工获得的情感转移作用或移情的错乱取代原来的病症，因而出现了所谓的医生的"幻想对象"，取代各种非现实的原欲的对象。因此，他借助于分析家的暗示，为这一对象进行新的争斗，并上升至最高层面的心理领域，其结果便转化成一种正常的心理冲突。所以，此时新的压抑作用得以避免，自我与原欲的反抗也至此结束，患者的内心自然恢复了一致性。原欲既然摆脱了那个暂时的对象即分析家，便也不能返回之前的对象，就回归自我服务了。在分析治疗时，我们所克服的力量，一方面当是自我对于原欲倾向的厌恶，并以压抑的倾向来表示；另一方面因为原欲的执著，不愿离开之前依恋的对象。

所以，分析治疗工作可分为两个阶段：第一，迫使原欲从症候中剥离出来，集中于情感转移的作用；第二，全力攻击移情作用释放原欲以获得自由。想要这种新的冲突有成功的结局，必然要消除压抑作用，使得原欲不再脱离自我而逃入潜意识里。由于患者的自我在分析家暗示的帮助下已发生改变，因此可望这件事获得成功。鉴于经潜意识的材料引入意识里的说明作用，使自我由于潜意识的消失而渐渐扩大自己的范围，教育因素的植入使它与原欲获得和解，因此自我亦自愿给予原欲某种程度的满足；自我也由于部分原欲的升华获得自由，对于原欲所求的畏惧也逐渐减少。我们所进行的分析治疗的经过越接近于这种理想的描述，那么治疗的效果便越大。这种治疗效果的唯一的障碍就是：其一，原欲缺少动力，不愿由客体离开；其二，乃是患者的自恋症，禁止某些客体情感转移的发展。那么，这个治愈过程的动力学将更为清晰地表述如下：我们经情感转移的作用使部分的原欲移至我们身边，于是便集合了原欲摆脱自我控制的全部力量了。

在这里，我们要了解由于分析治疗所引起的原欲的分配，还不能直接推断患者病发前的原欲倾向的性质。假如某个患者将自己对父亲的情感转移到分析家身上，并且疾病得以治愈，那么，我们切莫认为，因为他对父亲有一种潜意识的爱恋而致病的。"父爱的情感转移"不过是提供了一个决斗场，让我们对其原欲重新控制而已；关于其来源却是另有他处。敌人最重要的堡垒不必然就是决斗场；敌人要保卫首都，也不必然于都门前摆开战场。在情感转移的作用解除以后，我们便可以由想象里推断曾因疾病而被压抑的原欲的支配权了。

现在，我们再借助原欲说的理论来谈和梦相关的事。精神病患者的梦，与他的过失及自由联想相同，都将有助于求得症候的意义，从而发现原欲的倾向。在种种倾向上，欲望求得满足的形式将显示出，哪一种欲望的冲动受到了压抑作用，以及原欲离开自我以后依附于哪种客体。因此，梦的解析在精神分析中有很重要的地位，单指数量上，梦又是长期分析的最重要的工具。之前，我们已了解睡眠本身已使压抑作用得到减弱，因此被压抑的欲望便在梦里有着更加清楚的表达，比白天更甚。因此，梦的研究乃是一种研究被压抑的潜意识的最为便捷的方法，被压抑的潜意识也就脱离了自我的原欲寄托之处。

不过，精神病患者的梦与健康者的梦二者在本质上并无不同；表面上看它们根本无法区分。因此，我们关于精神病患者的梦的解析，不适用于对常人的梦加以说明，不免有违逻辑了。所以，我们不得不断定精神病与正常人的区别就是只在白天才可看出，梦的生活则没有两样。于是，我们便把精神病患者的梦与症候之间所得的结论应用于健康者，我们必须承认，在健康人的精神生活里也存在某些致梦或致病的因素；因此健康人也可以形成压抑作用，并且需要一定的精力予以维持，在他们的潜意识里也蕴藏着强有力的被压抑的冲动，其中部分的原欲也已脱离了自我的支配。因此，一个健康者本质上也可称为一个精神病患者，而他所唯一能形成症状的只有梦而已。实际上，如果你们对正常人醒时的生活进行研究，将发现一些与结论相矛盾的事实，因此，这个健康的生命似乎也有众多微不足道的症状存在。

所以，我们可以说神经质的健康和神经质的病态，也就是精神病的差异可以缩小至一个实际的差别，并且这个差别由实际的结果而定：这个人究竟享受生活到何种程度。这种差异或许可追溯至自由支配的能力在受制于压抑作用下的原欲能力之比；也就是说这只是一个量的差异，并非质的差异而已。因此，这种观点为我们的信念提供了理论支持：精神病尽管基于体质的因素之上，在实质上是有根本治疗的可能的。

所以，我们从健康人的梦与精神病患者的梦的一致，从而推知其健康的属性。不过，仅对梦自身而言，我们还可有以下的推论：第一，梦与精神病的症候有必然的联系；第二，我们不认为梦的基本性质可凝缩为"把思想翻译为古代的表现形式"而已；第三，我们必定以梦来揭开原欲的倾向及支配当时活动的对象的欲望。

现在，我们的演讲即将结束。或许你们感到失望，我们以精神分析疗法为题，而所讲仍然是理论。当然，我也是有所考量的，之所以没有讨论治疗的情形，是因为我向来没有想让你们接受实际训练而实施分析疗法的意图；之所以没有谈到治疗的效果，也有几个方面的动机。在最初开始演讲时，我曾说多次声明，我们在适当的环境下所获的疗效，与其他医学上最光辉的成绩相比都不逊色，我们的成就是其他方法所不能达到的。如此，我在此以外如果夸大，那就有王婆卖瓜之嫌，以抵消那些驳斥的言论。在公共场所集会的医学界朋友常常对精神分析施加种种的恐吓。我们暂且抛开这种行为的恶意，而关于失败材料的收集也未必是一种有效的证据，以此可对分析结果的正确性做出估计。你们了解，精神分析疗法尚且年轻，仍然要有很多经验来完善其分析的技术。精神分析疗法的传授也相当不易，因此初学者必须有超出其他专业学生的能力，早年的结论绝不能用以评判分析疗法的最大成就。

精神分析的初期许多的治疗方案难免失败，或许因为当时分析家对于不适用于分析疗法的各种病症也要予以治疗，所以，我们现在能够因见有某种特征而将这些病症除外了。特征也只能从探索中求得。最初，我们并不知道妄想症和精神分裂症经过了充分的发展，精神分析仍然对此无效；当然我们也可用该疗法医治各种神经错乱的现象。但是早年的失败也并非医生的过失，或因病症的选择或是外界的情形的不利。前面我们只讲了患者的内心无法避免但可以克服的抵抗力，而在患者的生活环境中，有诸多反对分析的外界抗力，在实际中也很重要。精神分析的治疗与外科的手术相同，它必须在最适宜的情形下实施，方可望成功。你们知道，外科医生在做手术前，必然要有各种的布置。试问如果所有的外科手术都在患者家属面前实施，家人围绕而观，惊叫不断，那么还有多少成功的可能呢？关于精神分析，亲友的干涉同样是一种危险，我们还无法应付。患者内心的抵抗力，我们当严加防备，然而这些外界的抵抗力，我们又该做何防御呢？对于那些亲友，任何的解释都不能说服他们，又不能放任他们不管；更不能告之以实情，如此便会失去患者对医生的信仰。作为一个分析家，对于亲友不希望患者康复，不要如此惊讶。假如精神病所由起的原因乃是家庭矛盾，精神分析的治疗必将使其中的邪恶暴露出来，因此，家人对这种治疗绝无好感。所以，我们的努力失败或中断都无须内疚。

所以，现在我只想举出一例加以说明。在这一则病例中，由于职业道德的原因，我选择了逆来顺受。很多年前，我对一位少女作分析的治疗，她长期因为恐惧而不敢走出家门，又不敢独自留在家中。在经过了长时间的犹豫后她说出了她看见母亲曾与一位富人有私情,从此以后便深感担忧。她不太熟练地或者说很巧妙地,将分析治疗时的讨论对她母亲做出暗示:第一,要求改变自己对于母亲行为的看法;第二,她告诉我说只有母亲可以对她独居的恐惧有帮助;第三,在母亲要出去时,坚决不予开门。她的母亲曾患上神经过敏症,经过水疗法治疗后已在多年前痊愈。更准确地说,她是在水疗院结识了那位男人,后来交往甚密,两情相悦。对于女儿的激烈暗示她不免心怀疑虑,终于她明白了女儿恐惧独处的本意,乃是想将她软禁于家中,剥夺她与情人的自由来往。她于是结束了女儿的分析治疗,把她送往一家精神病患者收容所。很多年来,这位少女一直是"精神分析下的牺牲品",我也因此遭人毁谤。由于职业道德的束缚,我无法申辩,不能将此秘密公之于世。多年后,我的一位同事访问了那位少女,此时她的母亲已公开与那位富人相交,而她的父亲却也默许了。不过,她的治疗却因此而被毁掉了。

在欧洲大战前几年,常常有许多国家的人纷纷前来就诊,因此,我便不顾他人的毁谤。于是,我制定了一项规则:凡是生活上无法自主的患者我一概不接受,不能代为诊治。精神分析家本来未必要做出此项规定。你们或许以为这是我对于患者的亲友做出的警示,或许我只是为了精神分析起见,使患者离开家庭或只有离家别友的人们才能接受治疗。不过,这么说也未必全对;患者在治疗时如果依然要对日常生活中所加于他的压力进行反抗,则是对于治疗很有利的。那些患者的亲友也必须对自己的言行加以约束,以免破坏了这一有利的条件,最不该的是肆意诋毁医生对其职业的努力。但是,我们要如何做才能使得那些不了解我们的人做到这一点呢?自然,你们会认为患者的生活环境和社会修养程度对治疗有很大的影响。

即使我们可以说,精神分析治疗的绝大部分失败都是由于外界因素的障碍,然而也免不了使精神分析治疗法的疗效减色不少。支持的人们曾劝告我们可以分析治疗法的成就进行统计,以此来对抗失败的案例。对此我不能赞同,因为统计时若以不同的事例做排列,是毫无价值可言的;而事实上，我所治疗过的很多病例是不能相提并论的。并且大多数的病例简直没有什么记录。那是因为患者对这些事实严守秘密，康复后也不愿告知于人。他们反对精神分析的最为重要的理由便是：人类在处理事情时都常缺乏条理性，很难受到合理论证的影响。一种新的治疗方法有时会引起强烈的崇拜，有时则会遭到根本性的怀疑。例如，科克最早公布结核菌的研究成果，以及杰纳的种痘之术，事实上是天降福音，却也为人所反对。对于精神分析最有偏见的是下面的一个例子。我们在治愈了一个其他治疗方法很难奏效的病患之后，有人说："这算不了什么，这么长的时间，病人自己都会好起来的。"如果患者经过四次的抑郁和狂躁的叠加，并在抑郁症发作后的一周内来这里求诊，三周之后，狂躁症复发了，其亲属与其他的名医都认为狂躁症乃是分析治疗所致。对于偏见，实在无计可施，只有忍耐；且等这些偏见在时间的风沙中消灭于无形。将来某一天，这些人评判同一件事的眼光会大有不同；那么从前的想法为何不同，却是一个不可知的秘密。

现在，或许是反对精神分析疗法的声音渐渐地消失了。精神分析的理论在许多的国家里传播，采用分析治疗的医生也日益增多了。我年轻时，催眠暗示的疗法正在让医学界人士怒目而视，其程度与现在"头脑清醒"的人们对精神分析的驳斥一样激烈。催眠术作为一种治疗的手段，却也未能满足人们的期望；现在，我们精神分析可称为催眠术的合法继承人。不过，也不能忘记从催眠术中所获得的鼓励与启发。一般来说，人们对于精神分析的中伤，大多限于分析的拙劣，或因治疗突然中断所导致的矛盾加剧等。你们已了解，我们是如何对待患者的治疗的，我们的工作是不是让他们深受其害，你们必然能做出自己的判断。误用分析疗法也是有可能的事情，特别是在没有医德或职业道德的医生手中，情感转移将成为一种危险的工具。不过，医术本身也难免有失误，若不挥动刀子，如何做一名外科医生？

现在，我的演讲要结束了。对于自己演讲中的缺点太多，我深感惭愧与抱歉，这绝对不是礼节性的客套。特别想要抱歉的是，我偶然间提到了一个问题,常常答应你们以后再做细述,然而后来又没机会实践前约。我们所讨论的精神分析,正处于蓬勃发展的阶段,因此很多地方我都简要略述,有欠完整。也有许多地方,本来已准备作结论,却又未作归纳。我的目的仅在于让你们对精神分析有所了解、有兴趣,而不是想要你们成为精神分析的专家。